"南海Ⅰ号"发现与研究国际学术研讨会合影
International Symposium on the Discovery and Research of Nanhai I Shipwreck
中国·广东·阳江
Yangjiang, Guangdong, China
2017.11.24~11.27

南海Ⅰ号发现与研究国际学术研讨会合影

国家文物局宋新潮副局长致辞

国家文物局水下文化遗产保护中心副主任宋建忠发言

联合国教科文组织驻华代表处文化项目官员古榕·希玛珠莉女士发言

开幕式现场

"2001 水下公约与水下文化遗产保护"会议

与会专家参观考察南海Ⅰ号沉船发掘现场

南海 I 号发现与研究
国际学术研讨会论文集

国家文物局考古研究中心
广东省文物考古研究院　　编著
广东海上丝绸之路博物馆

科学出版社
北　京

内 容 简 介

2017 年 11 月，为纪念南海Ⅰ号沉船发现三十周年，在广东省阳江市召开了"南海Ⅰ号发现与研究国际学术研讨会"。联合国教科文组织专员、亚欧国家的考古学家代表，以及国内各地专家学者齐聚海陵岛共襄盛会。本书集中选录会议中的精华发言和学术文章，以南海Ⅰ号沉船的发现与研究为切入点，广泛探讨了"一带一路"倡议、中国水下考古、水下文化遗产保护、东西交流、海上贸易等相关领域的重要课题。

本书适合于考古学、历史学、中外交流史等研究者和文物、博物馆专业的师生阅读、参考。

图书在版编目（CIP）数据

南海Ⅰ号发现与研究国际学术研讨会论文集 / 国家文物局考古研究中心，广东省文物考古研究院，广东海上丝绸之路博物馆编著. -- 北京：科学出版社，2024.8.（国家文物局考古研究中心）. -- ISBN 978-7-03-079313-3

Ⅰ. K875.35-53

中国国家版本馆 CIP 数据核字第 2024PB5931 号

责任编辑：雷　英／责任校对：邹慧卿
责任印制：肖　兴／封面设计：金舵手世纪

科 学 出 版 社 出版
北京东黄城根北街16号
邮政编码：100717
http://www.sciencep.com
北京中科印刷有限公司印刷
科学出版社发行　各地新华书店经销
*
2024年8月第 一 版　开本：787×1092　1/16
2024年8月第一次印刷　印张：12　插页：2
字数：253 000
定价：228.00元
（如有印装质量问题，我社负责调换）

International Symposium on the Discovery and Research of Nanhai I

Yangjiang, China

PROCEEDINGS

Edited by
National Centre for Archaeology,
Guangdong Provincial Institute of
Cultural Relics & Archaeology,
Maritime Silk Road Museum of
Guangdong

Science Press
Beijing

南海Ⅰ号发现与研究国际学术研讨会

Proceedings Editorial Board

Chairman: Tang Wei

Committee: Wang Damin, Zhang Jianhua, Tong Wei, Sun Jian

Zhao Jiabin, Yang Zhaojun, Wang Ran, Deng Qijiang

Yu Jianli, Zhang Zhiguo, Meng Yuanzhao

Chief Editor: Song Jianzhong

Executive Editors: Sun Jian, Xin Guangcan

Symposium Organizers

Hosts: National Center of Underwater Cultural Heritage

Guangdong Provincial Department of Culture

The People's Government of Yangjiang Municipality

Organizers: Guangdong Provincial Institute of Cultural Relics & Archaeology

Maritime Silk Road Museum of Guangdong

Supported by: Secretariat of the 2001 Convention on the Protection of the

Underwater Cultural Heritage, UNESCO

南海Ⅰ号发现与研究国际学术研讨会开幕式致辞（代序）

宋新潮 ①

各位嘉宾，女士们、先生们：

大家好！

今天我们相聚在美丽的海陵岛，围绕南海Ⅰ号考古发现与研究，共同探讨国际水下文化遗产保护问题。首先请允许我代表国家文物局，向大会的成功召开表示热烈的祝贺，向远道而来的海内外学者表示热烈的欢迎！

今年是南海Ⅰ号考古发现 30 周年。从 1987 年的偶然发现，到 2007 年的整体打捞保护，再到 2013 年全面启动室内考古发掘和出水文物保护工作，南海Ⅰ号的每一项工作都始终备受水下考古和社会各界的高度关注。南海Ⅰ号考古和保护工作为世界提供了一个新的案例，也为水下遗产保护和考古工作积累了宝贵经验，这一切离不开广东省、阳江市人民政府的关心与支持，离不开中国文化遗产研究院、国家文物局水下文化遗产保护中心、交通运输部广州打捞局、广东省文物考古研究所、广东海上丝绸之路博物馆、广东省博物馆等专业机构的参与和投入，更离不开南海Ⅰ号考古团队的全力以赴和无私奉献，正是所有参与者的不懈努力，才能给世界呈现出古代海上丝绸之路的中西方商贸和文化交流盛景，在这里，我也要代表国家文物局，向各部门、各单位和各界人士表示衷心的感谢！

南海Ⅰ号考古保护的 30 年，也恰恰是中国水下考古事业诞生成长的 30 年。30 年来，中国水下考古事业从无到有，逐步发展壮大，凝结了几代水下考古人的心血和期望，展现了中国考古学和中国文物事业的延伸和拓展。回顾 30 年的心路历程，我们始终坚持文物保护的基本原则和方针，始终借鉴国际水下文化遗产保护的原则和理念，以开放的胸怀、创新的意识，积极与国际同行交流合作，不断探索具有中国特色、符合中国国情的水下文化遗产保护模式。这主要体现在以下几个方面：

---

① 时任国家文物局副局长。

　　一是逐步构建我国水下文化遗产保护事业的宏观制度框架。以《中华人民共和国水下文物保护条例》为基础，国家文物局积极联合海洋、公安等部门和地方人民政府，建立起水下文化遗产保护管理、海上执法巡查的合作工作机制，坚决打击盗捞走私活动，筑起保护水下遗产的钢铁长城；组织编制《南海水下文化遗产保护规划》，开展全国水下文化遗产保护体制机制研究，加强顶层设计；推动开展水下文化遗产专项调查工作，及时将重要水下文物公布为各级文物保护单位，推动海南、福建划定水下文物保护区，强化保护力度；研究制定《水下考古工作规程》，修订《中华人民共和国水下文物保护条例》，为水下考古、出水文物保护、合作研究等提供法律依据和行业指导。

　　二是培养建设高素质、专业化的水下文化遗产保护队伍。2014 年 6 月 4 日，国家文物局水下文化遗产保护中心独立建制，搭建起中国水下考古事业的国家队与总平台，这是中国水下文化遗产保护事业发展的一个标志性事件。目前，我们已经培训了 145 名水下考古队员和 80 余名出水文物保护专业人员。这里要特别提到的是，今年 9—10 月，就在海陵岛，我们举办了"一带一路沿线国家水下考古培训班"，来自伊朗、沙特阿拉伯、泰国、柬埔寨的 6 名外籍学员也参加了这次培训。在国家文物局的推动下，南海基地、北海基地、宁波基地、福州基地和武汉基地相继建设使用，覆盖全国的水下考古及文化遗产保护工作格局已然形成。我们也欣喜地看到，山东、湖北、广东、浙江等省也纷纷建立了水下考古专门机构或部门，这些都为中国水下考古事业提供了有力支撑和保障。

　　三是组织实施了一系列重要水下考古项目。针对沿海水下文物保护面临的巨大压力，我们一方面强化联合执法巡查，另一方面有计划地组织开展沉船遗址抢救性考古发掘，相继实施了绥中三道岗沉船、南澳 I 号、华光礁一号、小白礁一号、丹东 I 号等沉船发掘，以及南海海域水下文化遗产专项调查，抢救保护了一批珍贵水下文物。同时，积极探索水下文物保护的不同模式，组织实施了南海 I 号发掘与保护项目、重庆白鹤梁水下博物馆建设项目等，也为国际同行提供了水下文物保护展示的中国案例。

　　四是积极探索建立中国水下考古学科发展布局。在沉船考古的基础上，我们逐步开展一系列内水水域的水下考古项目，并着手开展海上丝绸之路、港口遗址、明清海防设施、海岛文化遗产等系列考古调查与研究工作，逐步拓展水下文化遗产保护的研究对象、工作领域、工作模式等，逐步形成水下考古学术研究体系。同时，我们大力推进水下考古专业装备研发。"中国考古 01"就是中国自主研发、自主建造的第一艘水下考古专用船舶，2014 年首航作业以来，一直高频率使用，也成为中国水下考古最好的形象代言。此外，我们也积极与海洋科研机构合作研发水下勘测、深水作业等特种装备，推动中国水下考古技术与装备水平尽快跨入世界先进行列。

　　五是大力传播弘扬海洋文化和水下文化遗产保护理念。近年来，有关水下考古、海洋史与造船史的专业博物馆纷纷建立，水下考古与海上丝绸之路的展览在各地博物馆联袂展出，成为传播海洋文化的重要窗口和平台。同时，结合重要水下考古项目，文物部门积极与新闻媒体合作，通过现场直播、网络报道等方式普及水下文化遗产保护知识，展现水下考古人的风采。如丹东 I 号近代沉船考古项目受到媒体持续关注和报道，并入选 2015 年度全国十大考古发现，今年又在北京大学举办"寻找致远舰 2015 年度全国十大考古新发现"特展，这样持续、深入的宣传展示，不仅让更多人了解到水下考古是什么，也让人们了解历史、正视历史。

六是深度拓展国际学术交流与合作。中国水下考古自诞生之初就带有浓厚的国际化背景，近年来，中国水下考古已经开始迈出国门，走向国际。国家文物局水下文化遗产保护中心一直与联合国教科文组织水下公约秘书处保持密切联系，按照国际规范推动中国水下文化遗产保护事业持续、健康发展。近年来，我国水下考古机构与学者积极开展对外学术交流活动，与法国、英国、希腊、沙特阿拉伯、韩国、印度尼西亚等国的国家级研究机构签署了合作协议，开展了具有实质内容的合作与交流。从今年开始，国家文物局水下文化遗产保护中心还将与国际同行合作，参与地中海、波斯湾、红海和印度洋海域的水下考古工作，"一带一路"背景下的水下考古国际合作的大幕已经徐徐开启！

女士们、先生们，海纳百川，海洋既是生命之源，也是当代世界文明不断发展的重要依托。中国提出了"一带一路"倡议，促进国际交流互动、和平发展。我衷心希望，与会代表能够畅所欲言，交流互鉴，为国际水下文化遗产保护工作建言献策，也希望中国的水下考古人继往开来，再接再厉，为中国和国际水下文化遗产保护事业的发展再续华章！

谢谢大家！

目　　录

CONTENTS

南海Ⅰ号发现与研究国际学术研讨会开幕式致辞[①]

古榕·希玛珠莉（Gurung Himalchuli）[②]

大家上午好。

主席先生，美丽的阳江市市长温湛滨先生，中国国家文物局副局长宋新潮先生，尊敬的各位来宾、中外专家，女士们、先生们，我非常荣幸和高兴地代表联合国教育、科学及文化组织（联合国教科文组织），特别是代表联合国教科文组织《2001年保护水下文化遗产公约》秘书处，于今天上午及之后一整天在美丽的海陵岛与大家一起讨论关于水下文化遗产的保护问题。

数十年来，联合国教科文组织一直致力于加强对水下文化遗产的保护。联合国教科文组织《2001年保护水下文化遗产公约》是唯一专门针对水下文化遗产的国际公约。自2001年以来，联合国教科文组织为其成员国提供了批准该公约的机会。如今，已有58个成员国加入了这一法律文书，还有更多的国家正在加入的路上。但这还不够。目前，亚太地区只有2个国家加入。这还不够。坦率地说，考虑到世界上几乎每个国家都应该重视水下文化遗产，这个数字实际上是非常少的。因为绝大多数国家都有海岸线、河流和湖泊，而它们在各个国家的历史发展中都发挥了重要作用。

中国更是如此。中国既是海洋大国，也是陆地大国。海上丝绸之路以泉州为起点，经南海、印度洋，最终抵达欧洲。据估计，沿着中国的海岸线曾有数千艘沉没的古船，而海上丝绸之路沿线海域的沉船数量更多。它们对过去的历史和世界人民之间的历史联系有着珍贵的意义。

然而，偷猎者和寻宝者破坏了其中许多沉船。一些国家甚至对水下文化遗产进行了大规模的商业出口，这对它们造成了灾难性的破坏，导致珍贵的历史资料丢失，发现的文物减少。大量瓷器、生物材料和曾经乘船旅行的人的信息永远地消失了。推进考古学家的研究工作刻不容缓。

---

① 本篇内容为发言整理稿。
② 时任联合国教科文组织驻华代表处代表。

在这个方面，联合国教科文组织《2001 年保护水下文化遗产公约》是促进科学和遗产保护的一个重要平台。该公约建立在全球最优秀的水下考古学家的经验基础之上，并倡导科学卓越。促进水下文化遗产的研究、发掘和保护将大大有助于传播有关过去海洋生活和文明的知识。我相信，这些专家会理解文化遗产的意义，并为文化对话做出贡献。

联合国教科文组织《2001 年保护水下文化遗产公约》证明了国际上保护水下遗产和促进公共利益的阻碍和意愿并存。今天，我在这里呼吁中国和其他国家加入该公约。中国的 21 世纪海上丝绸之路启动了更好地保护海上丝绸之路沿线水下文化遗产的项目。更好地保护水下文化遗产需要中国以及国际社会的努力。

联合国教科文组织《2001 年保护水下文化遗产公约》为中国和亚洲以外地区提供了一个保护水下文化遗产和促进与其他国家合作的国际法律平台。我们可以共同为保护世界水下文化遗产做出贡献，保护我们的海洋历史的见证者。

谢谢大家。

中国水下考古 30 年

宋建忠 ①

摘要： 南海 I 号见证了中国水下考古事业的发展历程，堪称中国水下考古历史的缩影。经过 30 年发展，中国水下文化遗产保护事业已经取得长足发展，建立起覆盖全国的水下考古工作格局，培育了一支优秀的水下考古队伍，技术与装备水平迈上新台阶，学科建设初具规模，对外学术交流日趋活跃。时至今日，中国水下考古已经进入新的发展阶段，机遇与挑战并存，中国水下考古人应该勉力前行，开阔视野，培育高端人才，提升装备水平，加强国际合作，努力使中国水下考古迈入世界先进行列。

关键词： 中国水下考古、三十年、发展历程、学科建设

Abstract: Nanhai I shipwreck has witnessed the development of China's underwater archaeology. It can be seen as an epitome of the history of China's underwater archaeology. After 30 years of development, China's underwater cultural heritage protection has made great progress. A systematic underwater archaeological network has been established nationwide, which has cultivated an excellent underwater archaeological team. Its related technology and equipment have reached a new level. As a discipline, underwater archaeology has begun to take shape. International academic exchanges have become increasingly active. Today, China's underwater archaeology has entered a new era of development. Opportunities and challenges coexist. Chinese underwater archeologists should strive to move forward, broaden horizons, cultivate top talents, improve equipment, strengthen international cooperation, and devote to making China's underwater archaeology at an advanced level across the world.

Keywords: China's underwater archaeology, Thirty years, Development history, Discipline construction

---

① 时任国家文物局水下文化遗产保护中心副主任，研究馆员。

自 1987 年算起，今年是中国水下考古诞生 30 周年。30 年对于国人而言似乎有着特殊的纪念意义。早在两千多年前，孔子就将 30 岁喻为人生的而立之年。如果放在历史的长河中，30 年不过瞬间，似乎可忽略不计；但对于人之有限生命而言，30 年不谓不长，似经沧海桑田。事实上，无论对于历史长河还是短暂人生，30 年都是一段不可忽视的时间链条，因为人类创造的历史乃是由无数的最具活力的 30 年生命叠加而成。《史记》载："夫天运，三十岁一小变，百年中变，五百载大变；三大变一纪，三纪而大备；此其大数也。为国者必贵三五，上下各千岁，然后天人之际续备。"由此可见，两千年前的司马迁早已发现 30 年是历史发展演变的一个最小周期。从这个意义上说，30 年无论对个人与机构，还是民族与国家确乎不同寻常。所以，中国水下考古的而立之年同样值得总结纪念。

一

中国水下考古缘起于 1985 年南海海域的一桩商业打捞。根据荷兰东印度公司档案，专门从事沉船宝物打捞的英国商人迈克·哈彻（Michael Hartcher），1985 年在南海斯特霖威夫司令礁附近的吉德亚多夹暗礁（Reefs of Deldria's Droogte）发现并打捞了 1752 年驶离中国广州开往荷兰阿姆斯特丹的"哥德瓦尔森"（Geldermosen）号商船。1986 年 4—5 月，哈彻委托荷兰佳士得公司在阿姆斯特丹大肆拍卖这批文物，总计约 15 万件瓷器、125 块金锭等文物，总价值达 3700 万荷兰盾（约 2000 万美元），此事引起我国文物考古界学者与中央领导的高度关注。1986 年 9 月，国家科学技术委员会与文化部联合向中央、国务院有关领导呈报《关于加强我国水下考古工作的报告》，得到中央领导重要批示，中国水下考古蹒跚起步。

在此背景下，1987 年 3 月，文化部文物事业管理局牵头成立了国家水下考古工作协调小组；8 月，英国海洋探测公司联合交通运输部广州救捞局在广东上下川海域探寻荷兰东印度公司"莱茵堡"号沉船，却意外发现一条宋元时期的沉船，这就是后来被中国历史博物馆馆长俞伟超命名的南海Ⅰ号；11 月，中国历史博物馆设立水下考古学研究室。1987 年发生的这三件大事可视为中国水下考古诞生的三大标志，俞伟超先生因此成为当之无愧的中国水下考古事业的开创者、中国水下考古学科的奠基人。

30 年来，中国水下考古机构经历了从无到有、由小到大、由分到合、由内设到加挂牌子再到独立建制的数次演变。1987 年 3 月，文化部文物事业管理局决定由中国历史博物馆考古部负责有关水下考古工作。1987 年 11 月，中国历史博物馆于考古部设立水下考古学研究室；1999 年 3 月，更名为水下考古学研究中心；2002 年 9 月，国家文物局批复中国历史博物馆增设水下考古研究中心；2003 年 3 月随新组建的中国国家博物馆划转文化部管辖；2009 年 9 月，国家文物局于中国文化遗产研究院设立国家水下文化遗产保护中心；2012 年 6 月，中央编办批复中国文化遗产研究院加挂"国家文物局水下文化遗产保护中心"牌子；2014 年 6 月，中央编办批准国家文物局水下文化遗产保护中心成为独立建制法人单位；2015 年 1 月，中国国家博物馆水下考古研究中心整建制划转并入国家文物局水下文化遗产保护中心。

30 年来，中国水下考古人才的成长经历了从送出去到请进来再到独立自主培训体系形成的过程。1987 年，文化部文物事业管理局派杨林与中国历史博物馆张威到荷兰接受培训。1988 年，国家文物事业管理局派王军到日本接受培训。1989 年，受国家文物局委托，中国历史博物馆联合澳大利亚阿德莱德大学东南亚陶瓷研究中心举办了我国"第一届水下考古专业人员培训班"，培训 11 人，这些人此后多数成为中国水下考古的主力。经过近十年发展与人才自身的逐步成长，1998 年，我国自主举办了"第二届水下考古专业人员培训班"，培训 16 人。此后每 3 年左右举办一届，每次培训 20 人左右，自此形成了中国水下考古专业人才的独特培养体系，即选拔沿海省份与部分内水省份文博业务单位考古专业人员参加培训，遇有水下考古工作时抽调组队完成任务。迄今为止，中国水下考古专业人员培训班已举办 8 届，共培训 145 人，其中包括为肯尼亚、沙特阿拉伯、伊朗、泰国、柬埔寨五国培训的 8 名外籍学员。此外，出水文物保护培训班举办 3 届，培训 51 人。两类培训合计近 200 人，成为中国水下考古与水下文化遗产保护的生力军。

30 年来，中国水下考古不仅覆盖了中国四大海域及部分内水水域，而且还走出了国门，实现了由近海到远海、由海洋到内水、由国内到国外数次跨越。1988 年对广东省吴川县（今吴川市）沙角旋沉船进行的水下考古调查成为中国水下考古的第一次试水；1991—1997 年连续对辽宁绥中三道岗元代沉船进行了 6 次水下考古调查与发掘，被俞伟超先生评价为"是我国首次全凭自己力量来实现的一项正规的水下考古工作"；1996 年对重庆白鹤梁石刻的水下考古调查成为第一次内水考古工作；1996 年，中国历史博物馆派出 5 人参加了日本"中部空港"建设水下考古调查，这是中国水下考古第一次走出国门；1998 年对西沙群岛北礁、华光礁进行的水下考古调查是首次远海水下考古工作；1999 年对香港大屿山竹篙湾水下考古调查是香港的首次水下考古工作；2010年中肯合作对肯尼亚拉穆群岛、马林迪海域的水下考古调查，是中国水下考古的第一次援外工作。截至目前，我国已发现确认 241 处水下文化遗存（不含港澳台数据），以各海域发现的沉船为主，调查发掘的有南海Ⅰ号、华光礁一号、南澳Ⅰ号、碗礁Ⅰ号、小白礁一号等沉船，时代集中在宋、元、明、清，基本反映了我国古代海上丝绸之路之兴衰，成为中国水下考古 30 年的主要成就。

30 年来，中国水下考古与水下文化遗产保护并驾齐驱，范围不断拓展，内涵不断深入。局部试掘、整体打捞、现场监控、原址保护等理念和方法不断实践，努力探索符合中国国情的水下文化遗产保护之路。南海 I 号历经 30 年，经历意外发现、水下调查、整体打捞、室内保护发掘与展示等阶段，成为中国水下考古 30 年的一个缩影，并且还将进一步见证中国水下考古的未来。另外一个值得自豪的是 2009 年重庆白鹤梁水下博物馆落成开馆，这是世界上第一个真正意义上的水下博物馆，观众可以在水下 40 米的参观廊道里欣赏举世闻名的白鹤梁水文石刻，博物馆以其独特的展陈设计和令人震撼的观感体验得到了联合国教科文组织的特别赞赏。南海 I 号整体打捞与重庆白鹤梁水下博物馆，这两项融合了我国工程、考古、保护与展示最新科学成果的水下文化遗产保护项目已然成为国际水下文化遗产保护领域的教科书般的案例。

30 年来，中国水下考古科研阵地从 1987—1990 年内部刊物《水下考古通讯》（第 1—4 期）到 2012—2016 年《水下考古学研究》（第 1、2 辑）再到 2017 年底《水下考古》（第 1 辑）创刊，一定程度上反映了这支专业队伍的科研成长。而 2001 年出版的《绥中三道岗元代沉船》是中国水下考古的第一本专业报告。此后，2006 年《西沙水下考古（1998—1999）》、2011 年《福建连江定海湾沉船考古》、2014 年《福建平潭大练岛元代沉船遗址》、2017 年《福建沿海水下考古调查报告（1989—2010）》、2017 年《南海 I 号沉船考古报告之一——1989—2004 年调查》（上、下册）报告连续出版，中国水下考古的科研成果终于进入收获期。除水下考古辑刊与报告外，2007 年由张威主编、吴春明等编著的《海洋考古学》成为我国第一部系统论述水下考古的著作。而 2013 年联合国教科文组织《水下文化遗产行动手册》的翻译出版，则对于我国水下考古和水下文化遗产保护的实践产生了重要指导作用。

二

没有党和国家的高度重视就没有中国水下考古的诞生，没有改革开放和综合国力的快速提升就没有中国水下考古事业的发展壮大。回顾中国水下考古 30 年发展历程，如果将前 25 年视作一条平稳的上升线，那么党的十八大以来的 5 年其发展则迅速攀升。回顾刚过去的 5 年，中国水下考古无论是机构建设、基础设施、技术装备，还是人才培养、学科建设、课题研究，均有了新的发展突破，这是从渐变到突变、量变到质变的一次跨越。

这 5 年来，不仅国家文物局水下文化遗产保护中心获准独立建制，而且我国第一艘考古专用船"中国考古 01"建成并投入使用。2013 年 4 月，"中国考古 01"在重庆开工建造，2014 年 1 月下水，2014 年 8 月于青岛交付，9 月首航丹东参加致远舰水下考古调查，成为集水下考古、临时保护、现场展示、后勤保障于一体的综合工作平台。"中国考古 01"的建成使用，结束了我国水下考古工作长期以来租用渔船等非专业用船的历史，标志着中国水下考古装备建设的一次飞跃，使中国成为继法国、韩国之后第三个拥有考古专用船的国家。

这 5 年来，中国水下考古基地建设捷报频传。2014 年 10 月，建筑面积 11000 平方米的国家水下文化遗产保护宁波基地建成交付使用；2016 年 12 月，国家发展和改革委员会批复国家文物局水下文化遗产保护中心南海基地立项，建筑面积约 32000 平方米；2017 年底，国家文物局水下文化遗产保护中心北海基地 6400 平方米的科研楼建成。这三个水下考古基地将为我国黄渤海、东海、南海 300 万平方千米海域的中国水下考古与水下文化遗产保护工作提供重要保障。再加上已有的为满足南海Ⅰ号沉船打捞发掘工作所建的 5000 平方米的阳江基地，中国水下考古基地建筑总面积将达到 54000 余平方米，为中国水下考古与文化遗产保护事业的发展奠定了坚实基础。

这 5 年来，中国水下考古突破此前以沉船调查发掘为主的工作模式，以国家文物局水下文化遗产保护中心为总平台与国家队，工作范围与对象不断拓展。2013 年 5 月，首次对南沙群岛海域进行水下考古调查，成为国内最远距离的水下考古调查；6 月对湖北丹江口水库均州古城进行水下考古调查，开启了内水被淹没古城的首次水下考古调查；9 月对辽宁绥中碣石宫水下遗存进行调查，成为首次对沉船以外海洋文化遗址的水下考古调查。2013—2014 年，采用区域调查法对福建海坛海峡进行水下考古调查，这是田野考古区域调查法在水下考古的首次尝试。2014—2016 年，对北洋水师沉舰致远舰连续调查，将中国水下考古工作对象首次拓展到近代沉舰，开启了对甲午海战沉舰的系列调查。这些工作标志着我国水下考古从远海西沙走向了更远的南沙，从水下沉船走向了近岸遗址，从古代商船走向了近代战舰。初步统计，近 5 年实施水下考古调查项目 32 个，占中国水下考古 30 年总项目的 40%，成为中国水下考古发展 30 年来最快的 5 年。

这 5 年来，中国水下考古的多学科合作呈蓬勃之势，南海Ⅰ号与小白礁一号沉船发掘保护工作就是其中的代表。2013 年 11 月，南海Ⅰ号室内保护发掘正式启动，意味着全面展现中国水下考古与水下文化遗产保护最高水平的"一流发掘、一流保护、一流展示"进入具体实施阶段。2014 年 5 月，小白礁一号沉船发掘保护正式开始，多学科合作单位达到 10 家之多。这两个重要项目在组织管理、多学科合作、新技术应用、现场保护展示等方面均有大胆创新尝试，开创了边发掘、边保护、边展示的工作模式，成为中国水下考古沉船发掘保护展示的典范。此外，我们的课题意识不断加强，从以往研究沉船与外销瓷为主逐步向港口、码头、海防、船谱、更路簿、海图等相关方面延伸，紧紧围绕我国古代海上丝绸之路这条主线不断拓展，并于 2016 年获批国家社会科学基金重大项目"西沙群岛出水陶瓷器与海上丝绸之路研究",不断引起学术界的关注。

这 5 年来,在"一带一路"倡议下,中国水下考古对外合作交流不断加强。我们先后与韩国国立海洋文化财研究所、法国国家水下考古中心、英国国家海事博物馆、沙特国家考古中心等签署了合作框架协议,增进双方在人才互访、项目合作、资料共享等方面的合作;与希腊、伊朗、印度等国家相关机构正在协商合作事宜,与斯里兰卡、印度尼西亚、菲律宾、泰国、越南等海上丝绸之路沿线国家的相关机构展开积极的学术交流,旨在推动海上丝绸之路的跨国研究,讲好古代海上丝绸之路故事。与此同时,我们积极参与联合国教科文组织《2001 年保护水下文化遗产公约》秘书处组织的相关活动,不断探讨中国加入联合国教科文组织《2001 年保护水下文化遗产公约》的可行性,力争扩大中国在国际水下文化遗产保护领域的话语权和影响力,努力履行负责任大国的历史担当。

三

2017 年 10 月,党的十九大胜利召开,面对这个伟大的时代,中国水下考古与文化遗产保护事业又面临着一次重要的历史发展机遇。回顾 30 年,奋进新时代。中国水下文化遗产是中国文化遗产乃至全人类文化遗产的重要组成部分,是中华民族五千年历史生生不息的真实写照,是中华优秀传统文化的物质积淀,包含着中华民族最深层的精神追求,孕育着中华民族最根本的文化基因。正如习近平总书记所讲,文化是一个国家、一个民族的灵魂。文化兴国运兴、文化强国家强[①]。没有高度的文化自信,没有文化的繁荣兴盛,就没有中华民族的伟大复兴。从这个高度看,中国水下考古肩负着新时代伟大使命。

为此,我们要深入学习贯彻落实党的十九大精神和习近平总书记关于文物考古工作的重要指示批示精神[②],积极探索中国水下考古与水下文化遗产保护之路,走进新时代,开辟新航程,驶向新目标。具体而言:

一要加强对水下文物资源的系统调查。30 年来,中国水下考古遗存的发现主要来自渔民作业与不法分子盗捞,始终处于一种被动状态。在以抢救性为主与机构力量薄弱的情况下,这是一种迫不得已的工作方法。我国拥有 300 万平方千米的海域面积,而迄

---

① 习近平:《决胜全面建成小康社会 夺取新时代中国特色社会主义伟大胜利——在中国共产党第十九次全国代表大会上的报告》,https://www.gov.cn/zhuanti/2017-10/27/content_5234876.htm.

② 习近平:《决胜全面建成小康社会 夺取新时代中国特色社会主义伟大胜利——在中国共产党第十九次全国代表大会上的报告》,https://www.gov.cn/zhuanti/2017-10/27/content_5234876.htm.

今发现的水下遗存仅 240 余处，这与我海洋大国和文化遗产大国的地位是极不匹配的。因此，我们应制订一个全海域水下文物资源普查的总体规划，在未来相当长一个时期按照规划有序推进，持之以恒，将我国水下文化遗产家底逐步摸清。

二要寻求水下考古探测技术的突破。如果要开展主动性水下文物资源普查，最重要的是精准的水下探测技术。长期以来，我国水下考古使用的探测设备只是一般的海洋探测通用设备，对于水下文物遗存，特别是我国近浅海浑水淤泥掩盖下的遗存很难发现并确认，这是一个技术难关。另外一个技术难关是对深海遗存的探测与发现。这两个技术难关制约了我国水下文物资源的调查发现。如果在水下考古探测技术上无法突破这两个难关，那么要掌握我国水下文化遗产的家底只能成为一个美好的愿望。

三要推动水下考古学科建设。1987 年，俞伟超先生在中国历史博物馆创建水下考古部门时，就将名称定为"水下考古学研究室"。由此可见，俞伟超先生一开始就定位在水下考古学科的高度，绝不是单纯的水下考古工作。经过 30 年发展，中国水下考古已积累了大量的实践经验，我们需要站在学科建设的高度进行实践与理论的总结，并推动将水下考古学纳入我国高校考古学科建设体系，逐步建立水下考古专业人才的高校培养体系，推动中国水下考古学高质量发展。

四要加强水下文化遗产保护利用。长期以来，与田野考古及文物保护力量相比，水下考古及水下文物保护专业力量相对薄弱很多。同理，水下文化遗产数量、质量与陆地文化遗产也不在一个层级。因此，水下文化遗产的合理利用受到很大限制，与当前"让文物活起来"仍有很大差距。为此，我们应选择一些具有良好示范效应的水下文化遗产加以保护、规划、展示及合理利用，充分发挥水下文化遗产在建设海洋强国、文化强国中的重要作用，实现由业内到全社会的成果共享。

五要加强与海上丝绸之路沿线国家的合作交流。随着近年中国赴外合作考古国际影响力的扩大，中国考古渐渐被誉为中国的"金色名片"，在我国对外文化交流中发挥着不可低估的重要作用。近年来，国家文物局水下文化遗产保护中心相继与韩国、法国、英国、沙特阿拉伯签署了合作框架协议，中国水下考古对外合作与国际交流前景广阔。尤其是国家文物局与沙特阿拉伯王国旅游与民族遗产总机构于 2016 年底签署的《中国－沙特塞林港考古合作协议书》，这是落实国家主席习近平与沙特阿拉伯国王萨勒曼达成的文化遗产领域合作共识的一项重要举措①，双方将在沙特塞林港联合开展为期 5 年的陆上和水下考古发掘工作，而执行这项协议的中方机构就是国家文物局水下文化遗产保护中心。当然，除了正式签署合作协议的国家外，我们还与海上丝绸之路沿线许

---

① 《习近平同沙特阿拉伯国王萨勒曼举行会谈 两国元首共同宣布建立中沙全面战略伙伴关系》，https://www.gov.cn/xinwen/2016-01/20/content_5034562.htm.

多国家进行了广泛的交流，多数国家对联合开展水下考古与水下文化遗产保护领域的合作充满期待与信心。因此，在共建"21世纪海上丝绸之路"背景下，我们可以围绕古代海上丝绸之路沿线国家，有计划地开展联合考古与国际交流。一方面有利于推进"一带一路"倡议建设与构建人类命运共同体，不断传播中华文化，讲好中国故事，贡献中国方案；另一方面有利于从全球化视野研究中华文明与世界古代文明的互鉴交流，增强中国学者和中国学术的国际话语权，构建中国作为大国强国的水下考古与水下文化遗产保护以及古代海上丝绸之路研究的国际地位。

　　总之，伴随改革开放的步伐，中国水下考古与水下文化遗产保护事业已经历了第一个30年的成长。站在第二个30年起点上，在习近平新时代中国特色社会主义思想指引下，中国水下考古与水下文化遗产保护事业，如何抢抓机遇，顺应变革，进入新时代，既分享新时代中国社会进步发展的各项成果，又贡献新时代中国水下文化遗产保护的新成果，是历史赋予我们的使命。

南海 I 号宋代沉船考古述要

孙　键 [①]

摘要：南海 I 号沉船位于广东省台山、阳江交界海域，于 20 世纪 80 年代末期发现，后经整体打捞移入海上丝绸之路博物馆内，是迄今为止我国水下考古重要的发现，亦是海上丝绸之路上的重要遗迹。南海 I 号船体结构基本保存于海泥之下，是一条满载货物的南宋时期的外贸商船。沉船残长约 22、宽 9.9 米，尖艏方艉，两舷为多重板结构，属于适于远洋航行的福船船型。沉没地处于广东中部通往西部海上交通的主航道上，也是古代中国通往西方世界的"海上丝绸之路"必经之地。南海 I 号作为一个既相对独立又结构完整的水下遗存，其蕴藏的信息总量极为庞大。截至目前已经发掘了数万件船货与生活物品（含水下调查）。其中以瓷器、铁器、铜器、钱币最为大宗。大量的贸易瓷器是为适应不同市场需求的外销品种，而不同文化的审美、器形、工艺等也对中国瓷器产生了巨大的影响；铁器、铜器、丝绸等手工艺制品以及日常生活用品业已成为输出的主要货物；大量金、银、铜币的出现，显示出宋代高度发达的商品经济以及涉及的海外贸易体系。10 世纪以后随着科技的进步，中外交流已极为频繁，海上丝绸之路开始进入极盛时期，不同文化间的交流融合在中国南部形成了持续发展的南海海洋文明，由其建构的南海海洋文明圈成为联系东西方的桥梁和窗口。

关键词：南海 I 号沉船、船体结构、船货、海上丝绸之路

Abstract: The Nanhai I shipwreck is located in the boundary waters between Taishan and Yangjiang, Guangdong Province. It was discovered in the late 1980s, and then moved to the Maritime Silk Road Museum of Guangdong after its whole salvage. It is an important underwater archaeological discovery in China so far. It is also an important relic site on the Maritime Silk Road. Nanhai I shipwreck's hull

---

① 时任国家文物局水下文化遗产保护中心技术总监，研究馆员。

structure is basically preserved under the sea mud. It is a merchant ship for foreign trade, fully loaded with cargos of the Southern Song Dynasty. The remained wreck is about 22 meters long and 9.9 meters wide, with a sharp bow, a quadrate stern and multiple plates on the two sides. It is a ship of the Fu type, suitable for seafaring navigation. The sinking location is on the main course from central Guangdong to the West, which is also a key traffic node of the "Maritime Silk Road" linking the ancient China and the West. As a relatively independent and intact underwater relic site, Nanhai Ⅰ shipwreck contains a huge amount of information. So far, tens of thousands of cargos and daily life items have been dug out (underwater survey inclusive). Among them, porcelain, iron wares, bronze wares and coins account for the largest proportion. A large number of trade porcelain wares are export goods to meet the different needs of markets. Varied cultural aesthetics, ware types, crafts and so on also have a huge impact on Chinese porcelain. Iron, bronze, silk and other artificial products and daily necessities have become the main export goods. The appearance of a large number of gold, silver and copper coins shows that, the Song Dynasty was a highly developed commodity economy and deeply involved in the overseas trade system. After the 10th century, with the progress of science and technology, communications between China and foreign countries became extremely frequent. The Maritime Silk Road began to enter its heyday. The communication and integration of different cultures led to a continuous development of the South China Sea maritime civilization in south China. The South China Sea maritime civilization circle became a bridge and window connecting the East and the West.

Keywords: Nanhai I shipwreck, Ship structure, Cargo, Maritime Silk Road

　　"在人类历史演进的过程中，海底聚集的人类艺术品和工业纪念物的数量可能比大陆上任何一个时期保存的还要多。"这是著名的地质学家查尔斯·莱伊尔（Charles Lyell）在其《地质学原理》中对海底人类遗存所提出的认识①。从太空观察，地球是一个水球，海洋覆盖了三分之二的面积，从人们制造船只开始，海洋就影响着人类的历史，提供了生活资源，为贸易、交流、迁徙提供途径，当然还包括战争。人类很早就意识到随着水上活动的日益频繁与大自然沧海桑田的变化，在被遮蔽的水下世界有着大量的不同历史时期的遗迹存在。

---

① 〔英〕莱伊尔著，徐韦曼译：《地质学原理》，北京大学出版社，2008年。

虽然莱伊尔提出海底存在人类活动遗迹的地区主要是针对地中海、北海等地区，但是具体到中国亦是如此。中国是一个海洋大国，拥有18400多千米的海岸线及300多万平方千米的领海和管辖海域以及众多的江河湖泊，航海历史源远流长，海上丝绸之路闻名世界。中国自古以来就具有航海传统，早在新石器时代杭州萧山跨湖桥遗址就发现了八千年前的独木舟[①]。唐宋以来，中国大陆与海外诸国的往来更是频繁，在我国辽阔的海疆不断发现历代沉船遗存，揭示出曾经蓬勃兴盛的海上贸易活动。悠久的水上交通史留下了丰富的水下文化遗产，分布在中国领海、内水和管辖海域的广大范围内。这些水下文化遗产数量众多、类型多样、价值巨大、保存完好，是我国文化遗产的重要组成部分，南海 I 号就是其中最有代表性的古代沉船。

南海 I 号的发现、发掘工作前后历经近30年，先后经历了不同阶段的工作，它的故事如同一个传奇，见证了中国水下考古的全部发展历程。针对沉船的考古工作经历了偶然发现、水下调查、整体打捞、全面发掘、公众展示等各个阶段，是我国由水下考古向水下文化遗产保护发展的最好实例。

一、偶然发现

20世纪40年代，经过第二次世界大战残酷的"狼群"潜艇战，水声探测技术得到了飞快发展，同时法国海军军官雅克斯·库斯托（Jacques Cousteau）与工程师 E. 米内发明现代轻潜设备——自携式水下呼吸器（self-contained underwater breathing apparatus，SCUBA）后，带来了一个意想不到的后果就是水下寻宝热的兴起。英国人迈克·哈彻（Michael Hatcher）寻找、拍卖荷兰东印度公司沉没于印度尼西亚民丹岛附近18世纪中期的"哥德马尔森"号沉船物品获利2500万美元。哈彻为了最大化地获取利润，使用大功率抽泥机和水枪对沉船采取了开膛破肚式的破坏，船载的239000件瓷器近三分之一被人为破坏，沉船所包含的历史信息荡然无存，船体本身甚至没有留下记录。哈彻后来又采取类似的方式打捞了"泰兴号"等沉船，这一行为受到国际学术界的一致谴责，联合国教科文组织公布的《2001年保护水下文化遗产公约》中，将哈彻的商业打捞列为对人类文化遗产的破坏与威胁。但是哈彻的行为依然鼓舞了相当一批后继者怀揣着一夜暴富的渴望进行冒险。英国人罗伊·马丁（Roy Martin）效仿哈彻从东印度公司档案入手，通过检索荷兰古籍图书馆和航海图书馆的文献记录，发现了一条符合哈彻捞宝原则的沉船，也就是沉船必须有生还者以及生还者的信息记录。这条沉船叫

[①]　蒋乐平、朱倩、郑建明等：《跨湖桥遗址发现中国最早独木舟》，《中国文物报》2003年3月21日第1版。

作"RIJNSBURG"号（因 IJ、HY 在语言学中互通，亦有"RHYNSBURG"一名）。船长 42 米，装有 385.5 吨锡锭、6 箱白银、136 吨胡椒以及可可、棉布、毛皮等货物，于 1772 年沉没。随后马丁成立了海洋探测打捞公司并向中国政府主管部门提出搜寻、打捞申请，提出在广东南海川山群岛附近搜寻、打捞一艘沉没于下川岛附近海域的荷兰东印度公司商船。经中国有关部门批准，中方决定采取合作形式，指定交通部广州打捞局参与。当年 8 月，打捞工作正式开始在川山群岛海域进行（图一）。中英两国的打捞人员在预设海域用声呐仪器探测海底，发现疑似目标后，由于海底淤泥深厚，英国人采用了大型海底抓斗进行探挖作业，意外捞出大量器物，包括陶瓷器、铜器、锡器、鎏金器、铁器等。中方工作人员初步判断，这并不是要找的荷兰商船，而是一艘中国的古代沉船。当时打捞出水的文物计有陶瓷器、铜器、锡器、鎏金器、铁器、银锭等共 247 件，其中陶瓷器以宋元时期中国生产的瓷器为主，据此推测沉船的年代当属宋元。沉船的海域位于广东省西部近海，东距珠江口约 102 海里，属南海北部大陆架。沉船海域在近海 50 米等深线之内，深度在 24—26 米。沉船点周围岛礁较多，大、小帆石最近，直线距离约 1500 米，远处较大岛屿有莽洲岛，上、下川岛及海陵岛等。现场的中方人员及时采取了保护措施，并上报广东省文物主管部门，并把文物移交给广东省博物馆。文物工作者经过初步研究，认为沉船应是与中国传统的"海上丝绸之路"有关，对它进行水下考古勘察和发掘，将为研究复原海上丝绸之路的历史、中国航海史、造船史、陶瓷史提供极为难得的实物资料，甚至很可能获得一些文献与陆地考古无法提供的信息；同时也为世界各国人民了解古代中国与各国的交往和贸易提供翔实生动的材料。由此，一条被海水尘封了 800 年的古代沉船重新浮现出来。

图一　沉船海域全貌（远处为大、小帆石）

二、水 下 调 查

由于当时中国的水下考古事业刚刚起步，无论是专业能力还是技术手段都不具备进行大规模水下考古作业的能力。1989年8月，由中国历史博物馆与日本国水中考古学研究所签订了合作进行南海沉船水下考古调查的意向书，成立了"中日联合中国南海沉船调查学术委员会"，中国考古学会理事长苏秉琦先生担任会长，日本考古学会会长江上波夫担任副会长。1989年11月，国务院批准中国历史博物馆与日本国水中考古学研究所合作进行南海沉船第一次预备调查，组成了由中国历史博物馆馆长俞伟超先生为队长、日本国水中考古学研究所所长田边昭三为副队长的"中国南海沉船水下考古调查队"，并将该沉船命名为南海I号（图二）。因调查时间选择在东北季风期，海面现场风浪大，水下能见度差，仅发现瓷器残片。经与1987年出水文物相对比，可以肯定是南海I号沉船上的遗物，由此确定沉船遗址的大致方位。在水下考古调查工作正式开始时，依照考古工作的惯例，著名前辈学者、时任中国历史博物馆馆长的俞伟超先生提议将这条沉船定名为南海I号沉船，既是对沉船的定性，更包含对中国水下考古事业未来

图二　1989年俞伟超先生、田边昭三先生在现场

的深深期许。此次调查初步确定了沉船的大概位置，采集了标本，获得了沉船海域海况、气象等方面的第一手资料；同时由于当时水下考古刚刚起步，对海上工作缺乏经验，也暴露出在工作船的选择上有误，对海上季风规律不甚了解，水下作业能力不足等问题，其后由于种种原因，中日合作未能继续进行。加之当时中国水下考古还处在起步阶段，国家投入亦有限，南海Ⅰ号遗址的水下考古调查与发掘工作遂一直搁置下来。1999 年，国内水下考古工作者参与了香港竹篙湾的水下调查工作，结识了一批热爱潜水的香港人士。出于对传统文化的关心，他们在陈来发先生的组织下成立了"中国水下考古探索协会"，不仅支持了较为先进的潜水器材设备，也将国际上先进的潜水作业方式介绍给国内年轻的水下考古队伍，正是在这些爱心人士的帮助与赞助下，南海Ⅰ号水下考古工作得以重新启动。

　　2001 年 4 月，经国家文物局批准，由中国历史博物馆水下考古学研究中心牵头组成南海Ⅰ号沉船水下考古队。在调查中使用了旁侧声呐、浅地层剖面仪、差分 GPS 等先进科技手段，水下考古专业人员首次在水下探摸到了沉船遗址上散落的凝结物与文物标本，并对其做了精确的定位（图三）。同年 10 月，考古队对南海Ⅰ号的位置进行了复查，再次探摸到大量瓷片，最重要的是获得了南海Ⅰ号的精确定位，沉船遗址的重新发现最终得到了确认。经过近 30 年的科学水下考古工作，这艘以南海Ⅰ号命名的宋代沉船逐渐被揭开了神秘的面纱，展现在公众面前，并由此翻开了中国水下考古崭新的一页。

图三　水下调查

　　随后报请国家文物局批准，由中国历史博物馆水下考古研究室组织南海Ⅰ号水下考古工作队于 2002 年 3—5 月、6—7 月，2003 年 4—6 月，2004 年 4—6 月进行了 4 次大规模水下探摸和局部试掘工作。按照国家文物局的要求，探摸工作的重点是全面了解和掌握沉船的规模、堆积情况和保存状况，为下一步编制发掘、打捞和保护方案提供科学依据。在水下工程和职业潜水技术人员的协作下，进行了清淤抽泥、水下测量、记录、水下摄像、采集散落文物、小面积试掘等多项工作，获得了宝贵的原始资料和文物标本。2002 年的试掘工作中出水的完整和可复原器物总计 4500 余件，以瓷器为主，还包含金器、银器、锡器、铁器、铜钱、漆器、动物骨骼、植物果实等丰富品种。

三、整 体 打 捞

对于如何发掘南海Ⅰ号，曾经有过对不同方案的讨论。一种是参考20世纪70年代韩国新安沉船在水下提取文物后，将船体进行拆解再到水面拼接的方法；另一种是将沉船作为一个整体从海底整体打捞，这种方法和英国打捞16世纪的玛丽·罗斯号的工作比较近似。总体而言两种方式各有利弊，但是考虑到南海Ⅰ号的水深超过26米，水下能见度极差、常规潜水时间有限、水下发掘不利于整体保护和提取信息等因素，2005年在"抢救为主、保护第一"的原则指导下，通过总结发掘经验和多方位、多角度、多层次的细致研究论证，确立了"整体发掘、异地保护"的发掘方案并上报国家文物局进行专家论证。2006年南海Ⅰ号沉船遗址整体打捞方案获得国家文物局批准。

2007年4月9日，南海Ⅰ号整体考古打捞工作正式启动，"南天柱"船组进场施工，拉开了南海Ⅰ号整体考古打捞的序幕。2007年12月22日，南海Ⅰ号整体出水；12月28日，南海Ⅰ号进入水晶宫，这标志着南海Ⅰ号整体考古打捞工作的圆满完成。整个考古打捞工程的施工共历时264天，先后投入了包括亚洲最大的起重船"华天龙"号（4000吨）和"重任1601"16000吨半潜驳等大型船舶设备共21艘。潜水员下水3016班次，潜水作业时间共195000分钟。南海Ⅰ号整体打捞工程涉及多学科和多专业领域，其难度之高、技术之精、工艺之尖均前所未有（图四）。南海Ⅰ号整体打捞取得成功，在航海领域和考古领域是巨大的成就。在这一过程中，整体打捞是中国科技水平、海洋施工能力与遗产保护合作的范例；单纯的水下考古也向水下文化遗产全面保护转变；在国家文物局、广东省政府支持下建成以南海Ⅰ号沉船为主题的专题类博物馆，更显示了中国政府对水下文化遗产的高度重视和对历史负责任的态度（图五）。

图四 整体打捞

图五　广东海上丝绸之路博物馆全景

四、初 步 尝 试

　　2007 年南海Ⅰ号移入馆内后，广东海上丝绸之路博物馆在保护与展陈方面做了大量实验与改造。其主要工作有天窗遮蔽、水体过滤、水环境改造等。由于水晶宫采用了外采光形式，屋顶玻璃在阳光直射下使得馆内温度过高而导致海藻等水生物大量滋生，加速了水质腐败，故被迫通过张贴遮光膜保护以有限度地改善馆内沉船环境的温度。保存沉船的水晶宫内海水为直接抽入，因未经灭活处理故携带大量海洋生物，馆内水体富营养化后极不利于沉船的保护，在投放絮凝聚沉淀剂后反而污染了馆内水质。遂被迫于 11 月排空海水清理池底。随着金属沉箱在海水中浸泡时间加长，金属锈蚀日趋严重，为此安装了大型海水循环系统。该系统初期效果较为明显，但由于抽水系统和水循环系统的处理能力等原因，未能保持持续效率，效果并不理想。整体发掘打捞后南海Ⅰ号沉船一直存放于广东海上丝绸之路博物馆水晶宫内的钢制沉箱内，受条件所限，长时间的存放中沉船环境不断改变，对南海Ⅰ号沉船的保护极为不利。目前沉箱内部的海泥呈弱碱性，含有高量的硫化物，浓度达到 6.88 毫克 / 千克，并含有腐殖酸。在这种弱碱性的海泥环境中，碳钢制成的沉箱持续遭受腐蚀。腐蚀后沉箱力学性能也发生变化，主要表现为变薄、变形及断裂，尤其发生点蚀及晶间腐蚀，将对钢铁构件内部强度造成极大影响。"水晶宫"的海水为 pH8.2 左右的高盐溶液，碳钢制成的沉箱在这种介质中产生严重的腐蚀；同时，海水中牡蛎、藤壶、石灰虫、海藻等污损生物也引起局部腐蚀。沉箱表面的腐蚀已经相当严重，并且还在进一步发生。这种腐蚀行为会影响沉箱结构材料的力学性能，即影响沉箱的承重能力。一旦沉箱失去对南海 I 号沉船的包裹保护功能，那会将整个沉船暴露出来，"水晶宫"的水环境将直接影响南海 I 号沉船，将为沉船的保护带来更大的困难。Fe^{2+} 的检测表明，沉箱的腐蚀产物 Fe^{2+} 的渗透扩散已经接近船体，将严重威胁南海 I 号沉船中的文物，因此必须尽快进行考古发掘，然后对发掘文物、南海 I 号船体采取综合整体保护措施，使这一珍贵的水下文化遗产能够传之长久并服务共享于社会。因此，针对南海 I 号沉船遗物进行考古发掘工作需要尽快开展。

2008 年，广东省文物考古研究所向国家文物局提交了《"南海 I 号"考古试掘方案》，并获国家文物局批准。2009 年 8—9 月，广东省文物考古研究所集合广东省内的水下考古队员组成发掘队伍完成了南海 I 号第一次试发掘工作，获取了沉船左右船舷板在沉箱中的具体位置，船舱位置和舱内文物保存情况等信息。试发掘工作第一阶段采用传统的水下考古发掘方法，不降低水位。水下考古队员利用潜水技术和设备对沉船本体及船载文物进行发掘，并在水下完成测绘和资料采集工作。实践证明，在封闭水域用传统的水下考古发掘方法发掘南海 I 号弊大于利。虽然水中发掘有利于发掘过程中的文物保护，也具有一定的观赏性（实际效果并不好），但弊端更明显，不仅无法完成测量、照相等资料采集工作，且工作效率极低，发掘周期漫长，在沉陷内潜水作业风险无法避免。在第一次试发掘经验积累的基础上，2010 年，广东省文物考古研究所又向国家文物局提出南海 I 号第二次试发掘申请并获批准。2011 年 3—5 月，广东省文物考古研究所组织广东省水下考古队员、文物保护人员和田野考古专家共同组成发掘队伍，完成了南海 I 号第二次试发掘。在很大程度上此次试发掘是 2009 年试发掘第二阶段的延续。试掘工作于沉箱南部、北部分别选择了 6 个 1 米 ×1 米探方进行清理，发掘深度 1—1.5 米。沉箱南部的发掘只发现有碎瓷器层，未发现有船体；北部 3 个探方中，发现有碎瓷器层，探方深度 1.5 米，未发现船体；一个中部发现有隔舱板，厚 20 厘米，中部有长方形凹槽，隔舱板北部发现碗、盘等瓷器，南部则没有任何文物。2009 年度、2011 年度的两次试发掘工作，为南海 I 号保护发掘方案的全面提出积累了可贵的经验。

五、保 护 发 掘

南海 I 号全面保护发掘方案的提出与选择。由于南海 I 号是一条沉没于水下多年满载货物的古代沉船，文物的品种繁杂，无论是沉船本体还是船内文物，在考古发掘工作中，保护工作极为重要；由于沉船被包裹于巨大的钢质沉箱中，在博物馆内施工非常困难，在对待沉箱的态度上学界也存在分歧。国家文物局极为重视南海

I 号项目，为慎重对待这一珍贵的文化遗产，科学地开展考古工作，不仅组织相关单位先期开展了"'南海 I 号'沉船现状评估与发掘保护预研究"专项课题研究，还要求各单位密切合作，征求多方意见。为此提出了部分发掘、拆除沉箱、保留沉箱等几种发掘方案。这几种方案各有利弊。在经过多次认真细致的探讨和论证后，确定了广东省文物考古研究所提出的，在保留沉箱情况下实施沉箱内考古发掘的方案。如此，作为整体打捞成功标志的沉箱可以完整保留并与发掘后的沉船共同展示于博物馆内。

全面保护发掘工作于 2013 年 11 月 28 日正式启动。该工作既不同于水下考古作业，也有异于传统的陆地考古，所有的发掘工作需要在沉箱内进行，需要根据项目需要随时调整发掘方法，以获得最大效果、效率。在发掘工作中采取了先内后外的次序，先清理船内文物，从内外两侧对船本体进行加固后，再依次清理发掘船舷外侧。由于南海 I 号发掘属于沉船考古工作，作为最大的单体文物，沉船本体两端起弧上翘悬空，船木腐朽后极易发生断裂，故此需首先将沉船中的货物进行清理、提取，减轻船体内部承重压力；同时，沉船内各舱室间相互关联成为有机的整体，发掘时要统一进行。因此在进入船体内部发掘后，考古队采取了整体按区域下降的方式进行发掘，合理把握沉船的整体布局和关系。在对沉船发掘状态进行综合判断并做好保护支护方案后，再逐渐开展下部船体外部发掘，最终将沉船与沉箱分离；对沉箱外部的海水利用进排水对水晶宫内的水位进行控制，尽量保持循环换水，控制沉箱外水面与发掘面的合理高差，逐步降低水位，使遗址环境不发生剧烈变化，减少文物损毁，满足保护工作对湿度、温度的需要。

2014 年 2 月正式开始以 6 米×6 米探方发掘方法清理沉箱内沉船堆积，总发掘面积为 398.6 平方米（图六）。从水下考古调查和本次发掘发现，该沉船覆盖于 1—1.5 米深的海泥之下，木船体上部及周缘分布大面积凝结物，受渔业生产、水下调查和遗物提取以及海洋动力等影响，地层堆积受不同程度扰动，但堆积层位基本清晰。从 T0101 至 T0601 西壁剖面、T0401 与 T0402 南壁剖面看，各层间具有一定的可穿越性，属于典型的海洋埋藏环境，受后期外力与水动力影响较大；同时沉船没于海泥后对周边海床泥层挤压有溢出现象，受船体部分结构开裂、海洋水动力激荡、渔业活动拖曳等因素影响，木船散木和船货被移动甚至凝结，经过了较长期的反复扰动和沉积过程，有船货受扰动发生位移的先后沉积过程。

发掘显露的船体残长 22.15 米，最大船宽 9.85 米，总计有 14 道隔舱，船艏室已经断裂分离，上层建筑无存，右后部微倾斜下沉，艉部存有艉尖舱。两舷为多重板搭接结构，部分隔舱存有甲板。沉船保留有左右舷板、水线甲板、隔舱板、舵承孔等船体结构，以及船中桅托梁、甲板、船壳板、底板和小隔板等部分，船体表面残存结构基

图六 遗址全景

本清晰，船板搭接等部分造船工艺比较明确。经发掘清理，显露出船体横向隔舱壁板的间距在 0.62—2.01 米，已发现隔舱有纵向两列隔板，部分舱室存有垂直分隔板，将舱室分割为不同空间。船舯部设有可倒桅，两舷上部为多重板搭接结构，部分隔舱上部存有甲板残留。船体的右舷中部碰撞内凹，舯部、艉部的上层建筑已经倒塌，大量建筑板材等散落在艉部外围。船体木材按部位不同分别使用了马尾松木、福建柏、海南榄仁木、柄果木、江南桤木等树种。从已暴露的船体结构和船型判断，南海Ⅰ号沉船是长宽比较小、有龙骨多重船舷板的 V 形船体，是具有安全系数高、耐波性好、装货量大特点的短肥形船型，属于中国古代三大船型的"福船"类型，时人所谓"海舟以福建为上，广东西船次之，温明州船又次之"①。马可波罗也谈道："好船用铁钉结合，有二厚板叠加于上……若干最大船舶有大仓十三所，以厚板隔之，其用在防海险。"表明对于远洋船型的选择也是不断摸索总结经验的结果，甚至《太平寰宇记·福建路·泉州》中把"海舶"列为泉州的土产。现存的船体结构最为复杂，许多舱室存有水平分隔结构，在中国沉船考古中非常罕见。《宋会要》曾提到："福建广南海道深阔……造尖底海船六只，每面阔三丈、底阔三尺，约载三千料。"《宣和奉使高丽图经》中普通的客舟亦为"长十余丈，深三丈，面阔二丈五尺，可载二千斛粟"。再参考已经

---

① （宋）吕颐浩：《忠穆集》卷二《论舟楫之利》，文渊阁四库全书。

发现的宋元沉船，如泉州后渚沉船、西沙华光礁沉船、韩国新安沉船，南海Ⅰ号残长22.15、宽 9.85 米，可以看出属于这一时期较为普遍使用的大型通用船型。

　　船体中间各舱室是船货最集中的区域，船内各舱之间的船载货物品按照种类和上下货次序进行包装码放（图七、图八）。船内现存的货物以瓷器、铁器最为大宗，钱币亦有相当数量，按照宋代对外贸易的货物品种，丝绸亦为大宗货物，但由于长期浸泡于海底，有机物已全部腐烂，仅在几个货舱的土样检测中发现丝蛋白残留，从而证实作为货物的丝织品的存在。此外，船内发掘出大量戒指、手镯、臂钏、项链等金制饰品，以及金叶、玉件、银铤、漆器等应属于非贸易性质的个人携行物品。在部分舱室以及甲板面装载了大量的铁条、铁锭、铁锅等金属加工半成品，并形成了体量巨大的凝结物。已提取出来的船货基本面貌越来越清晰，船货构成更加丰富，瓷器主要是当时南方著名窑口的产品，大部分源自江西、福建和浙江三省。其中以江西景德镇青白瓷，福建德化窑白瓷、青白瓷，磁灶窑酱釉、绿釉瓷，闽南青釉以及龙泉系青釉瓷为主，器形包括壶、瓶、罐、碗、盘、碟、钵、粉盒、炉等（图九、图一〇）。金、银、铜、锡和漆木器等其他发现也非常重要，金页、银铤上多有店铺名称、重量、地名等戳记，反映出南宋时期商品经济异常活跃，已延伸到了海外贸易的领域。而船货中一

图七　装满货物的船舱

些器形较为特殊的外销瓷器、浓郁异域风格的金饰品、朱砂、水银和剔犀、剔红漆器（图一一）等更加值得注意。

图八　垂直码放的货物

图九　装满货物的陶罐

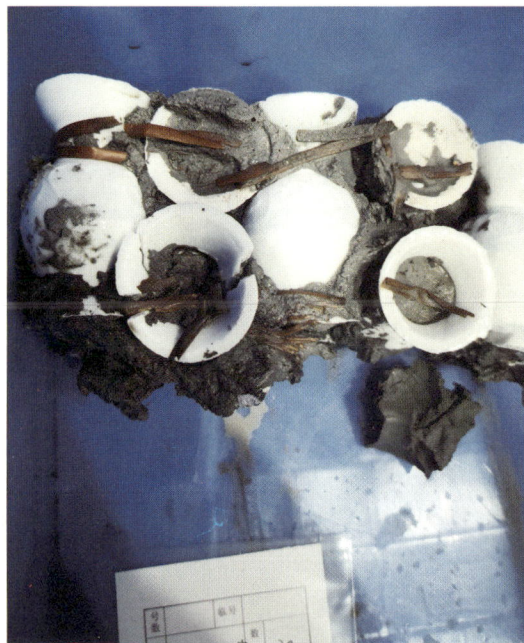

图一〇　成组包装的白釉瓶

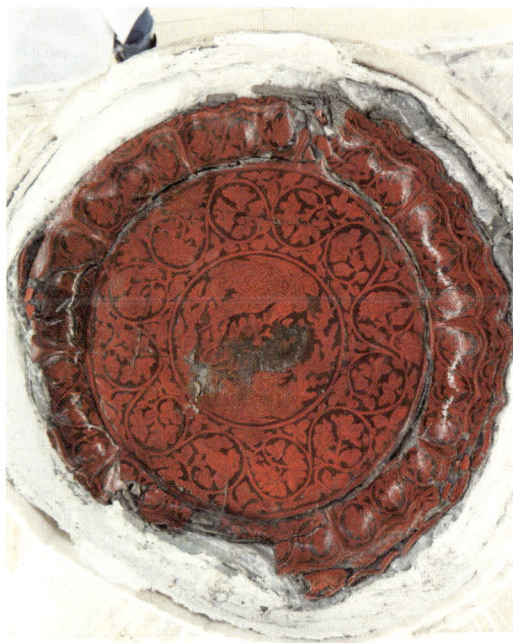

图一一　剔红双凤缠枝花卉纹菱花口圆漆盘

图一二　双系酱褐釉壶（墨书"舟乔前公用"）

如果按照用途分类亦可分为贸易用船货、船上生活用品、船员与搭载客商的个人携行物品。

（1）船货：各舱以及甲板上放置的铁器、金属器、瓷器、矿物原料、丝绸等均为贸易交易用货物。

（2）船上生活用品：已经出土的有位于船艉坍塌木结构处的木桶、木盆残片，八角清漆木盘，"舟乔前公用"执壶（图一二），C09、C10舱大罐子，C08舱装梅子的青瓷小罐等。

其中"舟乔前公用"执壶及C09、C10舱大罐子中的部分为水器。木桶在中外沉船中均有发现，是常见的存储器，部分木桶桶片上还残留有铁箍痕迹。炊器及食材加工工具有石磨盘、石磨棒、陶灶等。石磨盘、石磨棒是成组的加工工具，在新石器时代就被用于加工谷物，在船上也可能被用于加工食材。最新的发掘中还发现了陶灶残片，泥质红陶，形制为陶盆开一灶孔，残缺不全，上有烟熏痕迹。结合船上大量的各类铁锅，可知船上炊具应有陶灶和铁锅的组合。出土文物中有成捆的木柄残件、木柄刀具及木柄斧，这些均为船货。但船上使用的也可以为类似的木柄刀斧。

日用品有砚台、木梳、铜镜等。砚台发现有两具，一具展于广东海上丝绸之路博物馆，完整器，为歙砚。另一具2014年出土，为有残的抄手砚。船上出土了大量有墨书的瓷器及部分木牌等，砚台及配套应该存在的毛笔是船上管理记录的重要工具。

目前发现的木梳均为残件，广东海上丝绸之路博物馆馆藏2002年出水的木梳残件1件2片，2013年之后发掘出土木梳残件2件。铜镜发现较多，大部分应为船货。但为配合木梳的使用，也应该有部分被用于船员生活。宋代男子留长发、束发髻，木梳、铜镜为配套日用品。

（3）个人携行物品：金、锡质饰品有多件，金饰有阿拉伯风格，金叶子和大部分金饰品在同一器皿中被发现，这一盒金质货币和金饰应为船上的外籍客商所有。船上还发现有较多的木珠、木串饰，以宝瓶或葫芦为佛头，配以木质三通。另有一件木雕饰品，形似木蝉。船上还有较多的玉石、玻璃质饰品出土。目前出水出土的有：2002年出水的玉雕观音及罗汉像，藏于广东海上丝绸之路博物馆（图一三）。2014年出土有一件玉石人像，另外还有几件残破的玉石雕像出土；水晶吊坠一件，上有三通串孔；玻璃材质的有琉璃环及琉璃器残件，琉璃器残件为黑色玻璃底、白色化妆土、绿黄彩。另外还出有一件打磨过的鱼脊椎骨，可能为船员闲暇所为。此类木、玉石质饰物及水晶玻璃类饰物比较珍贵，可能为客商携带的或货物。佛像等精神寄托物和木串饰、鱼骨饰普通船员

图一三 玉造像

亦可以佩戴。而且通往南亚的海上丝绸之路是佛教东传的主要路线之一，船员佩戴佛像或船上有佛教徒也是正常现象。

南海 I 号作为一个被时空封闭了的载体，包含极为丰富的古代信息，向我们完整地展示了 800 年前具体而微的社会场景。当时从中国沿海港口出发，到达东南亚、西亚通常需要一个月乃至数月的航渡时间，几十上百人如此长时间地生活在狭小的船内空间中，又是如何度过的呢？大量的生活资料又是如何解决的呢？南海 I 号为我们了解古人海上活动提供给了鲜活的标本。船内出土了数十种植物与动物残骸，甚至还有为打发时间利用鱼骨制作的工艺品。这些文物，见证了我们的先辈依靠自己的勇气与智慧，他们梯海而行，凿空异域，将中国与世界联系在一起。随着各舱室清理完毕，文物提取数量已近 20 万件，远远超出最初 6 万—8 万件的推测。

在全部考古发掘中，南海 I 号船体作为目前所知当时最大的单体大型木构结构，无疑是最重要也最有价值的，同如今的航空母舰、喷气式飞机、航天飞船一样，不同历史时期的交通工具往往是人类文明所能达到高度的代表之一，代表了人类技术水平的结晶。而宋代起中国的海航事业开始趋于极盛。历史学家 L. S. 斯塔夫里阿诺斯（L. S. Stavrianos）在其所著的《全球通史》一书中谈道："宋朝期间，中国人在造船业和航海业上取得巨大的进步，12 世纪末，开始取代穆斯林在东亚和东南亚的海上优势……中国的船只体积最大，装备最佳；中国商人遍布东南亚及印度港口。……中国的进出口贸易情况也值得注意，它表明这一时间，中国在世界经济中居主导地位。"可以看出，具有中国技术特点的帆船至少在 12 世纪前已完全成熟。由于沉船被海泥包裹于海

图一四　舱内的水平铺板

床之下，处于特殊埋藏环境，南海Ⅰ号船体特别是装满货物的船内舱室结构等都得到了保存（图一四）。随着外部清理工作的深入，将来我们有可能可以得到一条结构相对完整的中国古代帆船。从另外一个角度讲，自郑和下西洋后，明清两代放弃海洋政策带来了中国航海的停滞以及大航海后西风东渐，造成了传统造船业的断代，目前我们所能了解的非遗传承的古代船型实物基本都是年代相对比较晚的，而南海Ⅰ号可以为我们提供中国古代造船的一个绝佳标本和研究对象。为此考古工作的一个核心要点就是尽量不对船体进行拆解，除非提取文物和保护的必要，尽可能不破坏船体的水密捻料、板材搭接、舱室结构等。在清理所有船货减轻自重后，从内外两侧进行临时支护，为需要较长时间开展的保护工作提供必要的条件，最后再通过专门设计不让船体受力的兔笼结构实现船体位移，最终转入博物馆公开展示（图一五—图一七）。

图一五　保护支撑的船体

护栏   护栏
木模板   钢沉箱
方木
南海Ⅰ号
竖向剪刀撑   水平钢管剪刀撑，共
                设置两道
船龙骨

750 1000 1000 1000 1000 1000 500 1000 1000 1000 1000 1000 750

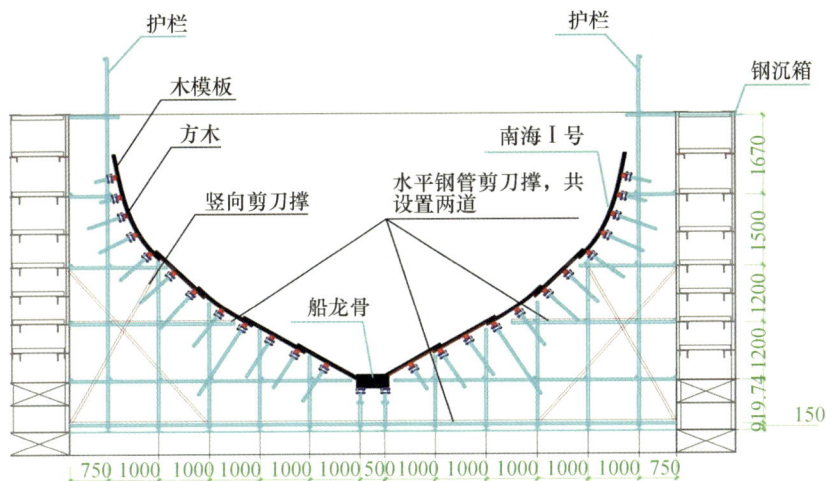

南海Ⅰ号古船侧板支护横剖面图

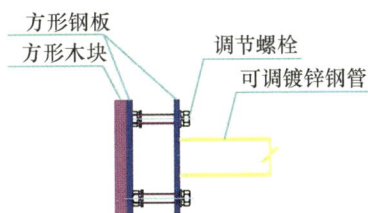

方形钢板
方形木块   调节螺栓
                可调镀锌钢管

说明：①图中立杆及水平杆、剪刀撑等钢管均采用φ48毫米×3.5毫米
钢管；②立杆间距为@1000毫米×925毫米；③水平撑共设置两道，
具体位置详见图纸；④竖向剪刀撑沿船长方向按4.5米间距一道设置；
⑤支撑垫块结构如上图所示，垫块摆放角度可调；⑥古船支护点布设
密度依实际发掘情况而定

图一六　支护方案

图一七　支护兔笼结构设计

六、认 识 思 考

如何客观看待、认识南海 I 号也是今后工作的一个内容，是今后做好研究工作的基础。自发现伊始，南海 I 号始终都引起了社会的巨大关注，关于其年代、人员、价值等各式各样的推测层出不穷。从目前掌握的材料来看，"南海 I 号"应当属于 12—13 世纪一条普通的贸易商船，以沉船而言，并不是年代最早、体型最大的古代沉船，其船载的货物亦绝非代表了南宋时期的最高水平，仅以数量最大的瓷器而言，基本来自福建、江西、浙江的民间窑场（图一八），代表当时最高水准的"宋最有名之有五，所谓柴、汝、官、哥、定是也。更有钧窑，亦甚可贵"产品均未见到[①]。特别是文字类文物因海水原因极少保存下来，从对历史研究的价值来讲与敦煌并无类比的可能（敦煌除石窟艺术的实物遗存外，藏经洞还发现有 5 万件以上的文献，包括佛教、道教、摩尼教、景教等典籍，以及官府文书、四部书、社会经济文书、文学作品等大量世俗文书。文献中除大量汉文写本经卷外，也有藏文、西夏文、于阗文、梵文、回鹘文、粟特文、突厥文、龟兹文、婆罗谜文、希伯来文等多种古文字写本。除了文献之外，还有若干铜佛、法器、幡、幢、绢纸画、壁画粉本等物。藏经洞文物的发现意义重大，与殷墟甲骨、明清内阁档案大库、敦煌汉简一起被称为 20 世纪中国古文献的四大发现。藏经洞文献连同敦煌，为我国和丝绸之路沿线的中古史研究提供了不可多得的一手资料，为学者提供了全新的视角，被称为打开世界中世纪历史大门的钥匙。由此产

图一八　粉盒套装器盖

---

① 许之衡原著，叶喆民译注：《饮流斋说瓷译注》，紫禁城出版社，2005 年。

生了一门世界性的学科——"敦煌学")。但是，有一点是相同的，就是它们都不仅仅是中国的文化遗产，也是全世界的珍贵文化遗产，都代表了不同地区、不同文化交流融合的结晶。

在漫长的历史时期中，不同种族、不同文明间的交往、融合是文明进步的基础。任何文明都不可能做到自我封闭，独自前行。被考古学家里斯·琼斯称为"对思维进行慢性扼杀"的塔斯马尼亚现象案例即是[①]。在人类学上，这种社会间交流被封闭，社会规模无法承载文明与技术的传承，造成的社会文明退化现象，就叫作"塔斯马尼亚岛效应"。社会封闭对于社会体量庞大的人类族群是有致命危害的，即使在欧亚大陆，塔斯马尼亚岛效应只要社会交流频率下降就会发生。中国在明代抛弃了近代最重要的一项技术——远洋船制造技术（郑和下西洋时我国掌握这种技术，而且领先世界），可谓与之类似，由此带来的教训亦极为深刻。反之，以南海 I 号船货之一为例，我们可以看到大量中国烧造的军持等器物（图一九），为中国芒口瓷器。而军持原本属于印度、阿拉伯地区特有的水器，传入中土后逐渐被接受进而脱离本来的实用功能演变成一种

图一九　军持

装饰器，其审美风格广受欢迎。芒口本为一种制瓷装烧工艺所致，国人或认为其"本朝以定州白瓷器有芒不堪用"[②]，陆游也说"故都时，定器不入禁中，惟用汝器，以定器有芒也"[③]，元以后逐渐减少甚至弃用。但芒口瓷器在出口到西亚、中亚后被包以金口、银口、铜口装饰后却大行其道，充分说明了不同文明并无高下、优劣之分，审美、技术是相互交融、共同繁荣发展的。中国产的瓷器、丝绸、铁器以及中国的文化习俗等通过海上丝绸之路源源不断地输往不同地区，也把香料、胡椒、犀角等异域的奇珍异宝、经济作物运回国内，成为一种极为有益的互动交流，极大地丰富并改善了中国社会的方方面面（图二〇、图二一），的确，如果没有来自世界各地的文化艺术、生物物种间的交流，画地为牢的文明将是多么的难以为继！

---

　　① 　Joseph Henrich. Demography and Cultural Evolution: How Adaptive Cultural Processes can Produce Maladaptive Losses: The Tasmanian Case. *American Antiquity*, 2004（约瑟夫·亨利克：《人口统计学和文化进化：适应性文化过程如何产生非适应性损失：塔斯马尼亚案例》，《古代美国》，2004 年）.

　　② 　叶寊：《坦斋笔衡》，商务印书馆，1927 年。

　　③ 　（宋）陆游撰，李剑雄、刘德权点校：《老学庵笔记》，中华书局，2019 年。

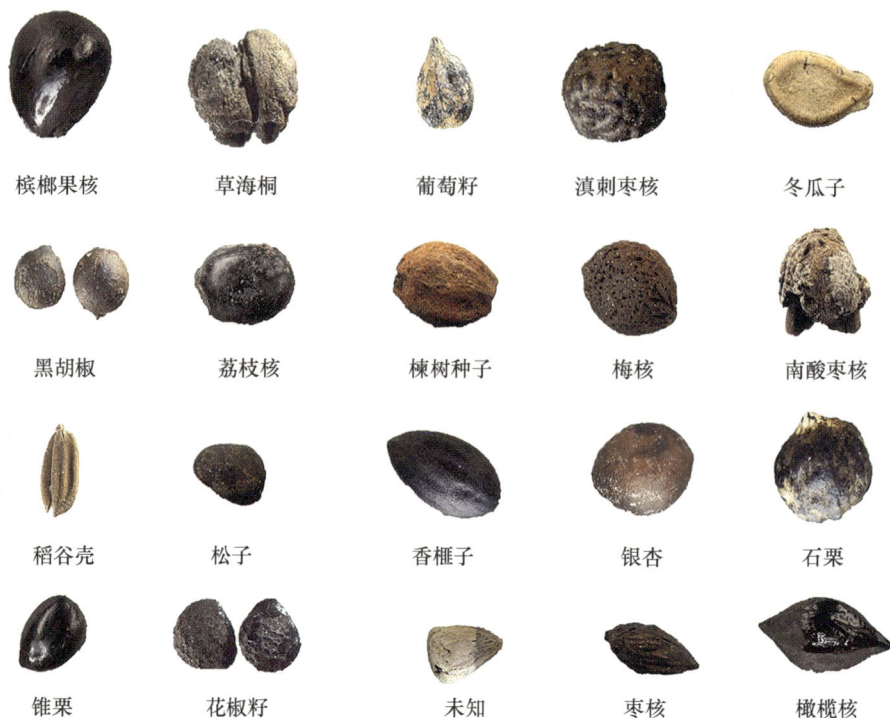

槟榔果核	草海桐	葡萄籽	滇刺枣核	冬瓜子
黑胡椒	荔枝核	楝树种子	梅核	南酸枣核
稻谷壳	松子	香榧子	银杏	石栗
锥栗	花椒籽	未知	枣核	橄榄核

图二〇　出土的果核

图二一　鎏金虬龙环

长期以来，广袤无垠的大海和高耸险峻的崇山一样，是阻碍人类交流的难以逾越的屏障，将生活在不同地域的人们相互隔离开来。随着人类文明的不断进步，人们渐渐掌握了航海的技能，大海又随之成为相互往来的通衢大道。穿梭航行于瀚海上的船舶促进了不同种族文化间的交流融合。在人类同自然的抗争中，海洋中遗留了大量的痕迹——沉船。这些沉船分别记录着不同历史时期的人类文明，探索研究其中的奥秘是解决诸多古代问题的钥匙之一。中国的南海是连接中国大陆与外部世界的重要通道。中西交流中的海道大致在10—13世纪的宋代趋于极盛，南海海域在海上丝绸之路形成、发展、繁荣的历史中，都是一个充满活力而且无法取代的地区。南海海上丝绸之路的空间结构大致呈以海上交通线路串联出发地和目的地的生产、运输、市场相互连接的整体。宋元以来方志文献关于南海海上交通的记述汗牛充栋，沿海、内陆地区与外销市场两端的考古工作和相关发现亦多有进展，线路本身的直接发现却相对稀少，特别是在中国海域内唯南海 I 号、华光礁沉船等寥寥若干，与当时繁荣兴旺的南海海上丝绸之路不相匹配。南海海域是联系东西方的桥梁和窗口。从汉魏六朝的佛教东传，唐宋时期的海外贸易，明清时期的七下西洋、洋务运动、西学东渐，以及当今的"一带一路"，无不与之相关。南海 I 号的发掘填补了南海丝绸之路研究的空白，使这一沉睡于海底近千年的文明使者得以复苏，重新活跃于中国与世界交流的国际舞台。

作为一条满载货物在出航不久后就沉没的船只，南海 I 号无疑是不幸的，但作为古代沟通世界的海上丝绸之路的见证者，它又是不朽的。每一艘被发现的古代沉船都是满含信息的绝佳标本、穿越时空被封存的"时间胶囊"，也是先民付出重大牺牲的见证。诚如梁启超所言："海也者，能发人进取之雄心者也……彼航海者，其所求固自利也，然求之之始，却不可不先置利害于度外，以性命财产为孤注，冒万险于一掷也。"① 古代"海上丝绸之路"航道的开辟与拓展，非由一朝一代完成，亦非由一地一方主导。航道的开辟及海上网络的不断扩展，源于古代东西方人民的共同开拓。通过海洋交通，相距万里的人们得以将各自丰富多彩的文化展现于对方面前，交换特有的生产、生活物品，将不同的种族联系起来，相互交流、共同进步。其中商品交换的经济活动无疑是最具推动力的因素。发现于南海 I 号上的大量珍贵文物多具有文化交流、融合的特点。

自包括沉船的巨大沉箱移入广东海上丝绸之路博物馆开展考古工作后，博物馆始终秉承着分享社会、全民参与的理念向公众开放，观众可以在展厅了解沉船的历史，看到新的发现成果，还可以近距离直接观看考古发掘的全部过程，深入了解文化遗产保护的内涵，提高参与意识。公众参与感是考古工作的重要组成部分，鼓励社会公众了解、参与水下文化遗产保护，才能有效保护、永续利用全人类的共同财富——水下文化遗产。南海 I 号沉船考古发掘工作历经了发现、水下调查、水下发掘、整体打捞、异地发掘等不同阶段，前后跨越了二十余年，从某种意义上讲也是中国水下工作的起点，并伴随贯穿了水下文化遗产保护事业发展。在这一过程中，所有参与该发掘项目的成员都本着对历史负责的态度，付出了无数心血（图二二）。我们尤其不能忘记南海 I 号第一任考古队长俞伟超先生，先生作为奠基人不仅筚路蓝缕开创了中国水下考古事业，在具体实践中更是不顾高龄与风险，亲自出海参加调查乃至发掘，从方方面面予以指导，前辈风范，高山仰止，南海 I 号的发掘与保护工作进展至今日，成绩斐然，凝聚了先生无数的心血。南海 I 号重新面世的经历和中国水下文化遗产保护事业的飞速发展是对先生最好的告慰。此外，日本学者田边昭三先生、香港陈来发先生为南海 I 号的发现提供了巨大

---

① 梁启超：《地理与文明之关系》，《饮冰室合集：文集之十》影印本，中华书局，1989 年。

图二二　现场保护加固船木

的帮助；原中国历史博物馆考古部水下考古研究室、广东省文物考古研究所、广东省博物馆等单位亦先后负责、参与了前期工作，所做贡献良多，并奠定了良好的基础；在国家文物局与广东省文化和旅游厅、广东省文物局的鼎力支持下，国家文物局水下文化遗产保护中心、中国文化遗产研究院、广东省文物考古研究所、广东海上丝绸之路博物馆共同开展了后期的全面保护发掘工作，至今项目还在持续工作中，预计将于近几年内完成并向社会展示开放。

　　美国作家盖瑞·金德在描述一艘名为"中美洲"的沉船打捞作品中提到："海难是上帝写了一半的剧本，句号得由那些沉船打捞者来完成。"对于南海Ⅰ号考古工作更是如此，关于船只的始发港、航行线路、目的地、船上人员组成、遇难沉没原因等一系列问题一直为关注的热点。但是，考古学是严谨的科学，在没有确实可靠的证据面前，定性的判断并不准确，只能是推测。许多问题要经过很长时间的研究才会有一定结果，有些甚至会成为不解之谜。相信随着工作、研究的深入，南海Ⅰ号会给我们带来更大的意外与惊喜（图二三、图二四）。

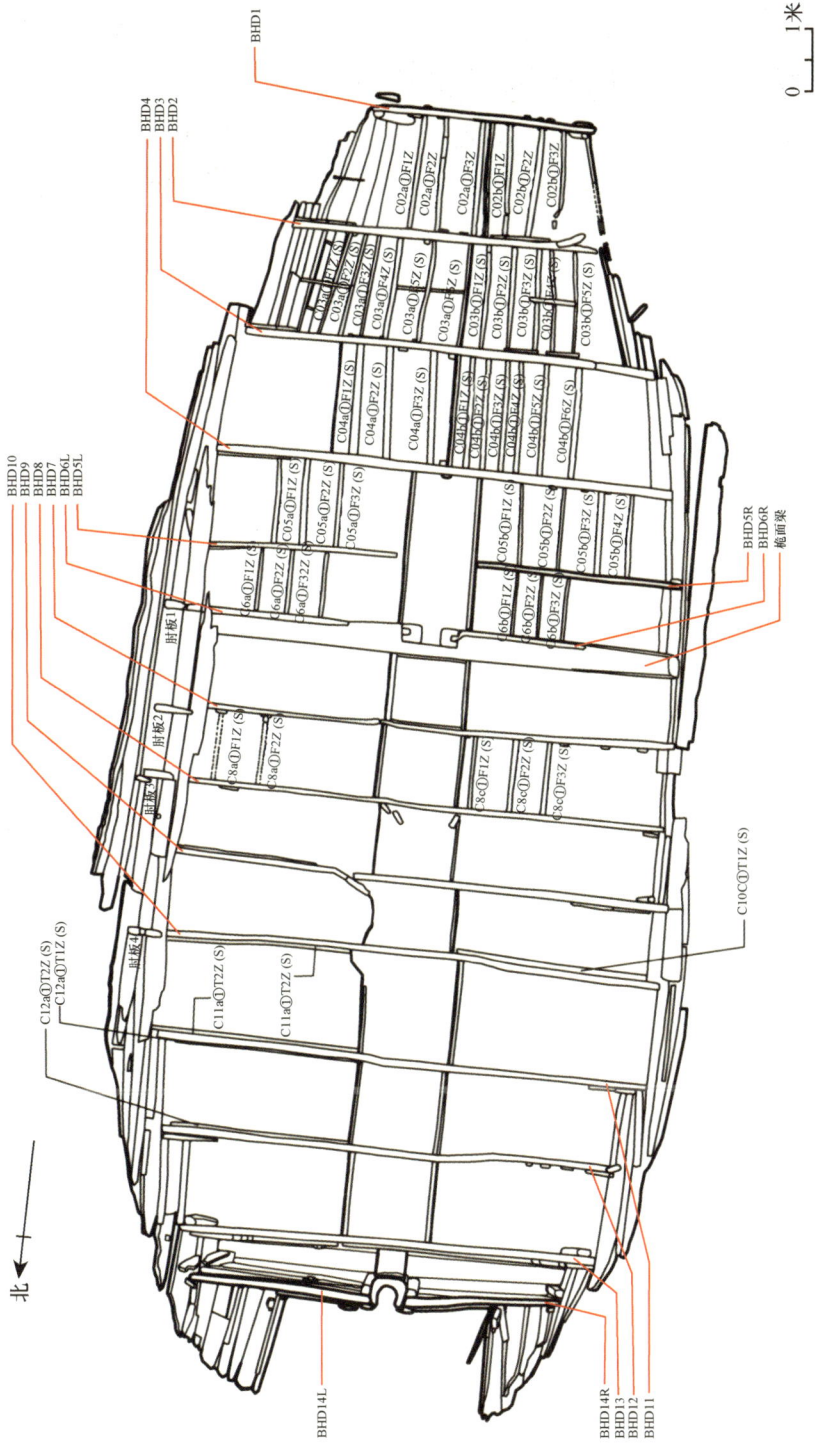

图二三　第一层俯视平面图

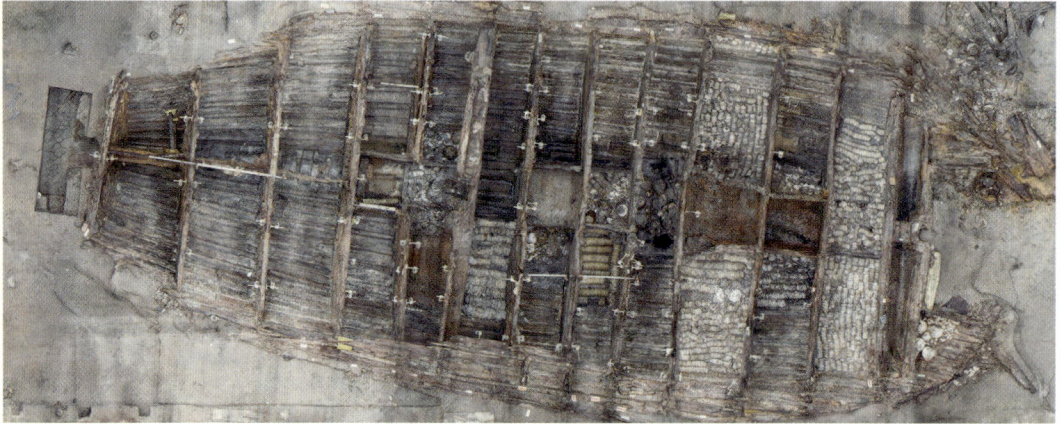

图二四　清理完成后的全船正射影像

附表　出水植物分类统计表

植物分类	植物种属	出土情况		数量百分比 （3105 粒种子）		出土概率（210 份土 样）	
		完整	残破	合计数 量 / 粒	占比 /%	占有样品 数 / 份	出土概率
核果类	梅（*Prunus mume*）	715	84	799	0.257	100	0.476
	槟榔（*Areca catechu*）	64	110	174	0.056	41	0.195
	橄榄（*Canarium pimela*）	22	4	26	0.008	20	0.095
	枣（*Zizyphus jujuba*）	4		4	0.001	3	0.014
	滇刺枣（*Ziziphus mauritiana*）	1	2	3	0.001	2	0.010
	南酸枣（*Choerospondias axillaris*）	1		1	＜0.001	1	0.005
坚果类	锥栗（*Castanea henryi*）	1535	439	1974	0.636	121	0.576
	银杏（*Ginkgo biloba*）	8		8	0.003	6	0.029
	香榧（*Torreya grandis*）	3		3	0.001	3	0.014
	松子（*Pinus* sp.）	25		25	0.008	20	0.095
浆果类	葡萄（*Vitis* sp.）	3		3	0.001	2	0.010
荔枝类	荔枝（*Litchi chinensis*）	3		3	0.001	3	0.014
瓜类	冬瓜（*Benincasa hispida*）	1		1	＜0.001	1	0.005
谷物类	水稻（*Oryza sativa*）	2		2	0.001	2	0.010
香料类	花椒（*Zanthoxylum bungeanum*）	13		13	0.004	7	0.033
	胡椒（*Piper nigrum*）	31		31	0.010	9	0.043
其他	石栗（*Aleurites moluccana*）	10		10	0.003	9	0.043
	楝树（*Melia azedarach*）	3		3	0.001	3	0.014
	草海桐（*Scaevola sericea*）	3		3	0.001	3	0.014
未知		19		19	0.006	12	0.057

海上丝绸之路的考古发现与研究

姜　波 [①]

摘要：海上丝绸之路是古代风帆贸易的海上交通线路。我们可以通过解读港口、沉船和贸易品等考古遗迹，探究海上丝绸之路上古代族群、语言和宗教的交流史实。以泉州港为代表的港口遗址，生动展示了其作为海上丝绸之路海港的文化多样性面貌。水下考古发现的泉州湾宋代沉船、南海Ⅰ号、南澳一号、华光礁一号等海洋贸易沉船，为海上丝绸之路研究提供了重要考古实证。斯里兰卡加勒港出土的"郑和布施锡兰山碑"，用汉文、波斯文、泰米尔文三种文字书写，分别记述了中国皇帝向佛教、伊斯兰教和印度教主神供奉的辞文，堪称海上丝绸之路上不同族群、语言和宗教相互交流的代表性文物。

关键词：海上丝绸之路、水下考古学、海上贸易、沉船、港口

Abstract: The Maritime Silk Road is an ancient maritime traffic route for sailing trade. We can explore the history of the exchange of ancient ethnic groups, languages and religions along the Maritime Silk Road through the interpretation of archaeological remains such as ports, shipwrecks and trade objects. Quanzhou Port, as representation of port sites, vividly demonstrates its cultural diversity as a seaport on the Maritime Silk Road. The underwater archaeological discoveries of Song Dynasty shipwrecks in Quanzhou Bay, Nanhai I shipwreck, Nan'ao No. 1 shipwreck, Huaguang Reef No. 1 shipwreck and other maritime trade shipwrecks have provided important archaeological evidence for the study of the Maritime Silk Road. Written in Chinese, Persian and Tamil, the "Tablet of Zheng He's Alms Giving in Ceylon" unearthed in Galle Port, Sri Lanka, records the Chinese emperor's offerings to the main gods of Buddhism, Islam and Hinduism, respectively. It is a representative

---

① 时任国家文物局水下文化遗产保护中心水下考古研究所所长，研究馆员。

artefact of the exchanges between different ethnic groups, languages and religions along the Maritime Silk Road.

Keywords: Maritime Silk Road, Underwater archaeology, Maritime trade, Shipwrecks, Ports

一、海上丝绸之路考古的时空框架与历史发展脉络

海上丝绸之路是古代人们借助季风与洋流，利用传统航海技术开展东西方交流的海上通道，也是东、西方不同文明板块之间经济、文化、科技、宗教和思想相互传输的纽带。沉船、港口和海洋贸易品，是海上丝绸之路考古学解读的切入点。一般认为，海上丝绸之路肇始于秦汉时期，成熟于隋唐五代，兴盛于宋元明时期，至 19 世纪七八十年代，蒸汽机轮船逐步取代帆船为止[①]。关于海上丝绸之路，沙畹、山杉正敏、陈炎、饶宗颐等先后提出"海上丝绸之路"的学术概念并开展研究，日本学者三上次男还提出了"陶瓷之路"的说法[②]。就海洋贸易的内涵而言，海上丝绸之路既包括国家主导的官方贸易，也涵盖民间自发的贸易，甚至借官使之名行贸易之实（典型者如琉球贸易）。官方贸易以郑和下西洋（1405—1433 年）为巅峰，民间贸易则以明代"隆庆开海"（1567 年）为标志。

海上丝绸之路是人类交通文明的智慧结晶，它的形成经历了漫长的历史进程。初期的海上航行，最主要的方式是贴岸航行和跨岛链航行。前者不言自明，即沿海岸线航行，由此在中国沿海留下了很多著名的航海地理坐标，如福建的五虎山、广东川岛海域的乌猪洲等；后者则是沿岛链跨海航行，如自登州港起航跨庙岛群岛抵达辽东半岛的航行活动，自琉球经奄美群岛等向北直抵九州岛的航行活动，印度尼西亚群岛海域的跨海航行活动，自印度东北部起航经安达曼群岛抵达苏门答腊岛的航行活动，等等。

浙江萧山跨湖桥遗址、河姆渡遗址和井头山遗址，遗址地点都靠近古代的海岸线，也都曾出土舟船和木桨等遗物，堪称古代先民"刳木为舟、剡木为楫"的生动写照[③]。

---

① 姜波、赵云、丁见祥：《海上丝绸之路的内涵与时空框架》，《中国文物科学研究》2016 年第 2 期。

② 〔日〕三上次男著，李锡经、高喜美译，蔡伯英校：《陶瓷之路》，文物出版社，1984 年。

③ 分别参见：浙江省文物考古研究所、萧山博物馆：《跨湖桥》，文物出版社，1984 年；浙江省文物考古研究所：《河姆渡——新石器时代遗址考古发掘报告》，文物出版社，2003 年；井头山遗址考古报告尚未发表，新闻报道参见：《从渔猎文明向农耕文明过渡，余姚井头山遗址考古成果丰硕》，新华社客户端，2020 年 6 月 2 日报道，新闻链接：https://baijiahao.baidu.com/s?id=1668364373751341440&wfr=spider&for=pc.

根据民族志考古调查的成果，类似于跨湖桥发现的所谓"边架艇"，至今仍见于印度尼西亚（巴雅人）和南太平洋岛国。跨岛链航海的历史可以追溯到很早的史前时期，重要的岛链有庙岛群岛、舟山群岛、中南半岛—马来半岛—印尼群岛—南太平洋群岛。舟山群岛上的白泉遗址、庙岛群岛上的北庄遗址，可以看作史前先民跨岛链航行的遗迹。按照考古学、人类学和语言学者的研究，古代的跨岛链航行活动，最典型者莫过于南岛语族的迁徙。南岛语族源起于我国东南沿海与台湾地区，沿中南半岛海岸线一直向南迁徙，经马来半岛、印尼群岛和太平洋岛链，最远可到南太平洋岛国甚至远及西印度洋的马达加斯加岛。

战国秦汉时期，中国与海外的交流日趋活跃，广东广州、浙江宁波、广西贵县出土的羽人划船图像，可以看作战国秦汉时期航海活动的重要考古证据[①]。这一时期的航线不仅局限于中国沿海以及东北亚、东南亚海域，甚至还远及印度洋海域。按照《汉书·地理志》的记载，古代中国与东南亚、南亚已经有密切的海上交流：

> 自日南障塞、徐闻、合浦船行可五月，有都元国；又船行可四月，有邑卢没国；又船行可二十余日，有谌离国；步行可十余日，有夫甘都卢国。自夫甘都卢国船行可二月余，有黄支国，民俗略与珠崖相类。其州广大，户口多，多异物，自武帝以来皆献见。有译长，属黄门，与应募者俱入海市明珠、璧流离、奇石异物，赍黄金杂缯而往。所至国皆廪食为耦，蛮夷贾船，转送致之。亦利交易，剽杀人。又苦逢风波溺死，不者数年来还。……自黄支船行可八月，到皮宗；船行可八月，到日南、象林界云。黄支之南，有已程不国，汉之译使自此还矣。

广州、合浦、徐闻、扬州等地汉代墓葬的考古发现，生动印证了这一点[②]。广州南越王墓出土的玻璃器、银莲瓣纹碗（图一）、犀角杯及香料遗存，均属海上交流的重要

---

① 宁波博物馆藏"羽人竞渡铜钺"，广州南越王墓西汉"羽人划舟纹提梁筒"，广西贵县罗泊湾 1 号墓出土的"西汉羽人划船纹栉纹铜鼓"。分别参阅曹锦炎、周生望：《浙江鄞县出土春秋时代铜器》，《考古》1984 年第 8 期；广州市文物管理委员会、中国社会科学院考古研究所、广东省博物馆：《西汉南越王墓》（上、下），文物出版社，1991 年；广西壮族自治区博物馆：《广西贵县罗泊湾汉墓》，文物出版社，1988 年。另参阅张强禄：《"羽人竞渡纹"源流考》，《考古》2018 年第 9 期。

② 相关考古资料参阅广州市文物管理委员会、广州市博物馆、中国社会科学院考古研究所：《广州汉墓》（上、下），文物出版社，1981 年；熊昭明：《汉代合浦港的考古学研究》，文物出版社，2018 年；广东省博物馆：《广东徐闻东汉墓——兼论汉代徐闻的地理位置和海上交通》，《考古》1977 年第 4 期；李则斌、陈刚、盛之翰：《江苏盱眙县大云山汉墓》，《考古》2012 年第 7 期。

见证①。合浦汉墓出土的玻璃器、玛瑙、波斯釉陶壶，也是重要的舶来品。扬州大云山汉墓出土的鎏金铜象、鎏金铜犀牛、银瓣纹碗，显然是从海路输入的产品。广州、合浦等地出土的玻璃器，有的是本土产品，有的是贸易输入品，表明海洋贸易交流带来的不仅仅是物品，甚至还有技术的交流。江苏连云港摩崖石刻的发现，是一个重要的考古成果，堪称佛教从海路登陆中国的重要史迹②。值得注意的是，从波斯萨珊朝输入的银质或铜质的凸瓣纹碗，在战国至秦汉时期的墓葬中屡屡被发现，如广州南越王墓、扬州大云山汉墓（江都王刘非墓）以及山东青州、临淄俱有发现，这些"舶来品"应该是从海上输入的；甘肃、云南等地均有此类出土品，则极有可能是从丝绸之路（越流沙而来）和西南丝绸之路（经云南、缅甸的线路）输入的，生动展示了中国秦汉时期，古代中国通过海陆贸易线路与外部世界发生交流的史实。

　　两汉魏晋南北朝时期，玻璃制品和玻璃制作技术的传入，也是东西方海上交流的重要表现。一般认为，岭南汉墓出土玻璃珠饰的产地来源具有多样性，既有本土制作珠饰，也有舶来品。广州、合浦等地两汉墓葬出土的玻璃制品（图二），包括钾玻璃（中等钙铝型和低钙高铝型）、铅钡玻璃、钠钙玻璃（植物灰型、泡碱型）、混合碱玻璃、钠铝玻璃（植物灰型和矿物碱型）、钾铅玻璃、高铅玻璃等多种技术体系的玻璃，珠饰成型工艺有拉制、缠绕、模制工艺，钻孔工艺包括钻石钻孔工艺、实心钻头加解玉砂工艺和管钻工艺等。玻璃器成分来源的复杂性和加工工艺的多样性，表明秦汉时期玻璃制

图一　广州南越王墓出土银莲瓣纹碗

图二　广西合浦汉墓出土玻璃碗

---

① 参阅广州市文物管理委员会、中国社会科学院考古研究所、广东省博物馆：《西汉南越王墓》（上、下），文物出版社，1991 年。

② 丁义珍：《连云港市孔望山摩崖造像调查报告》，《文物》1981 年第 7 期。

品和玻璃制作技术已经通过海上丝绸之路东传到我国东南沿海地区[①]。

隋唐时期，海上丝绸之路航线趋于成熟，《新唐书·贾耽传》所录"广州通海夷道"，记述了从广州到印度洋乃至波斯湾的航线。唐代在广州设市舶使，广州港成为海上丝绸之路上的重要贸易港。唐玄宗天宝九年，鉴真和尚第五次东渡日本受阻，从海南岛北归，途经广州，"江中有婆罗门、波斯、昆仑等舶，不知其数。并载香药珍宝，积聚如山。其舶深六七丈。狮子国、大石（食）国、骨唐国、白蛮（可能指欧洲人）、赤蛮（指阿拉伯人）等往来居住，种类极多"。唐代宗大历四年（769 年），来广州的外国商船"乃四千余舵"；唐德宗时"日十余艘，载皆犀、象、珠、玑，与商贾杂出于境"，由此可见广州港海贸之盛况。

陕西泾阳出土的杨良瑶墓碑，记载了杨良瑶以国使的身份从广州出海，出使大食，抵达缚达（巴格达）的珍贵史实[②]。法显、杜环、义净亦有浮海往来印度洋的经历（东晋法显循陆路而去，走海路经斯里兰卡回国；杜环在唐朝与大食怛罗斯途中被俘，留居西亚十余载后从波斯湾起航回国；义净则是从广州往返印度两次，其间曾留驻印度尼西亚的詹卑翻译佛经）。值得注意的是，法显和义净从印度返航，都是从今加尔各答附近的塔姆卢克港出发，经停印度尼西亚，目的地都是广州。据有关学者统计，晋初到唐代，文献记载中可确考者，经海路往来弘法、求法的中外僧人达 236 人（来华弘法53 人，西行求法 183 人）[③]。

宋元时期是海上丝绸之路繁盛的时期，泉州、广州、宁波成为重要的海洋贸易港，朝廷在此设置市舶司管理海洋贸易。其中，泉州港的地位更为突出，出现了长期垄断海洋贸易的蒲寿庚家族，泉州市舶司遗址至今尚存[④]。由广州、泉州出发的贸易航线主要是面向东南亚；宁波港则处于南来北往的居中位置，同时面向东北亚、东南亚两条重要航线，韩国新安沉船应该就是从宁波港出发的。

明清时期海禁与开海的政策时有更替，宋元以来兴起的海洋贸易活动一度受到压制。1405—1433 年，郑和七下西洋；1567 年，"隆庆开海"；两大事件成为官、私海洋

①　熊昭明、李青会：《广西出土汉代玻璃器的考古学与科技研究》，文物出版社，2011 年；干福熹等：《中国古代玻璃技术的发展》，上海科学技术出版社，2005 年。

②　张世民：《中国古代最早下西洋的外交使节杨良瑶》，《唐史论丛》（第七辑），陕西师范大学出版社，1998 年；荣新江：《唐朝与黑衣大食关系史新证——记贞元初年杨良瑶的聘使大食》，《文史》2012 年 3 期；荣新江：《唐朝海上丝绸之路的壮举：再论杨良瑶的聘使大食》，《新丝路学刊》2019 年第 3 期。

③　何方耀：《晋唐南海丝路弘法高僧群体研究》，羊城晚报出版社，2015 年；范若兰：《海路僧人与古代南海区域佛教传播（3—10 世纪）》，《海交史研究》2020 年第 3 期。

④　〔日〕桑原隲藏著，陈裕菁译：《蒲寿庚考》，中华书局，2009 年。

贸易达于极盛的标志性事件。清朝康熙二十三年（1684 年）亦曾开放海洋贸易，几经改易之后，到乾隆二十二年（1757 年），形成广州"一口通商"的局面。明清时期，海上丝绸之路的一个重要变化就是，传统上以中国人、波斯 - 阿拉伯人、印度人、马来人主导的海洋贸易活动，15—16 世纪时开始受到西方大航海活动带来的殖民贸易的冲击，葡萄牙、荷兰、英国相继主宰对东方的贸易，西班牙则以菲律宾马尼拉为跳板，主宰跨太平洋的"大帆船贸易"（1565—1815 年）。清朝"一口通商"的局面维持了相当长的一段时间，直到 1840 年鸦片战争爆发，战后清政府被迫与英国签订《南京条约》，同意实施"五口通商"，以取代广州"一口通商"的惯例。

古代东北亚海上交流也特别值得关注。日本出土的"汉委奴王印"（福冈）、"三角缘神兽镜"是极为重要的考古发现，表明了秦汉时期，中国与日本列岛之间存在密切的海上交流。据王仲殊等学者的研究，"汉委奴王印"应该是东汉皇帝赐给倭地奴国国王的金印[1]；而三角缘神兽镜则是渡海到日本的中国吴地的工匠在日本制作的铜镜[2]。隋唐时期，中国与日本列岛、朝鲜半岛的海上交流更趋活跃，留下了鉴真东渡扶桑，空海、圆仁、慧能入唐土求法的佳话。日本的遣隋使、遣唐使络绎不绝、相望于海。近年来很多考古发现均生动展示了这一史实。陕西西安发现的日本人井真成墓志，记述了其赴唐的经历，这也是"日本"国名所见的最早实例，弥足珍贵[3]。在中日交流史中极有影响的长安城青龙寺、江苏掘港国清寺等都有考古发现，前者是空海入唐求法的所在，后者则是圆仁曾经驻足的重要寺院[4]。"大化改新"之后，日本进入律令制时代，都城规制、朝廷礼仪乃至文物制度，一如唐制。东传日本的文物，在正仓院中多有保存，成为中日交流的历史见证，弥足珍贵。到明清时期，东北亚地区的海上交流虽间有波折，但依然一直绵延不绝，而尤以宁波港出发的航线最为重要，这种贸易受到官方的严格管控，需要申请官方凭证才可进行，被称为"勘合贸易"（日方称"朱印船贸易"）。

---

① 王仲殊：《说滇王之印与汉委奴国王印》，《考古》1959 年第 10 期。

② 王仲殊：《日本三角缘神兽镜综论》，《考古》1984 年第 5 期。

③ 王建新：《西北大学博物馆收藏唐代日本留学生墓志考释》，《西北大学学报（哲学社会科学版）》2004 年第 6 期；王维坤：《关于唐日本留学生井真成墓志之我见》，《西北大学学报（哲学社会科学版）》2005 年第 2 期；王仲殊：《井真成与阿倍仲麻吕·吉备真备》，《考古》2006 年第 6 期。

④ 中国社会科学院考古研究所：《青龙寺与西明寺》，文物出版社，2015 年；国清寺考古报告尚未发表，新闻报道参见曲婷、张展鹏：《江苏如东掘港唐宋国清寺遗址考古取得重要收获》，转引自 http://kaogu.cssn.cn/zwb/xccz/201807/t20180723_4508394.shtml.

二、季风、洋流与地理坐标：形成海上丝绸之路的自然因素

　　以贴岸航行和跨岛链航行为特色的早期航海活动，对远途贸易和文明交流影响有限，真正形成全球化影响的海上丝绸之路，是利用季风与洋流开展的远洋帆船贸易[①]。

　　古代中国、印度、波斯 – 阿拉伯和地中海世界的人们，很早就不约而同地发现了季风的规律。以中国东南沿海与东南亚地区为例，每年的冬季，盛行东北季风，风向从中国东南沿海吹向东南亚；每年的夏季，盛行西南季风，风向从东南亚刮向中国东南沿海。正因季风存在这样"至信如时"的规律，故被古代中国航海家称为"信风"。如此，居住在"季风吹拂下的土地"上的人们，天才地利用了季风规律，开展往返于中国东南沿海与东南亚地区之间的海洋贸易，冬去夏回，年复一年[②]。

　　风帆贸易的传统，使得"祈风"成为一种重要的海洋祭祀活动。泉州九日山的祈风石刻，便是这种祭祀传统留下的珍贵遗产（图三）。祈风石刻位于福建省南安市晋江北岸的九日山上，现存北宋至清代摩崖石刻 75 方，其中航海祈风石刻 13 方，记载自北宋崇宁三年（1104 年）至南宋咸淳二年（1266 年）泉州市舶司及郡守等地方官员祈风的史实，堪称研究宋代泉州港海上丝绸之路的珍贵史迹[③]。

　　季风还催生了一些重要的贸易中转地。例如，连接太平洋与印度洋的马六甲海峡，

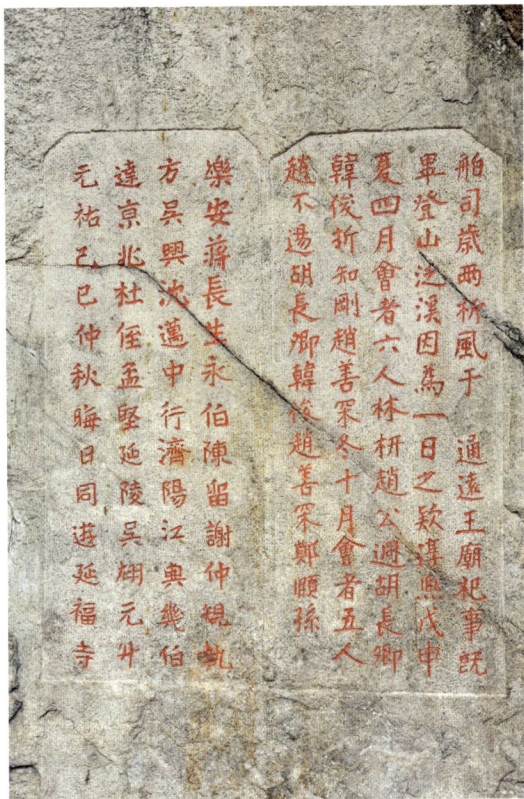

图三　泉州九日山祈风石刻

---

①　姜波：《海上丝绸之路：环境、人文传统与贸易网络》，《南方文物》2017 年第 2 期。
②　参阅〔澳〕安东尼·瑞德著，吴小安、孙来臣、李塔娜译，孙来臣审校：《东南亚的贸易时代：1450—1680 年》，商务印书馆，2010 年。
③　参阅黄柏龄：《九日山志》（修订本），上海辞书出版社，2006 年。

正好位于季风贸易的十字路口，古代船队到达这里以后，需要停泊一段时间，等候风向转换，再继续航行，由此形成了印度尼西亚的巨港和马来西亚的满剌加两大国际贸易港。中国雷州半岛的徐闻、印度西南岸的古里，因为也是季风转换的节点，所以很早就成为海洋贸易的港口。

洋流也是影响海上航行的重要因素。例如，太平洋西岸的黑潮，是流速、流量都十分强劲的洋流，对古代福建、台湾海域的航行有重要影响。横跨太平洋的"大帆船贸易"（1565—1815 年），正是因为西班牙人发现了北太平洋洋流规律（即北赤道暖流—黑潮—北太平洋暖流—加利福尼亚寒流的洋流圈），才得以实现菲律宾马尼拉与墨西哥阿卡普尔科港之间跨太平洋的航行。

依赖季风与洋流的风帆贸易，形成了海上文化交流的鲜明特征。首先，季风的转向与反复，使得双向交流与区块互动成为可能；其次，季风的季节性和周期性，使海洋贸易也具备了周期性的特征，如从中国东南沿海去东南亚，冬去夏归，一年一个周期；如从中国去往印度洋，则需在马六甲等候风向转换，再加一个年度周期完成在印度洋海域的航行，故郑和前往波斯湾等西洋地区，至少要以两年为一个贸易周期。最后，季风与洋流的影响，使海上丝绸之路具有港口转口贸易的明显特征，即中国航海文献所称"梯航万国"，像阶梯一样一站一站地向前传递，实现货物的长途转运，同时也使海洋贸易达到前所未有的广度。

三、港口与海上丝绸之路

海港是海上丝绸之路贸易航线的联结点。古代海港城市一般选址于河海交汇之处，这样对内可以依托内河航运形成的支撑体系，对外便于接驳海洋贸易，同时还可以规避海洋风暴和海盗袭击。以宋元时期的泉州港为例，晋江水系上游的磁灶窑、德化窑产品顺江而下，海运大船则自泉州湾溯江而上，二者在泉州港交会接驳，由此形成了声名远播于海内外的东方贸易大港——刺桐（泉州）。

为了适应海洋贸易的发展，泉州等海港城市形成了"海港模式"的城市形态，其城市布局与内陆城市判然有别：城市以港口码头为依托，沿河岸伸展布局，建立一系列适应海洋贸易的城市设施，包括市舶司、码头与航标塔、街铺与市场、仓储与渠运设施、宗教祭祀设施（图四）、外交馆驿与番坊、海防与交通设施，以及周边地区分布的陶瓷窑址、冶铸作坊、造船厂等工商业遗迹。泉州还发现了以海上交流为背景的诸多外来宗教石刻，包括伊斯兰教、摩尼教、景教、犹太教、印度教遗迹等；还留下了埃及人、也门人、波斯人、锡兰人、亚美尼亚人、意大利人等外国人墓碑，生动展示

图四　泉州清净寺遗迹（始建于 1009 年，姜波摄）

了古代泉州港作为古代东方贸易大港的城市文化景观[①]。特别的是，泉州港还发现了从事远洋贸易的后渚沉船、法石沉船等宋代沉船，是海洋贸易的生动写照；而广东川岛海域发现的南海Ⅰ号沉船、西沙海域发现的华光礁一号沉船，很有可能也是从泉州港起航的。

由海港联结的贸易网络，按照一定的海洋地理单元，从很早的时候，就形成了相对独立的贸易圈，如东北亚贸易圈、环南海贸易圈、孟加拉湾贸易圈、波斯湾—阿拉伯海—红海—东非贸易圈和地中海贸易圈，由此而对应形成了古代东亚儒家文明圈、印度文明圈、波斯－阿拉伯文明圈和地中海文明圈（从水下考古成果来看，环波罗的海也有重要的贸易交流）[②]。

由不同族群主导的海上贸易交流活动形成了各自的贸易线路与网络，古代中国人的海上贸易线路，以郑和航海时代为例，其主要的海上航线为：南京—泉州—占城（越南）—巨港（印度尼西亚）—马六甲（马来西亚）—锡兰（斯里兰卡加勒港）—古里（印度卡利卡特）—忽鲁谟斯（霍尔木兹）。这条航线将环南海贸易圈、印度－斯里兰卡贸易圈和波斯－阿拉伯贸易圈连贯成一个国际性的海上贸易网络，并进而延展至东非和地

---

① 参阅吴文良原著，吴幼雄增订：《泉州宗教石刻》（增订版），科学出版社，2005 年。

② 关于这一点，法国年鉴学派学者对地中海贸易圈的研究堪称经典，参阅〔法〕费尔南·布罗代尔（Fernand Braudel）著，唐家龙、曾培耿等译，吴模信校：《地中海与菲利普二世时代的地中海世界》，商务印书馆，2013 年。

中海地区。上述港口多有重要的航海史迹考古成果，如南京的郑和宝船厂遗址、郑和墓与洪保墓等[①]；泉州的"郑和行香碑"、灵山伊斯兰圣墓等；马六甲的郑和"官厂"遗迹；斯里兰卡加勒港发现的"郑和布施锡兰山碑"[②]，等等。越南占城、印度尼西亚巨港、印度古里、波斯湾口加隆岛上的新忽鲁谟斯港遗址也多有港口遗迹或中国瓷器等出土。

面向东北亚，以宁波、扬州、登州（今蓬莱）、海州（今连云港）等为起航港，与朝鲜半岛、日本列岛形成了密切的贸易文化交流；朝鲜半岛和日本列岛也有很多与中国密切往来的古港，如韩国的康津、日本的博多、长崎等。扬州港是唐代及其以前的时期，扼长江口的重要海港（扬州以下，唐以前尚属漫滩之地，明清以后由于海岸线变迁才发育成陆地），又是京杭大运河的转运口岸，地位十分重要。鉴真东渡扶桑，即以扬州为起航港。扬州还是穆斯林商人重要的贸易集散地，至今尚有普哈丁墓、凤凰寺等遗迹。

还有一条重要的航线，即明清时期以福州为母港，向东直趋琉球的贸易航线，著名的小万寿桥成为福州港海船的泊脚点，该桥也成为琉球人的福州记忆坐标。福建与琉球联系紧密，故有三十六姓入琉球的传说，琉球的那霸等地多有福建窑口瓷器的发现；福州亦有琉球馆、琉球墓之遗迹[③]。值得一提的是，明清时期，琉球在国际海洋贸易领域十分活跃，是沟通中国、东南亚和日本列岛、朝鲜半岛的贸易枢纽，现存琉球的"万国津梁之钟"，正是琉球作为国际贸易枢纽的真实写照[④]。

进入地理大发现和大航海时代以后，西方殖民贸易者建立了有别于古代波斯－阿拉伯人、印度人和中国人的贸易航线，如葡萄牙人的贸易线路为里斯本—开普敦—霍尔木兹—果阿—马六甲—澳门—长崎；西班牙人的贸易线路为菲律宾马尼拉港—墨西哥阿卡普尔科港—秘鲁。澳门—马尼拉则是对接葡萄牙人贸易网络与西班牙人贸易网络的航线。在葡萄牙、西班牙之后，荷兰、英国继起，成为主宰东西方贸易与交流的海洋霸主。

---

① 南京市博物馆：《宝船厂遗址：南京明宝船厂六作塘考古报告》，文物出版社，2006年；关于郑和墓，学界多有争论，笔者倾向于王志高先生推定的牛首山大世凹以南广缘寺北的位置，罗香林先生曾在此发现明代黄琉璃瓦，近年出土"郑和后裔郑锡萱元配陈氏墓碑"，参阅王志高：《南京牛首山郑和葬地新证》，《中国社会科学报》2018年6月12日；王志高：《关于郑和葬地的几个问题》，《南京晓庄学院学报》2017年第3期；南京市博物馆、江宁区博物馆：《南京市祖堂山明代洪保墓》，《考古》2012年第5期。

② 参阅姜波：《从泉州到锡兰山：明代中国与斯里兰卡的交往》，《学术月刊》2013年第7期。

③ 谢必震：《明赐琉球闽人三十六姓考述》，《华侨华人历史研究》1991年第1期；谢必震：《略论福州港在明代海外贸易中的历史地位》，《福建学刊》1990年第5期；谢必震：《明清时期的中琉贸易及其影响》，《南洋问题研究》1997年第2期。

④ 王仲殊：《论琉球国"万国津梁之钟"的制作地问题》，《考古》2002年第6期。

面向东南亚和东北亚航线，中国形成了传统上两个很重要的离岸跳板——广东的川山群岛和浙江的舟山群岛。前者在宋代登上历史舞台，称"放洋之地"，对岸有褥州巡检司（职能相当于后世的海关）旧址，附近海域有南海Ⅰ号沉船的发现；后者是宁波港起航的海船出洋的跳板，又是南来北往航船的咽喉要地，故有"海闸"之称，因为面向朝鲜半岛和日本列岛，留下了"新罗礁"之类的地名；这两个海岛，既是离岸的贸易交流平台，同时又是外来宗教登陆中国的跳板，基督教（方济各派）企图登陆中国的标志性遗迹——沙忽略墓就坐落在上川岛；观音信仰登陆中国的遗迹，在舟山群岛也可觅得踪迹，如普济寺和潮音洞。

四、沉船与海上丝绸之路

帆船是古代海上丝绸之路上的交流工具。古典航海时代的帆船，最典型的船型有中国帆船、阿拉伯帆船和西班牙大帆船。这三种船型，各有其船型特点，中国帆船使用水密隔舱、用艌料捻缝、用铁钉钉合船板；阿拉伯帆船最为显著的特点是以棕榈绳等缝合船板；西班牙大帆船则承袭了地中海帆船的血统，以高耸的船艏和艉楼甲板而著称，其舷窗的设计大大方便了商船的货物装卸（也适合作为战船火炮的射孔）。上述三种帆船，在水下考古中都有发现，其中值得注意的是，浙江宁波发现的清代沉船小白礁一号，既有水密隔舱等传统的中国帆船设计工艺，也有密集肋骨（与越南平顺号沉船类似）、植物纤维防水层等东南亚帆船的特点，可以看作中外造船工艺融合的一个案例[①]。

中国帆船一般分为福船、广船和浙船三大类型（另有内河航运的沙船，但不适合航海）。以中国帆船为代表的东亚海船，留下了不少文献与船谱图样，如中国的《龙江船厂志》、日本的《唐船图》（图五）和韩国的《造船式》等。迄今为止，我国水下考古发现的沉船，以福船为最多，如泉州后渚古船、南海Ⅰ号、华光礁一号等。所谓福船是福建、浙江一带沿海尖底海船的通称。福船艏部尖、艉部宽、两头上翘、艏艉高昂，且船体大、吃水深、操纵性好，适合远洋航行。据研究，郑和下西洋所造宝船，即以福船为基本船型。

宋元时期，海洋贸易达到一个前所未有的高度。在起航港、"放洋之地"以及远洋航线上，都有宋元时期沉船的发现，如泉州后渚古船、南海Ⅰ号沉船、华光礁一号沉船和韩国新安沉船。明初由于海禁政策的实施，海洋贸易一度陷入低谷，但"隆庆开海"

---

① 顿贺、金涛、林国聪：《"小白礁Ⅰ号"古船研究》，《新技术·新方法·新思路——首届"水下考古·宁波论坛"文集》，科学出版社，2015年；向达校注：《两种海道针经》，中华书局，1961年。

图五　日本《唐船图》所绘之"宁波船"

以后，海洋贸易又迎来一个新高峰，广东发现的"南澳一号"沉船就是属于这个时期的一艘海船。

　　1987年，中英打捞团队在广东川岛海域发现一艘中国宋代沉船，出水精美瓷器和黄金制品（图六）。2007年中国水下考古部门和交通部广州打捞局合作，采用沉箱整体打捞的方案，将在海底沉睡了八百年之久的南海Ⅰ号打捞出水，并顺利移入为她量身定做的栖身之所——人称"水晶宫"的广东海上丝绸之路博物馆。2013年，正式启

图六　南海Ⅰ号出水黄金链条

动室内发掘工作。截至 2019 年底，船货已经提取完毕，现场工作进入船体发掘和保护阶段。

南海Ⅰ号船长约 22 米（残），最大船宽近 10 米，总计有 14 个隔舱（含艉尖舱）（图七）。船舯部设有可放倒的主桅，部分隔舱上部甚至还有甲板残留。船舱里各色货物码放有序，品类繁多，总计出水文物超过 18 万件，而以瓷器、铁器为大宗，瓷器以德化窑、磁灶窑、龙泉窑和景德镇窑的产品最为多见。此外，还有漆木器、金银器、金叶子、银锭、铜钱及大量的个人物品，如戒指、手镯、臂钏、项链等。特别是船体左舷外发现的一个小木盒，是一个"珠宝箱"，里面盛放了 70 余件金器！另据最新的样品检测数据，南海Ⅰ号上已经发现丝绸遗留的化学成分。据出土文字材料，该船的年代当在 12 世纪末叶。

图七　清理出来的南海Ⅰ号船体轮廓

南海Ⅰ号是迄今为止海上丝绸之路水下考古最为重要的成果，价值不可估量：首先，南海Ⅰ号船体保存完好，是迄今为止保存最好的宋代海船；其次，该船几乎原封不动地保存了满舱的船货（图八），是研究海洋贸易无与伦比的考古实例；最后，从发掘情况来看，出水文物不仅有中国货物，也有东南亚、印度乃至中东地区风格的物品，值得深入研究。可以说，南海Ⅰ号的考古发现，使人们有机会目睹宋元时期海上丝绸之路的盛况，实属难得[①]。

1974 年发掘的泉州湾后渚古船，则是一艘从东南亚海域归航的海船。古船发现于泉州湾后渚古港。船体残长 24.2、宽 9.15 米，复原长 34、宽 11 米，排水量近 400 吨，

---

① 国家文物局水下文化遗产保护中心、中国国家博物馆、广东省文物考古研究所等：《南海Ⅰ号沉船考古报告之一——1989—2004 年调查》，文物出版社，2017 年；国家文物局水下文化遗产保护中心、广东省文物考古研究所、中国文化遗产研究院等：《南海Ⅰ号沉船考古报告之二——2014—2015 年发掘》，文物出版社，2018 年。

图八　南海 I 号船舱码放货物的情形

载重 200 吨，是一艘方艏、高艉、尖底的福船类型的海船。考古学家在泉州古船上发现了香料、药物和胡椒等舶来文物，并采集到南洋的海洋贝壳遗骸，因此推断此船应为一艘从东南亚返航的泉州商船。泉州古船（后渚古船、法石古船）的发现（图九），使人们得以亲睹宋代福船的工艺特征，特别是其水密隔舱设计、捻料和铁锔的使用，以及竹帆（即《宣和奉使高丽图经》所记的"利蓬"）的使用，船上发现的香料、胡椒、瓷器、铜钱乃至记录货物的签牌等，为我们提供了研究海洋贸易的珍贵实物资料[①]。

与泉州古船和南海 I 号不同，西沙群岛海域发现的华光礁一号沉船，则是发现于远洋航线上的海上丝绸之路商船。华光礁一号位于永乐群岛南部华光礁礁盘内侧，根据出水瓷器的"壬午"年款，可以确定沉船的年代属南宋时期。2007—2008 年，水下考古专业人员对华光礁一号沉船进行了科学发掘，完成船货清理、船体测绘和船体打捞工作，这也是中国水下考古学界第一次在远海海域完成的水下考古发掘项目（图一○）。华光礁一号残长 18.4、残宽 9 米，发掘时残存 10 道隔舱。底层船体保存良好，多数船板长度在 5 米以上，最长达 14.4 米。出水遗物近万件，有瓷器、铁器、铜镜、铜钱等，瓷器产地除江西景德镇窑以外，主要为福建窑口的产品，包括德化窑、磁灶窑、闽清窑、南安窑、松溪窑等[②]。华光礁一号的发现，证明至迟在宋元时期（依据水下考古的发现，有可能早至五代时期），我国先民就已经开辟了取道西沙群岛直航东南亚地区的航线（以前受限于航海技术水平，远航东南亚多贴岸航行），标志着我国古代航海技术和导航技术已经达到一个新的高度。

2007 年，在广东南澳岛附近发现的南澳一号是一艘明代海船。南澳一号沉船长 27、

① 福建省泉州海外交通史博物馆：《泉州湾宋代海船发掘与研究》（修订版，以下简称《泉州海船》），海洋出版社，2017 年。

② 沉船考古报告尚未发表，可参阅海南省博物馆：《大海的方向：华光礁 I 号沉船特展》，凤凰出版社，2011 年。

图九 考古发掘出来的泉州后渚古船

图一〇 华光礁一号沉船遗迹

宽 7.8 米，共有 25 个舱位，是迄今为止发现的明代沉船里舱位最多的。2009—2012 年，中国文化遗产研究院和广东省文物考古研究所联合组队对南澳一号进行了三次发掘，出水文物近 3 万件。南澳一号发现于南澳岛附近海域，而南澳岛是自古以来先民航海的地文导航坐标，著名的《郑和航海图》上即清晰标出了南澳岛的准确位置。南澳一号出水瓷器主要为福建漳州窑生产的青花瓷，生动展示了明清时期漳州窑产品远销海外的贸易情形（图一一）[1]。

图一一　南澳一号出水的漳州窑瓷器

　　中、日、韩三国一衣带水，自古以来就有密切的海上交流，留下了徐福入海求仙、鉴真东渡扶桑、圆仁入唐求法等诸多佳话。汉唐时期的东北亚海上航线主要有南、北两条线路，北线经胶东半岛、循庙岛群岛、经朝鲜半岛西岸、跨对马海峡抵达日本九州地区；南线经台湾地区、琉球、奄美群岛北上抵达日本列岛。由于航海技术的进步，至迟从宋代开始，出现了横跨东海与黄海的直航航线，这一点在《宣和奉使高丽图经》中得到了充分体现。近年来的水下考古成果非常生动地展示了东北亚地区的海上交流活动，其中最重要的发现是韩国群山列岛海域发现的新安沉船和山东蓬莱古登州港发现的蓬莱古船。

　　1975 年，韩国渔民在新安外方海域发现一艘沉船，此后经过连续多年的水下考古发掘，考古队员从沉船里发掘出了两万多件青瓷和白瓷，两千多件金属制品、石制品和紫檀木，以及 800 万枚重达 28 吨的中国铜钱，这一水下考古成果震惊了全世界。新安

　　① 广东省文物考古研究所：《"南澳Ⅰ号"明代沉船 2007 年调查与试掘》，《文物》2011 年第 5 期；广东省文物考古研究所、国家水下文化遗产保护中心、广东省博物馆：《广东汕头市"南澳Ⅰ号"明代沉船》，《考古》2011 年第 7 期。另参阅广东省文物考古研究所、广东省博物馆、国家文物局水下文化遗产保护中心：《孤帆遗珍——南澳Ⅰ号出水文物精品图录》，科学出版社，2014 年。

沉船长 34、宽 11 米，载重量 200 吨，由 8 个船舱组成，船型为中国造的福船。结合新安沉船上出水的刻"庆元"（宁波）铭文的铜权和印有"使司帅府公用"铭文的青瓷盘（"使司帅府"指"浙东道宣慰使司都元帅府"）推断，新安沉船的始发港应为庆元港，即今天的浙江宁波。1983 年，沉船中出水一枚墨书"至治三年"（1323 年）的木简，为新安沉船的年代判断提供了依据。目前学术界普遍的看法是，新安沉船是元至治三年前后，从中国的庆元港（宁波）起航，驶向日本博多港地区的海洋贸易商船，途中不幸沉没在朝鲜半岛新安海域①。

雄踞胶东半岛前哨的古登州港是东北亚海上交流的重要海港，这里的开元寺闻名遐迩，是古代日、韩僧人登陆中国以后拜谒的第一座寺院。登州港是中国北部海域重要的国际贸易港口，登州港遗址曾有高丽青瓷、日本文物出土，甚至还发现过来自东南亚的紫檀木。不幸的是，明嘉靖中叶以后，山东地区倭寇横行，严重影响到登州港的海洋贸易安全，为此，明廷特派抗倭名将戚继光进驻蓬莱水城，以抗击倭寇，肃清海患。近年来，在登州港发现了四艘古船，非常值得关注。其中的一艘，残长 28.6、残宽 5.6、残深 0.9 米，有 12 道舱壁，带龙骨，呈平底，艏艉上翘。引人注目的是，船内发现了铁炮、铜炮等武器装备，有人推测是一艘具有较高航速的战船。若此推论不谬，则登州港已经有保护海洋贸易的水师战舰了②。

1998 年，德国打捞公司在印度尼西亚勿里洞岛海域一块黑色大礁岩附近发现了一艘唐代沉船，即著名的"黑石号"。2005 年，新加坡"圣淘沙"集团（Sentosa Leisure）筹资 3000 万美元购得黑石号沉船文物，使得这批重要文物最终落户狮城。据水下考古队员仔细观察，黑石号船体保存完整，船底发现破损的大洞，推测黑石号为触礁沉没。黑石号之所以保存完好，主要是因为海床上沉积有厚厚的淤泥，满载船货的船体因为负荷较重，很快就被海底淤泥掩埋覆盖，避免了海潮的冲刷和船蛆的吞噬，从而使得船体和货物得到了很好的保护。从结构和工艺上看，黑石号应该是一艘阿拉伯式的单桅缝合帆船，制作船体时不使用铁钉而用棕榈绳缝合船板（图一二）。关于黑石号的年代，因为出水长沙窑瓷碗上带有唐代"宝历二年"（826 年）字样，故沉船的年代被确认为 9 世纪上半叶③。

黑石号出水文物十分精彩。船上共出金器 10 件，其精美程度可媲美 1970 年西安何

---

① 新安沉船现已出版系列考古报告，可参阅韩国文化公报部文化财管理局：《新安海底遗物（综合篇）》，韩国文化公报部、文化财管理局，1988 年；关于此船贸易与航线问题的最新探讨，另可参阅范佳楠：《新安沉船与 14 世纪的中日海上贸易》，《自然与文化遗产研究》2019 年第 10 期。

② 山东省文物考古研究所、烟台市博物馆、蓬莱市文物局：《蓬莱古船》，文物出版社，2006 年。

③ Regina Krahl, John Guy, J. Keith Wilson, et al. *Shipwrecked: Tang Treasures and Monsoon Winds.* Washington, DC: Arthur M. Sackler Gallery, Smithsonian Institution, 2010.

图一二　复原的黑石号沉船

家村唐代窖藏出土金银器。其中的一件八棱胡人伎乐金杯高 10 厘米，比何家村窖藏出土品体量还大。另有银器 24 件、银铤 18 枚和铜镜 30 枚，银铤单件重达 2 千克。还发现了船上乘员的一些个人物品，其中包括 2 件玻璃瓶、一件漆盘（残）、象牙制游戏器具（似为游艺用的双陆）和砚、墨（残）等文房用具。黑石号打捞文物陶瓷制品多达 67000 多件，其中 98% 是中国陶瓷。长沙窑瓷约 56500 件，器形以碗为主，其次为执壶。这是长沙窑大规模生产外销瓷的一个生动写照（图一三）。黑石号出水的 3 件完好无损的唐代青花瓷盘尤为引人注目，它们应该是在洛阳地区的巩县窑烧制，经隋唐大运河运抵扬州港，再从扬州转运出海，最终抵达印度尼西亚海域的。考古学家在巩县窑和扬州港均发现了此类器物残片。

除此之外，印度尼西亚海域还发现了著名的井里汶号[①]、印旦沉船等重要沉船，其时代均属晚唐五代时期。其中，印旦沉船上出水了"乾元重宝"铅钱（属南汉国时期）和"桂阳监"银锭（总计约 5000 两），以及中国的瓷器、马来半岛的陶器与铅锡制品、印度尼西亚地区的青铜器、地中海世界的玻璃器等，非常生动地勾画出晚唐五代时期在东南亚海域从事国际海洋贸易的商船的情形。唐代贾耽"广州通海夷道"曾非常详细地描述了从广州出发，经越南、马六甲抵达印度洋海域的航线。另据《全唐文》记载，唐德宗贞

图一三　黑石号出水的长沙窑瓷盘

---

① 参阅：思鉴著，刘歆益、庄奕杰译：《公元九到十世纪唐与黑衣大食间的印度洋贸易：需求、距离与收益》，《国家航海》（第八辑），上海古籍出版社，2014 年；〔印尼〕Adi Agung Tirtamarta 撰，辛光灿译：《井里汶海底十世纪沉船打捞纪实》，《故宫博物院院刊》2007 年第 6 期；李旻：《十世纪爪哇海上的世界舞台——对井里汶沉船上金属物资的观察》，《故宫博物院院刊》2007 年第 6 期。

元年间，曾有波斯船抵达中国东南沿海。有鉴于此，印度尼西亚海域发现满载中国船货的阿拉伯帆船，应属意料之中的事情。

15—16 世纪，欧洲迎来了"地理大发现"时代：1488 年迪亚士发现非洲好望角、1492 年哥伦布发现新大陆、1498 年达·伽马抵达印度、1522 年麦哲伦船队实现环球航行。以此为背景，以欧洲为中心，欧洲航海家开辟了向东、向西两条抵达东方的航线：向东的航线，自葡萄牙里斯本起航，经开普敦—果阿—马六甲—澳门，最终抵达日本九州的长崎港，活跃在这条航线上的，先后有葡萄牙、荷兰、英国、法国、瑞典等国的帆船；向西的航线，包括横跨大西洋的里斯本—里约航线和横跨太平洋的马尼拉—阿卡普尔科航线，主导这条航线的，最主要的是西班牙人，以及后来的英国、法国殖民者。水下考古发现的瑞典哥德堡号沉船和西班牙圣·迭戈号沉船，堪称东、西两条航线上颇具代表性的沉船。

1738 年，瑞典东印度公司耗费巨资建造了哥德堡（Gotheborg）号商船，这是这家公司 38 艘商船中吨位排行次席的一艘远洋帆船，船上有 140 多名船员，并装备有 30 门大炮。哥德堡号在短短几年间先后三次远航广州。1745 年 1 月 11 日，哥德堡号从广州起程回国，船上装载着大约 700 吨中国物品，包括茶叶、瓷器、丝绸和藤器，货物总价估值在 2.5 亿—2.7 亿瑞典银币。8 个月后，哥德堡号航行到离哥德堡港大约 900 米的海面，不幸触礁沉没。随后进行了打捞活动，人们从沉船上捞起了 30 吨茶叶、80 匹丝绸和大量瓷器，在市场上拍卖后竟然足够支付哥德堡号广州之旅的全部成本，而且还能够获利 14%！从 1986 年开始，哥德堡号水下考古发掘工作全面展开。发掘工作持续了近 10 年，打捞上来 400 多件完整的瓷器和 9 吨重的瓷器碎片，这些瓷器多有中国传统的图案花纹，少量绘有欧洲特色图案，显然是当年哥德堡号订购的"订烧瓷"。更加让人吃惊的是，打捞上来的部分茶叶色味尚存，曾在广州博物馆公开展出（图一四）[①]。

地理大发现和大航海时代的历史大幕

图一四　从瑞典沉船哥德堡号打捞出水的茶叶

① 顾涧清、吴东峰：《中瑞友谊奇葩　广州与"哥德堡号"——"哥德堡号"访问广州全纪录》，世界图书出版广东有限公司，2012 年；黄叶青：《瑞典哥德堡号与南海神庙》，《广州航海学院学报》2013 年第 3 期。

徐徐开启之后，世界海洋航运史发生了重要的变革，世界历史真正进入了全球化时代。自此以后，古典时代波斯－阿拉伯人、印度人、马来人和中国人传承的海上航线，逐步被西方殖民贸易者开辟的航线所替代；航行在印度洋和西太平洋西部的中国帆船、阿拉伯帆船和马来船，也逐步被西方殖民贸易者的帆船（包括西班牙大帆船）等取代。从有关海上丝绸之路的沉船资料看，1600 年的圣·迭戈（San Diego）号沉船，1613 年的白狮（Witee Leeuw）号沉船，1615 年的班达（Banda）号沉船，1630 年的圣·康卡罗（San Concalo）号沉船，1641 年的康塞普森（Conception）号沉船，1752 年的凯马尔德森号（Geldermalsen）等，均属反映大航海时代的海洋贸易的考古成果。

五、从海洋贸易品的考古发现看海上丝绸之路

海上丝绸之路是不同文明板块之间交流的海上通道。由于自然资源与人文传统的不同，基于各自的地理单元，旧大陆形成了不同体系的文明板块，各板块的资源、产品、科技、宗教与思想存在自身的独特性，使交易与交流成为可能。

以中国为代表的东亚板块，参与海上丝绸之路的贸易品主要有丝绸、瓷器、茶叶、铁器、铜钱等；东南亚板块有名贵木材、香料等；印度－斯里兰卡板块有宝石、棉布等；波斯－阿拉伯板块有香料、宝石、玻璃器、伊斯兰陶器等；地中海板块有金银器、玻璃等；东非板块则有象牙、犀牛角等。大航海时代以后，美洲的白银、欧洲的羊毛制品、非洲的"黑奴"等也成为重要的贸易货物。

因为中国丝绸、瓷器、茶叶的大量外销，古代海上交通航线素有"海上丝绸之路""陶瓷之路""茶叶之路"等美誉。受沉船保存环境的影响，水下考古发现的沉船，出水文物多以瓷器为大宗。早在唐五代时期，长沙窑、越窑的瓷器即已开始大规模外销。逮及宋元明清，中国瓷器的外销形成了以龙泉窑、景德镇窑和漳州窑三大窑系为代表的产品系列；福建地区的德化窑、磁灶窑以及广东地区的西村窑等窑址，也有不少瓷器外销（广东、广西的外销窑址尚待进一步的考古调查发现）。有意思的是，有些瓷器品种的创烧，主要不是为了满足国内市场的需求，而纯粹就是为了规模化外销，如以酱釉褐彩为特色的长沙窑瓷器、以白釉青花为特色的唐青花（河南巩县窑）和以程式化开光纹样为特征的所谓"克拉克瓷"（景德镇造、漳州窑仿烧）等，都应该属于海洋贸易里的订单式生产。

上述窑口生产的瓷器，在不同时期、不同地点的沉船上都有集中的发现。如大量出水长沙窑瓷器的印度尼西亚黑石号沉船（共计出水长沙窑瓷器近 6 万件），以福建诸

窑口、江西景德镇窑、浙江龙泉窑瓷器为主
的南海Ⅰ号，以漳州窑瓷器为大宗的南澳一
号，以磁州窑瓷器多见的辽宁绥中三道岗元
代沉船等。

　　从考古实证来看，海上丝绸之路已经使
古代世界形成国际性的贸易网络，我们不妨
以中国龙泉窑的一种产品——龙泉窑荷叶盖
罐（图一五）为例，来解读日本学者三上次
男先生所谓的"陶瓷之路"。在龙泉窑大窑
枫洞窑址发现了荷叶盖罐的残件，确证这种
产品的主要烧造地点就在浙江龙泉窑；在宁
波港"下番滩"码头和泉州港宋代沉船上均

图一五　新安沉船出水龙泉窑
荷叶盖罐（姜波摄）

发现了荷叶盖罐，结合文献记载，证明宁波港、泉州港是此类瓷器集散和装运出海的港
口所在；韩国新安沉船是元"至治三年"宁波港始发的一条商船，船上发现的荷叶盖罐
可以看作此类陶瓷产品装运出海的考古实证[①]。翻检海上丝绸之路各沿线港口遗址考古
材料，可以看到荷叶盖罐在东南亚、日本、琉球、印度尼西亚、波斯湾、东非、土耳其
等地均有发现，"窥一斑而知全豹"，由此可以看出中国外销瓷从窑址到港口到海外终端
市场的贸易网络。

　　再如古代从海外输入中国的宝石，源出于印度、斯里兰卡等地，却在中国明代墓葬
中大量发现，尤以北京发掘的明定陵（万历皇帝朱翊钧与孝端、孝靖皇后合葬墓，下葬
年代 1620 年）和湖北钟祥发掘的明梁庄王墓（梁庄王朱瞻垍与夫人魏氏的合葬墓，下
葬年代 1451 年）为著[②]。明墓发现的宝石，品种主要有红宝石、蓝宝石、猫眼石、祖母
绿等（世界五大品类的宝石唯有钻石尚未发现，但文献记载有海外采购之举）。郑和航
海文献，详细记述了郑和船队在海外采购宝石的史实，如巩珍《西洋番国志》载 "（忽
鲁谟斯）其处诸番宝物皆有。如红鸦鹘（红宝石）、刺石（玫瑰色宝石）、祖把碧（绿宝
石）、祖母绿（绿宝石）、猫睛石、金刚钻、大颗珍珠"，云云，特别是书中记述的宝石
名字，还是按波斯语中的称呼来记载的。与梁庄王墓宝石一同出土的还有郑和下西洋带
回的"西洋金锭"（图一六），生动佐证了这些宝石应该是从印度、斯里兰卡等产地或满

---

　　①　沈琼华主编：《大元帆影：韩国新安沉船出水文物精华》，文物出版社，2012 年。

　　②　中国社会科学院考古研究所、定陵博物馆、北京市文物工作队：《定陵》（上、下），文物
出版社，1990 年；湖北省文物考古研究所、钟祥市博物馆：《梁庄王墓》（上、下册），文物出版社，
2007 年。

刺加、忽鲁谟斯等交易市场购入的[①]。

六、海上丝绸之路是东西方文明交流的纽带

　　港口、沉船和贸易品等考古遗迹，为我们探究海上丝绸之路上古代族群、语言和宗教的交流提供了考古实证材料。

　　海上贸易与族群之间的交流，首先需要解决语言交流的问题。泉州出土的多种语言碑刻，展示了作为国际性海港城市的族群与语言具有多样性。例如，泉州发现的元至治二年（1322 年）"阿含抹"墓碑，用汉文与波斯文书写（阿含抹本人是一名波斯与汉人混血儿），说明当时的泉州有波斯语族群。

图一六　明代梁庄王墓出土的"西洋金锭"（引自《梁庄王墓》）

波斯语是当时海洋贸易的国际通用语言，正因如此，郑和下西洋时曾专程前往泉州，在泉州招聘翻译，史称"通事"。《星槎胜览》和《瀛涯胜览》的作者费信与马欢，就是当年郑和在泉州招聘的两位"通事"，其传世之作成为研究郑和航海的珍贵史料。

　　海上贸易活动需要有通用的货币与度量衡，以方便实现价值交换。中国铜钱，以轻重适宜、币值稳定且携带方便的特点成为东北亚、东南亚海上贸易的流通货币，甚至成为周边国家的流通货币。由于货币外流过甚，以至于宋元明清政府不得不颁布限制铜钱出口的政令，以遏制铜钱外流造成的国内货币短缺。韩国新安沉船出水中国宋元铜钱 28 吨，总数高达 800 万枚之多，由此可见中国铜钱外流之严重，也印证了中国铜钱在东亚国际贸易中的重要地位。与此相对应，在阿拉伯海—印度洋海域，金银币成为海洋贸易的流通货币，而这一现象，竟被中国古代文献记载下来，《后汉书·西域传》载："（大秦）以金银为钱，银钱十当金钱一。与安息、天竺交市于海中，利有十倍。"与货币一样，海上贸易也促进了不同地区在度量衡制度方面的交流，这些既有文献依据也有考古实证，如印度的杆秤与中国的天平，学界早有讨论。有意思的是，韩国新安沉船上出水了中国宁波港商人携带的秤砣——"庆元路"铁权，堪称海上贸易在度量衡交流方面的实证。

　　作为海上丝绸之路的运输工具——帆船，也存在着造船工艺的交流。中国帆船

---

① 姜波：《"海上丝绸之路"上的宝石贸易：以明定陵和梁庄王墓的发现为例》，《新技术·新方法·新思路——首届"水下考古·宁波论坛"文集》，科学出版社，2015 年。

（以福船为代表）、阿拉伯帆船和西班牙大帆船是历史上有名的海船类型。以宋代海船为例，考古发现的沉船有泉州湾宋代沉船、南海 I 号、华光礁一号等，均系福船类型的代表之作。印度尼西亚海域发现的印旦沉船、井里汶沉船、黑石号沉船等，虽然船货以中国瓷器为大宗，但船型均属波斯－阿拉伯类型帆船。菲律宾海域发现的圣·迭戈号沉船，则是西班牙大帆船的代表。现存英国国家航海博物馆的卡蒂萨克（Cutty Sark）号茶叶贸易船，可以看作殖民贸易时代晚期快速帆船的典型代表。这里要特别提到的是，由于海上丝绸之路上的交流，造船工艺也出现了中西交流的现象，宁波发现的小白礁一号可以看作一个典型的例子。这艘清代道光年间的沉船（发现了越南和日本钱币），造船工艺方面既采用了中国传统的水密隔舱和艌料捻缝工艺，又采用了密集肋骨、防渗层等外来造船工艺。又，据学者研究，横跨太平洋贸易的西班牙大帆船，也有不少是福建工匠在马尼拉修造的。

不仅造船工艺存在中外技术交流，而且导航技术也发现了技术交流的史实。一般认为，以马六甲海峡为界，以东的南海海域主要采用中国古代的罗盘导航技术，形成"针路"航线；以西的印度洋海域，主要采用阿拉伯的天文导航技术，即文献中的"牵星过洋"。令人称奇的是，反映郑和航海线路的《郑和航海图》，既准确绘出了南海海域的"针路"，同时在海图的末端，即波斯湾附近，又画出了北极星，正是阿拉伯"牵星过洋"的印迹[1]。作为海上丝绸之路晚期导航所用的海图，也出现了中、西绘图技术的交融，如牛津大学包德林图书馆所藏《东西洋航海图》（17 世纪早期海图），既可以看出中国传统山水地图的影子，也可以看出西方正投影海图的绘图方法[2]。

海上丝绸之路反映了不同族群、语言与宗教之间的交流，突出体现了文明交流与对话的遗产价值。斯里兰卡加勒港出土的"郑和布施锡兰山碑"，是郑和在永乐七年（1409 年）立的一块石碑，碑文用汉文、波斯文、泰米尔文三种文字书写，分别记述了中国皇帝向佛教、伊斯兰教和印度教主神供奉的辞文，堪称海上丝绸之路上不同族群、语言和宗教相互交流的代表性文物[3]。在中国的大地上，也留下了漂洋过海、客居中国的"番人墓"，如江苏南京的渤泥国王墓、山东淄博的苏禄王墓、广州的先贤墓、泉州的灵山圣墓和锡兰人墓、扬州的普拉丁墓、福州的琉球墓以及海南的穆斯林"番人墓"等。

（原载于《港口、沉船与贸易品：海上丝绸之路的考古发现与研究》，

《海交史研究》2021 年第 4 期）

---

① 向达校注：《两种海道针经》，中华书局，1961 年。

② Brook T. *Mr. Selden's Map of China: Decoding the Secrets of a Vanished Cartographer*. Array New York: Bloomsbury Press, 2013.

③ 参阅姜波：《从泉州到锡兰山：明代中国与斯里兰卡的交往》，《学术月刊》2013 年第 7 期。

南海Ⅰ号沉船目的地研究

——以出土金叶子为线索

丁见祥 [①]

摘要： 南海Ⅰ号是 12 世纪末 13 世纪初沉没的中国商船。沉船约有 20 万件文物，涵盖了瓷器、漆器、竹木器、金属器、玉石器几大门类，尤以瓷器为大宗。12 世纪末 13 世纪初，东南亚是中国、印度、阿拉伯地区及马来西亚等几大文明人群汇聚、商品交换、文化互动的多元化舞台。南海Ⅰ号沉船所见金叶子、黄金饰品、陶瓷器等，在泰国南部马来半岛东岸的博他仑－乍汀泊和苏门答腊岛东北部哥打辛纳一带有大量的同类发现。这是中国商人曾广泛参与的东南亚两大转口贸易港，在南海Ⅰ号所处的时代，以上述两地为枢纽贸易港的马六甲海峡已成为中国商船最为青睐的转口贸易区。沉船目的地的确认对南海Ⅰ号及其所代表的贸易活动的深入研究具有重要意义。

关键词： 南海Ⅰ号沉船、目的地研究、金叶子、东南亚考古

Abstract: The Nanhai I Shipwreck is a Chinese merchant ship that sank in the late 12th and early 13th centuries. There are about 200,000 cultural relics in the wreck, including porcelain, lacquer, wood, metal, jade and other categories, especially porcelain.At the end of the 12th century and the beginning of the 13th century, Southeast Asia was a diversified stage for the gathering, commodity exchange and cultural interaction of several major civilizations, including China, India, the Arab region and the Malay locality. The gold leaves, gold ornaments and ceramics found in the Nanhai I Shipwreck have been found in Phatthalung- Satingphra on the eastern coast of the Malay Peninsula in southern Thailand and Kota Cina in the northeastern part of Sumatra. These are the two major entrepot ports in Southeast

---

[①] 时任国家文物局水下文化遗产保护中心水下考古研究所副所长，副研究馆员。

Asia that Chinese merchants have participated in extensively. In the era of Nanhai I Shipwreck, the Strait of Malacca with the above two hub trading ports has become the most favored entrepot trade area for Chinese merchant ships. The confirmation of the wreck's destination is of great significance to the in-depth study of the Nanhai I Shipwreck and the trade activities it represents.

Keywords: Nanhai I Shipwreck, Destination study, Golden Leaf, Southeast Asian archaeology

南海Ⅰ号是一条南宋沉船，关于其具体年代虽存在多种意见，但差别多在精度，12世纪末 13 世纪初是基本共识[①]。该沉船约有 20 万件文物，涵盖了瓷器、漆器、竹木器、金属器、玉石器几大门类，尤以瓷器为大宗[②]。基于瓷器流布和文献记载，学界一般认为其目的地是东南亚[③]；而根据南海Ⅰ号所见具有异域风格的黄金首饰，也有研究者表达出目的地为东南亚及其以远[④]，乃至阿拉伯、波斯湾地区的倾向或意见[⑤]。文献记载、

---

① 关于南海Ⅰ号的年代有 12 世纪末 13 世纪初、12 世纪早中期至 13 世纪早期、淳熙年间（1174—1189 年）、13 世纪初等说法。分别参见刘未：《中国东南沿海及东南亚地区沉船所见宋元贸易陶瓷》，《考古与文物》2016 年第 6 期；刘淼、胡舒扬：《沉船、瓷器与海上丝绸之路》，社会科学文献出版社，2016 年，第 69 页；李岩：《小议南海Ⅰ号出土的金叶子》，《博物院》2020 年第 5 期；栗建安：《再论"南海Ⅰ号"沉船的福建陶瓷》，《大海道："南海Ⅰ号"沉船与南宋海贸》，岭南美术出版社，2019 年，第 36 页。综合南海Ⅰ号瓷器特征、墨书纪年及上述研究成果，本文以 12 世纪末（不早于 1183 年，即癸卯年）13 世纪初作为南海Ⅰ号沉没的年代框架。

② 孙键：《宋代沉船"南海Ⅰ号"考古述要》，《国家航海》（第二十四辑），上海古籍出版社，2020 年，第 55—75 页；国家文物局水下文化遗产保护中心、中国国家博物馆、广东省文物考古研究所等：《南海Ⅰ号沉船考古报告之一——1989—2004 年调查》，文物出版社，2017 年；国家文物局水下文化遗产保护中心、广东省文物考古研究所、中国文化遗产研究院等：《南海Ⅰ号沉船考古报告之二——2014—2015 年发掘》，文物出版社，2018 年。

③ 黄纯艳、冯辛夷：《"南海Ⅰ号"研究中历史文献与考古资料的相互补证——对现有研究史料和路径的检讨》，《海交史研究》2021 年第 1 期；栗建安：《再论"南海Ⅰ号"沉船的福建陶瓷》，《大海道："南海Ⅰ号"沉船与南宋海贸》，岭南美术出版社，2019 年，第 36 页。

④ 孙键：《南海沉船与宋代瓷器外销》，《中国文化遗产》2007 年第 4 期；孙键：《广东阳江南海一号宋代沉船》，《中国沉船考古发现与研究》，科学出版社，2021 年，第 144 页；李庆新：《南宋海外贸易中的外销瓷、钱币、金属制品及其他问题——基于"南海Ⅰ号"沉船出水遗物的初步考察》，《学术月刊》2012 年第 44 卷 9 月号。

⑤ 李岩：《南海Ⅰ号里的镶嵌宝石黄金首饰》，《美成在久》2020 年第 2 期；孙键：《广东阳江南海一号宋代沉船》，《中国沉船考古发现与研究》，科学出版社，2021 年，第 144 页。

考古资料已经证实，东西海路直通贸易至少在唐朝便已稳定开展[①]，与此同时，经由东南亚的转口贸易也一直存在[②]。9 世纪后半期，伊拉克僧祇（Zanj）暴乱和黄巢广州屠商后，东西直航局面大变，东南亚国际转口、集散贸易功能再度增强[③]。发展至 12 世纪末 13 世纪初，东南亚已成为中国、印度、阿拉伯地区及马来当地几大文明人群汇聚、商品交换、文化互动的多元化舞台[④]。此外，作为一种奢侈品，同时长期受到古代海上丝绸之路远距离贸易交流的影响，东南亚的黄金饰品很早就已形成多元化的艺术风格[⑤]。在此背景下，无论是艺术风格还是目标人群，南海Ⅰ号黄金首饰所表现出的"异域风格"更宜首先考虑东南亚[⑥]。然而，东南亚毕竟是宏观地理范畴，进一步缩小范围，明确南海Ⅰ号目的地所处小区域有利于提高后续讨论的针对性。鉴此，本文拟以南海Ⅰ号出土金叶子为线索，结合国内外考古发现、文献资料及相关研究成果，对南海Ⅰ号沉船目的地开展更为具体的研究，以期为正在进行的南海Ⅰ号资料整理提供新的线索、新的视角，也希望对其贸易背景、目标市场等问题的深入研究有所助益。

一、南海Ⅰ号出土金叶子

金叶子，文献中曾著录为"叶子金"，如元朝《居家必用事类全集》和清朝《博物要览》中就有"叶子金"的记载，文献中还有"箔金""金纸"等称呼，说的也是同一物件[⑦]。彭信威在《中国货币史》中引证《居家必用事类全集》后指出"叶子金应当就

---

①　Alain George. Direct Sea Trade Between Early Islamic Iraq and Tang China: From the Exchange of Goods to the Transmission of Ideas. *Journal of the Royal Asiatic Society*, 2015, 25(4): 579-624; Paul Wheatley. Geographical Notes on some Commodities involved in Sung Maritime Trade. *JMBRAS*, 1959, 32(2): 3, 5-41, 43-139.

②　秦大树：《中国古代陶瓷外销的第一个高峰——9—10 世纪陶瓷外销的规模和特点》，《故宫博物院院刊》2013 年第 5 期；项坤鹏：《管窥 9—10 世纪我国陶瓷贸易的域外中转港现象——以东南亚地区为焦点》，《东南文化》2018 年第 6 期。

③　高荣盛：《巴邻旁 / 占碑和吉打国际集散中心的形成——以 1 至 11 世纪马六甲地区的交通变迁为线索》，《元史及民族与边疆研究集刊》（第二十六辑），上海古籍出版社，2014 年，第 66—77 页。

④　Geoff Wade. An Early Age of Commerce in Southeast Asia 900-1300CE. *Journal of Southeast Asian Studies*, 2009, 40(2): 221-265; B. 哈利逊著，桂光华译：《十六世纪前东南亚的印度化国家》，《南洋资料译丛》1983 年第 1 期。

⑤　Michèle H. S. Demandt, Early Gold Ornaments of Southeast Asia: Production, Trade, and Consumption. *Asian Perspectives*, 2015, 54(2): 306-316.

⑥　扬之水：《南海Ⅰ号出水金项链观摩记》，《美成在久》2020 年第 4 期。

⑦　屠燕治：《南宋金叶子考述》，《中国钱币论集》（第四辑），中国金融出版社，2002 年，第 326—330 页。

是金叶子"①，自此遂有"金叶子"之名。有考古资料也称其为"金页"②。现有考古实物显示，其形制特点为薄如纸张、形似书页，折叠成一定规格后，戳印位置、成色、店铺或人名身份等信息③。目前所见完整金叶子重量一般略低于40克，约合宋制1两（41.3克）④。杭州发现的金叶子，在折缝处还戳印有剪刀图案，表明金叶子可剪裁后用于小额支付，应属南宋称量货币的一种⑤。

南海Ⅰ号共发现9件完整金叶子（系指本文发表之时。后又有新的发现，不影响本文的分析和结论——作者注）。其中8件共出于T0201船体左舷前部外侧的漆盒内，保存完好。另有1件出于船体后部右侧的T0502探方（T0502③：2），保存稍差、大半被污染成黑色。根据南海Ⅰ号考古报告和李岩先生的研究成果⑥，这9件金叶子的基本信息可归纳为表一。漆盒内的8件金叶子均可凭戳印铭文辨识身份，分为"韩四郎"（2件）、"晋李四郎"（3件）和"王助教□"（3件）三款。其中"王助教□"款还另戳印了"霸南街东"的位置信息，"韩四郎"款还戳印有"十分金"或"十分赤金"的成色标识。从规格尺寸看，以上9件金叶子可分为宽、窄二型。窄型者长9.2—10.7、宽2.9—3.3厘米，宽型者长10.1—10.4、宽5厘米。"韩四郎"和"王助教□"两款均为窄型，而"晋李四郎"款宽、窄两型兼有。总体看，金叶子的重量及货币属性大体一致，但尺寸规格及承载信息富有变化。研究者指出，南海Ⅰ号的金叶子产自南宋临安⑦，是南宋"金银交引铺"制度下的产物，这些金银交引铺曾是"兑换钞引、兑换金银、打造和销售金银的最佳场所"⑧。

现有资料证实，"韩四郎"款是南宋金叶子中最常见的类型，其戳印铭文的形式也最为丰富。温州人民路宋代窖藏发现的4件，其中可以辨识铭文的1件正面中央戳

① 彭信威：《中国货币史》，上海人民出版社，2015年，第331页。

② "南海Ⅰ号"考古队：《"南海Ⅰ号"宋代沉船2014年的发掘》，《考古》2016年第12期；浙江省博物馆：《金银同辉——南宋金银货币精华》，文物出版社，2019年，第64页。

③ 浙江省博物馆：《金银同辉——南宋金银货币精华》，文物出版社，2019年，第2页；屠燕治：《南宋金叶子考述》，《中国钱币论文集》（第四辑），中国金融出版社，2002年，第328页。

④ 丘光明、邱隆、杨平：《中国科学技术史：度量衡卷》，科学出版社，2001年，第378页。

⑤ 王玉：《杭州发现的南宋货币——金叶子》，《中国钱币》2002年第1期。

⑥ 此表信息系结合考古报告和李岩先生论文制作，戳印铭文内容依后者再度辨识的结果，与考古报告不完全一致。李岩：《南海Ⅰ号上来自临安的金银币》，《美成在久》2020年第4期；国家文物局水下文化遗产保护中心、广东省文物考古研究所、中国文化遗产研究院等：《南海Ⅰ号沉船考古报告之二——2014—2015年发掘》（下），文物出版社，2018年，第424—428页。

⑦ 李岩：《南海Ⅰ号上来自临安的金银币》，《美成在久》2020年第4期。

⑧ 李小萍：《南宋金银盐钞交引铺研究》，《中国钱币》2010年第2期；李小萍：《南宋金银货币新发现新探索》，《中国钱币论文集》（第五辑），中国金融出版社，2010年，第178—180页。

表一　南海Ⅰ号 T0201 ②漆盒与 T0502 ③出土的金叶子

商号/身份	长×宽×厚/厘米	重量/克	戳印铭文	编号
韩四郎	9.2×2.9×0.2	38.55	正面中央"韩四郎"、四角各印"十分金"	T0201②：54
韩四郎	10.2×3.3×0.4	38.50	正面中央"韩四郎"、四角各印"十分赤金"	T0201②：55
王助教□	9.8×3.3×0.4	39.11	正面"王助教□"、四角"霸南街东"	T0201②：45
王助教□	9.8×3.3×0.4	39.60	同上	T0201②：46
王助教□	10.3×3.3×0.4	38.51	同上	T0201②：52
晋李四郎	10.7×3.3×0.4	38.31	右上、下角及右侧长边	T0201②：53
晋李四郎	10.1×5.0×0.4	39.06	正面两缘及四角	T0201②：50
晋李四郎	10.4×5.5×0.4	39.41	同上	T0201②：51
T0502③出土	不详	39.51	不辨	T0502③：2

印"韩四郎十分金",四角戳印"霸北街西"[1](图一,3)。湖州三天门南宋墓出土的2件,其中可以辨识铭文的1件正面中央戳印"韩四郎十分金",四角戳印"霸头里角"[2](图一,2)。杭州藏家收藏的3件戳印剪刀图案的金叶子,正面居中戳印"韩四郎"与"宋宅"两处铭文,右上角戳印"十分金"[3](图一,4)。"韩四郎"与"宋宅"的戳印组合还见于杭州西湖大道发现的1两"金铤"货币[4]。南海Ⅰ号"韩四郎"款金叶子,则只在四角戳印成色标识"十分金"或"十分赤金",而无位置信息(图一,1)。这种"韩四郎"与"十分金"的戳印组合还见于杭州长明寺巷发现的1钱"金牌"货币[5]。由上可见,南宋"韩四郎"款金叶子大致有四种铭文组合形式:①韩四郎十分金+霸北街西;②韩四郎十分金+霸头里角;③韩四郎+宋宅+十分金;④韩四郎+十分金或十分赤金。其中,明确体现出三处位置信息,并有方位和宅名之别。这说明"韩四郎"及类似戳印铭文并非指代具体金银铺,更像是金银铺品牌、商号或某种职业身份[6]。无论是哪一种,"韩四郎"都应是其中的出类拔萃者。

此外,还需指出的是,在南海Ⅰ号沉船 T0101、T0201、T0202、T0301、T0401 和 T0502 的 3、4 层海泥,以及 C9、C10 和 C11 的 1 层筛土中发现有小金块、小金片、残

---

① 伍显军:《温州市人民路出土南宋金叶子货币》,《中国钱币》2008 年第 3 期。

② 湖州市博物馆:《浙江湖州三天门宋墓》,《东南文化》2000 年第 9 期。

③ 王玉:《杭州发现的南宋货币——金叶子》,《中国钱币》2002 年第 1 期。

④ 浙江博物馆:《金银同辉——南宋金银货币精华》,文物出版社,2019 年,第 35 页。

⑤ 陈浩:《杭州出土宋代金牌》,《考古》1995 年第 1 期。

⑥ 屠燕治先生认为韩四郎身份与"行人"相当,负责检验黄金成色,屠燕治:《南宋金叶子考述》,《中国钱币论文集》(第四辑),中国金融出版社,2020 年,第 330、331 页;李小萍先生认为是铺名或工匠名,参阅李小萍:《南宋金银盐钞交引铺研究》,《中国钱币》2010 年第 2 期,第 28 页。

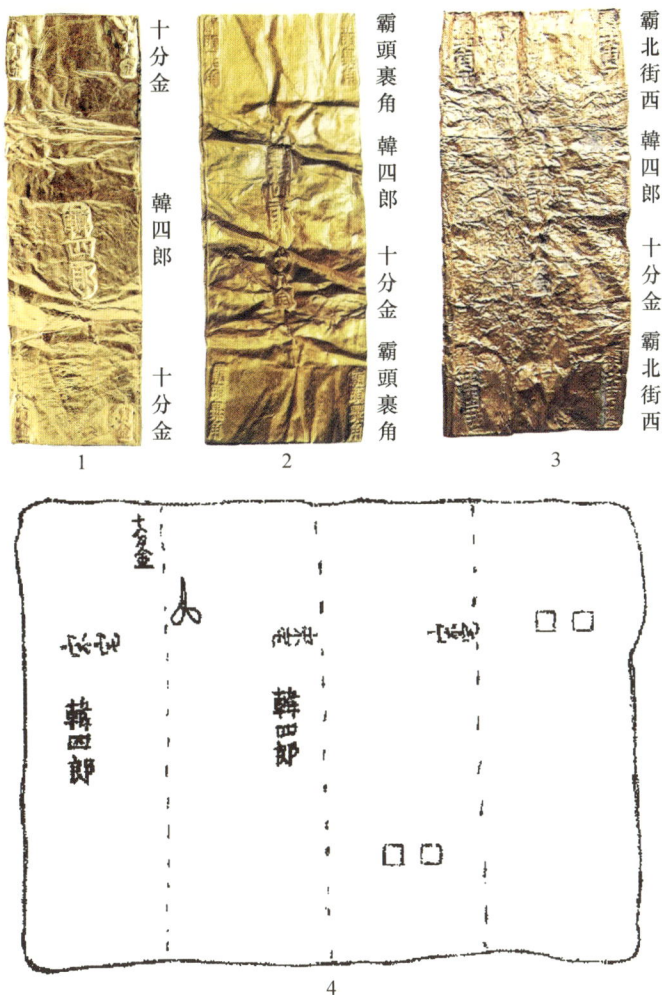

图一　南宋"韩四郎"金叶子的四种戳印铭文

1.南海 I 号 T0201②：54　2.湖州三天门宋墓出土　3.温州人民路宋代窖藏出土　4.民间收藏金叶子摹本

金珠、残金环等碎金①，大都经过切割处理，应也属于称量货币的范畴。另在 T0201 所出漆盒内，除金叶子外，还清理出项链、手镯、缠钏、戒指、耳环及腰带配饰等一批黄金饰品②。

---

①　国家文物局水下文化遗产保护中心、广东省文物考古研究所、中国文化遗产研究院等：《南海 I 号沉船考古报告之二——2014—2015 年发掘》（下），文物出版社，2018 年，第 422、423 页。

②　"南海 I 号"考古队：《"南海 I 号"宋代沉船 2014 年的发掘》，《考古》2016 年第 12 期；国家文物局水下文化遗产保护中心、广东省文物考古研究所、中国文化遗产研究院等：《南海 I 号沉船考古报告之二——2014—2015 年发掘》（下），文物出版社，2018 年，第 464—480、486 页。

二、东南亚的考古发现

在东南亚的考古发现中，与南海 I 号同时或相近时期的遗址中出土中国瓷器的不在少数。其中，泰国南部考猜颂（Khao Chai Son）黄金窖藏及周边考古发现和印度尼西亚苏门答腊岛哥打辛纳（Kota Cina）遗址最值得关注。上述两地分立马六甲海峡南北两侧，都有金叶子出土，为南海 I 号目的地的讨论提供了关键线索。

（一）泰南考猜颂黄金窖藏及其周边地区的发现

考猜颂黄金窖藏位于马来半岛东岸、宋卡湖（Songkhla Lake）西侧的博他仑府（Phatthalung）。博他仑北接洛坤府（Nakhon Si Thammarat），东南临宋卡府（Songkhla），三府由南北狭长的宋卡湖连接、沟通，湖东是乍汀泊（Satingphra）半岛，历史上宋卡湖及其周边各府都是中西交通的要地。博他仑虽现为内陆，但据环境研究的结果可知 19 世纪以前还可从宋卡湖口乘船抵达[①]。2014 年 5 月，考猜颂的拉维·撒桑（Ravi Thapsang）在种植棕榈树时意外发现一批黄金，并由此引来了不少寻宝者。稍后，泰国考古部门进行了抢救性发掘，并索回部分流失文物。这批黄金包括 14 件金叶子和手镯、垂饰、耳环等 6 件黄金饰品，以及圆形小金珠和 5 件小金饼，大部分曾在泰国国家博物馆名为"考古与历史：追随诗琳通公主殿下的脚步"特展展出。阿塔斯·苏克哈马（Atthasit Sukkham）对这批展出的文物进行了专门介绍，遗憾的是仅公布了展览照片，介绍了文物的造型、铭文等特点，未涉及器物尺寸、重量等具体信息[②]。

据现有资料，考猜颂金叶子形态不完整，已经过分割、剪裁，其尺寸、重量与南海 I 号相比应该更小。因溶解和侵蚀作用，只有 1 件金叶子的铭文可以辨识，其正面中央戳印"韩四郎十分金"，四角戳印"霸北街西"（图二，1）。比较可知，这种铭文组合及戳印方式与上文所述温州人民路宋代窖藏金叶子属于同款。其余 13 件金叶子的戳印铭文情况不明，但据其外观形态判断，它们与南海 I 号金叶子的形制完全相同，

---

① 据泰国环境学家 Mana Khunweechuay，转引自 Craig J Reynolds. *Power, Prote-ction and Magic in Thailand: The Cosmos of a Southern Policeman*. ANU Press, 2019: 67.

② Atthasit Sukkham. Gold Leaves and Ornaments: Mysterious Chinese Gold in Khao Chai Son, Phatthalung, Southern Thailand. *Southeast Asian Ceramics Museum Newsletter*, 2014—2015, III (2): 5, 6, fig. 1-6. "黄金窖藏"之名为笔者拟定。无特殊说明，考猜颂黄金窖藏内容都据此文。

属性均为南宋称重货币。此外，考猜颂小金珠、金饼也见于南海Ⅰ号出土的各种碎金之中（图二，2）。考猜颂黄金饰品的种类不及南海Ⅰ号丰富，未见项链、戒指、耳环和腰带配饰，但在造型、装饰风格上，两者具有一定共性。如考猜颂手镯的端部为娜迦头（Naga-headed）形象，整体造型与南海Ⅰ号十四面体手镯（T0401④：38）类似。考猜颂所见垂饰、耳环的整体造型似葫芦形、瓜棱形，具有中土传统（图二，3），这一混合型艺术风格与南海Ⅰ号黄金饰品也大体吻合。考猜颂黄金窖藏与南海Ⅰ号黄金文物的相似性，显示出窖藏所在地区与以南海Ⅰ号为代表的贸易活动之间存在密切的联系。

同时，有研究指出，为满足国际大宗贸易的需要，尤其是受到阿拉伯、印度的影

图二　博他仑－乍汀泊出土器物

1.金叶子（考猜颂黄金窖藏）　2.金饼（考猜颂黄金窖藏）　3.黄金饰品（考猜颂黄金窖藏）
4.青白釉喇叭口瓶（乍汀泊遗址）　5.青白釉小罐（乍汀泊遗址）　6.青白釉粉盒（乍汀泊遗址）
7.酱釉小口罐（博他仑出土）

响，东南亚很早就采用了金银本位的货币体系①，考猜颂黄金窖藏所见金叶子及碎金应是这一情形在考古学资料上的反映。《诸蕃志》"凌牙斯加国"条载："番商兴贩用酒、米、河池缬绢、瓷器等为货，各先以此等物准金银，然后打博。如酒壹墱，准银一两，准金二钱；米二墱，准银一两，十墱准金一两。"②这条文献首先说明"凌牙斯加国"以金银为一般等价物，金银比价为五比一，同时还明确指出在货物交易时"墱"字可作量词使用。杨博文认为："墱即埕或作坛，为闽广一带俗字，此字作量词解，不见于我国字书，其音厦门语读为 teng，福州语读为 ding，广州语读为 ching。"③南海Ⅰ号出土了一件酱黄釉罐残片（T0502④：756），其近器耳处就印有"酒墱"二字（后期资料整理时，又有新的发现，进一步强化了此条论据——作者注），研究者已指出其为广东方言，是"酒坛"之义④。结合上述文献，"墱"字还作为计量单位参与了当地贸易，表现出更为丰富的内涵。据考证，"凌牙斯加国"在马来半岛东岸的北大年府（Pattani），距离考猜颂黄金窖藏所在地不远⑤。据此可见，无论是"物准金银"还是以"墱"为量，都进一步加深了考猜颂黄金窖藏所在地区与南海Ⅰ号之间的联系，而闽广俗字在贸易中的使用，暗示着闽广商人对这一带颇为深远的影响。

再者，南海Ⅰ号最为大宗的中国瓷器，在宋卡湖东西两侧也有大量发现。宋卡湖西侧，博他仑府在挖掘考猜颂与宋卡湖间的运河时，曾发现德化白瓷喇叭口瓶、磁灶窑酱釉储物罐、酱釉小口瓶（图二，7），以及具有三佛齐风格的观世音菩萨雕像⑥。20世纪五六十年代，宋卡湖东侧的乍汀泊半岛就已发现过不少中国瓷器，部分收藏于宋卡府的博物馆，如青白釉粉盒、喇叭口瓶、小罐、执壶，青釉盘、碗、小瓶，青白釉浅盘等，其中尤以德化青白釉喇叭口瓶和小罐为多（图二，4—6）⑦。20世纪70年代，J. 斯塔加特（J. Stargardt）在调查东西向穿过乍汀泊的中央运河沿线时，又发现了约5万片中国瓷器残片，以及带冠毗湿奴（mitre visnus）、林加（linga）和印度风格的青铜雕像。研究显示，这批中国瓷器的年代在10—13世纪，其中10世纪的占8.5%，11世纪的占

① 黄纯艳、刘玲：《论10至13世纪的东南亚市场、贸易和货币》，《东南亚南亚研究》1997年第2期。

② （宋）赵汝适著，杨博文校释：《诸蕃志校释》，中华书局，2000年，第45页。

③ （宋）赵汝适著，杨博文校释：《诸蕃志校释》，中华书局，2000年，第46页。

④ 李岩：《航行的聚落——南海Ⅰ号沉船聚落考古视角的观察与反思》，《水下考古》（第三辑），上海古籍出版社，2021年，第29、30页。

⑤ Paul Wheatley. *The Golden Khersonese (Third Printing)*. University of Malaya Press, 2010: 265; （宋）赵汝适著，杨博文校释：《诸蕃志校释》，中华书局，2000年，第45、46页。

⑥ Amornrat Piyakul. Cultural Development of Ancient Communities in Phattalung Prior to the Mid-18th Century. *Southeast Asian Ceramics Museum Newsletter*, 2014-2015, Ⅲ (2): 7, 8, fig. 3, 5, 6.

⑦ Alastair Lamb. Notes on Satingphra. *JMBRAS*, 1964, 37(1): 75-80, PL. 11-13.

14%，12 世纪的占 31.5%，13 世纪的占 46%；在 12—13 世纪的中国瓷器中，浙江龙泉窑的占 29.5%，江西景德镇窑的占 14.8%，福建德化窑的占 7.5%，另有大量产自福建和广东的酱釉罐残片。斯塔加特指出，无论在质量还是数量上，12 世纪晚期到 13 世纪中期或略晚阶段都是乍汀泊半岛所见中国瓷器的巅峰时期[1]。

综合可见，博他仑－乍汀泊地区（下文简称"博乍地区"）所见黄金货币、首饰和中国瓷器与南海Ⅰ号船载文物之间存在诸多共性。纵观这一地区瓷器的空间分布和分时占比，12—13 世纪的泰南马来半岛东岸应是闽粤商人频繁造访之地。12 世纪晚期到 13 世纪中期或略晚之际的乍汀泊还显示出东西贸易枢纽港的特质，该枢纽港沿宋卡湖、运河及泰国湾构成的交通网络，参与了马来半岛东岸南北两向的贸易[2]，同时也经由河道与马来半岛西岸的吉打（Kedah）地区保持着联系[3]。

（二）苏门答腊岛东北部哥打辛纳遗址

哥打辛纳遗址位于棉兰市（Medan）港口巴拉望（Belawan）西南腹地约 8 千米处，占据贝萨尔河（Besar）与日里河（Deli）交汇处的有利位置。直到 19 世纪晚期，两条河流还可与马六甲海峡通航，后因淤塞阻滞，渐成沼泽、稻田。20 世纪 70 年代初，该遗址由 E. 爱德华麦金农（E. Edwards Mckinnon）等人发现，面积达 0.25 平方千米。遗物包括当地的陶器、宋元瓷器、中国铜钱、玉器、宝石、南印度佛造像、斯里兰卡钱币、波斯釉陶，以及来自波斯或印度的玻璃器等，文化面貌呈现出鲜明的多元化色彩。发掘者指出，哥打辛纳是三佛齐晚期具有支配地位的贸易港遗址，兴起于 12 世纪后期，废弃于 14 世纪中晚期，持续约两个世纪[4]。

哥打辛纳遗址共有 8 个地点，西侧沿河分布的第 1、3、4、8 地点遗物最为丰富。

---

① Michel JacQ-Hergoualc'h. *The Malay Peninsula: crossroads of the Maritime Silk Road (100BC-1300AD)*. Brill/Leidon・Boston・Köln, 2002: 411-414.

② Janice Stargardt. Southern Thai Waterways: Archaeological Evidence on Agriculture. *Shipping and Trade in the Srivijayan Period, Man*, 1973, 8(1): 11-12.

③ Alastair Lamb. Notes on Satingphra. *JMBRAS*, 1964, 37(1): 74-87；〔泰〕黎道纲：《〈岭外代答〉佛罗安方位考》，《海交史研究》2009 年第 1 期。

④ A C Milner, E Edwards McKinnon, Tengku Luckman Sinar. A Note on Aru and Kota Cina. *Indonesia*, 1978, (26): 1; E. Edwards McKinnon, F. E. Treloar. Analysis of Gold Artifacts from the Kota Cina Site, near Medan, Sunatra. *JMBRAS*, 1980, 53(2): 102-116; E. Edwards McKinnon. *Kota Cina: Its Context and Meaning in the Trade of Southeast Asia in the Twelfth to Fourteenth Centuries*, Vol. Ⅰ of Ⅱ. Cornell University, 1984: 84-88, 315.

黄金文物主要发现于第 3 地点，该地点发现的 1 组 4 处砖构基础中，有 1 处具有南印度风格的去顶金字塔式小型佛塔（2.8 米×1.5 米×0.6 米），塔基底层发现有 7 件金箔残片、4 段金丝、若干碎金块以及细金丝小珠、细金丝吊坠等首饰残件。其中 2 件金箔残片上有文字标识，其一件长、宽均为 1.4、厚 0.021 厘米，重 0.203 克，戳印"分金"二字，另一件长、宽均为 1.8 厘米，厚度不明，重 0.185 克，戳印"十分"二字（图三，1），其余 5 件未见戳印文字。另在第 3 地点的地表发现 2 件金箔残片，第 1 地点灶台下发现 1 件金箔残片，均未见戳印文字。除砖构佛塔外，第 3 地点还发现林加、佛像残件和南印度红陶等遗物，表现出浓郁的宗教色彩[1]。对于这批黄金文物，研究者认为，其中的金箔是由沙金精炼而成的纯金，含铜量极低，其出土背景说明金箔应是为某种需要纯金的神圣仪式而专门生产的[2]；并指出该遗址的黄金首饰残件具有印度或爪哇风格，戳印汉字金箔的发现说明中国工匠应可以制作具有当地风格、适应当地需求的黄金文物，中国工艺与当地、印度乃至爪哇风格很难区分[3]。

结合上文，戳印"分金"与"十分"汉字的两件金箔应是金叶子，前者的"十"字缺失，后者的"金"字隐约可辨（图三，1）。由此判断，塔基底层其余 5 件金箔，以及第 3 地点地表、第 1 地点灶台下所见金箔残片也极有可能是金叶子的组成部分。哥打辛纳遗址黄金文物虽然数量有限、保存欠佳，但其形制特征与南海 I 号十分近似，推测应是以南海 I 号为代表的贸易活动的结果。而哥打辛纳黄金文物埋藏于南印度风格佛塔之下的现象，则可为观察贸易黄金与当地社会间的互动关系提供新的角度。

哥打辛纳遗址除黄金文物外，更为大宗的发现是 12—14 世纪的中国瓷器。调查所见，这一时期的中国瓷器残片遍布哥打辛纳遗址各个区域，从试掘情况看，距河口位置最近的第 1 地点尤为引人注目。该地点出土的中国瓷器品质上乘，保存状况也相对较好。此外，该地点还发现了大量直径 12—14 厘米的木桩基础、灶台及软壳动物残骸，出土遗物总重约 1 吨，具有居住、仓储遗存的特点。哥打辛纳遗址出土的中国瓷器，有相当数量年代在 12 世纪后半期，研究者认为这种现象是当地与中国商人进行直接贸易的结果。该遗址所见青白釉、青釉碗、盘，白釉喇叭口小瓶、小罐、粉盒、瓶、壶，黑釉碗以及来自福建、广东的酱釉储物罐、小口瓶等都可在南海 I 号中找到同类器

[1]　E Edwards Mckinnon. *Kota Cina: Its Context and Meaning in the Trade of Southeast Asia in the Twelfth to Fourteenth Centuries*, Vol. I of II. Cornell University, 1984: 84-88, 367-369. PL. 20-22, 18-19.

[2]　E Edwards Mckinnon, F E Treloar. Analysis of Gold Artifacts from the Kota Cina Site, near Medan, Sunatra. *JMBRAS*, 1980, 53(2): 111-113.

[3]　E Edwards Mckinnon. *Kota Cina: Its Context and Meaning in the Trade of Southeast Asia in the Twelfth to Fourteenth Centuries*, Vol. I. Cornell University, 1984: 84-88.

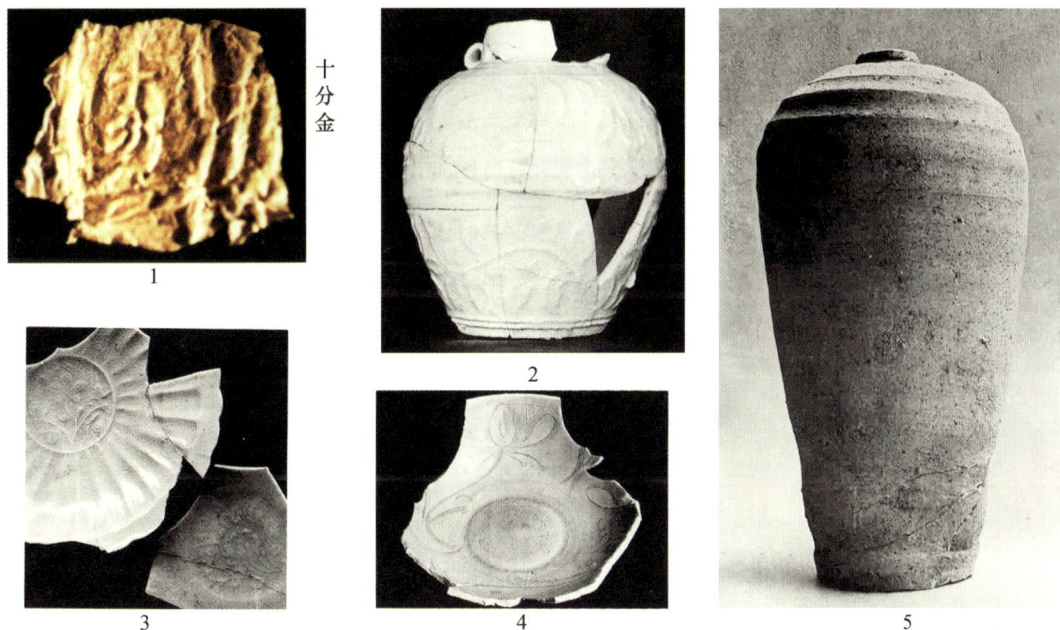

图三　哥打辛纳遗址出土器物
1.金叶子　2.青白釉小罐　3.青白釉印花盘　4.青釉印花碗　5.酱釉小口瓶

（图三，2—5）[①]。

考古资料显示，中国商人对苏门答腊东北海岸已非常熟悉，且在哥打辛纳兴起和发展过程中扮演着重要角色，应已形成了比较稳定的早期华人社区。该地的名称"Kota Cina"，又称"Chinese Stockade"，即"中国城"[②]，当地还流传着中国人赶走印度人的传说[③]，这些内容也进一步印证了上述分析。另外，约翰·密西（John Miksic）的研究还指出，哥打辛纳在12世纪快速成长为拥有10000人口的大聚落[④]，而这样的发展速度应与

①　E Edwards McKinnon. *Oriental Ceramics Excavated in North Sumatra*. The Second George De Menasce Memorial Lecture, 1976: 59-120, PL. 35, 33, 45, 51; E Edwards Mckinnon. *Kota Cina: Its Context and Meaning in the Trade of Southeast Asia in the Twelfth to Fourteenth Centuries*, Vol. I. Cornell University, 1984: 184-313. 需要说明的是，博他仑－乍汀泊与哥打辛纳都属延续性遗址。较南海 I 号略早的华光礁一号瓷器在两地也有较为广泛的分布，推测遵循着大体相同的贸易路线，限于主题和篇幅本文不专门涉及瓷器资料。

②　Leonard Y. Andaya. The Trans-Sumatra Trade and the Ethnicization of the "Batak". *Bijdragen tot de Taal-, Land-en Vdkenkunde*, 2002, 158(3): 378.

③　A C Milner, E Edwards McKinnon, Tengku Luckman Sinar. A Note on Aru and Kota Cina. *Indonesia*, 1978, (26): 3.

④　John Miksic. Archaeology, Ceramics, and Coins. *Journal of the Economic and Social History of the Orient*, 1996, 39(3): 292.

其作为贸易枢纽港的地位有关，并得益于当地与苏门答腊岛沿海小港、内陆腹地以及马来半岛东西海岸之间的区域内部贸易 ①。

　　综合上文分析可知，泰国南部的博乍地区和苏门答腊东北岸的哥打辛纳一带是中国商人曾广泛参与其中的东南亚两大转口贸易港。两地的考古发现与南海 I 号船载文物在时间跨度、遗物种类、瓷器数量等方面高度吻合，我们有理由相信博乍地区和哥打辛纳一带就是南海 I 号的原定目的地。可以说，在南海 I 号所处的时代，以上述两地为枢纽贸易港的马六甲海峡两岸已成为中国商船最为青睐的转口贸易区。结合文献对其贸易背景和贸易形势稍加分析，这一趋势会更为清晰。

三、贸易背景与形势

　　12 世纪末 13 世纪初，博乍地区和苏门答腊岛东北海岸属于东南亚强国——三佛齐的势力范围。成书于 1225 年的《诸蕃志》记载："彭丰、登牙侬、凌牙斯加、吉兰丹、佛罗安、日罗亭、潜迈、拔沓、单马令、加罗希、巴林冯、新拖、蓝篦、蓝无里、细兰，皆其属国也。" ② 其范围涉及马来半岛、苏门答腊岛、爪哇岛乃至斯里兰卡一带，上述十五地多系沿海港市，并不涉及内陆腹地，但三佛齐势力之广已可见一斑。自 11 世纪初，三佛齐东西贸易转口、集散中心的地位逐渐受到南印度朱罗王朝、柬埔寨高棉王朝及东爪哇王国的挤压和挑战，其重心被迫向马六甲海峡区转移。南海 I 号、博乍地区、哥打辛纳一带的考古发现所代表的贸易活动正是在这一历史变局中开展的，是此时三佛齐转口、集散贸易的重要组成部分。

（一）马来半岛三佛齐贸易影响南下

　　马来半岛对于东西交通的重要性，早在公元前几个世纪就已被高度关注 ③。历史上曾有近十条水陆交通线沟通东西海岸，其中猜耶（Chaiya）—打瓜巴（Takuapa）、宋

---

　　① Leonard Y Andaya. The Trans-Sumatra Trade and the Ethnicization of the "Batak". *Bijdragen tot de Taal-, Land-en Vdkenkunde*, 2002, 158(3): 381; Jean Martin. A Ceramic Legacy of Asia's Maritime Trade on Tioman Island. *JMBRAS*, 1985, 58(1): 85.

　　② （宋）赵汝适著，杨博文校释：《诸蕃志校释》，中华书局，2000 年，第 36 页。

　　③ 〔德〕罗德里希·普塔克等著，史敏岳译：《海上丝绸之路》，中国友谊出版社，2019 年，第 65—77 页；〔英〕D. G. E. 霍尔著，中山大学东南亚研究所译：《东南亚史》（上），商务印书馆，1982 年，第 49 页；〔泰〕黎道纲：《〈岭外代答〉佛罗安方位考》，《海交史研究》2009 年第 1 期。

卡—吉打两条线路最为重要，前者居北，位于著名的克拉（Kra）地峡一带；后者居南，有学者称其为"佛罗安商道"①。11世纪中期以前，马来半岛西岸的打瓜巴一直是波斯、阿拉伯东方贸易的重要终点站。1067年遭南印度朱罗王朝攻击后，打瓜巴的转口贸易急转直下，其南部吉打地区的战略位置遂更为凸显。与此相对应的是，11世纪后半期打瓜巴的考古材料也开始减少，而吉打地区的考古遗存随之大幅增加②。12世纪中期，柬埔寨王国大肆扩张，南界已达半岛东岸的猜耶万伦湾一带，对三佛齐形成高压态势③。在这种形势下，南方宋卡—吉打的商业交通日渐繁忙，佛罗安商道逐步兴起④。成书于1181年的《岭外代答》有"三佛齐国……其属有佛罗安国，国主自三佛齐选差……有圣佛，三佛齐国王再岁一往烧香"的记录⑤，显示佛罗安属国的地位颇为特殊，三佛齐对其似采取了专门的羁縻措施。G. 赛代斯（G. Coedés）、苏继顾考订佛罗安就是"佛头廊"（Phatthalung），即今博他仑，黎道纲进一步指出佛罗安即位于乍汀泊⑥。综合前文分析，博乍地区的上述考古发现应是马来半岛三佛齐贸易影响南下后的结果，而其与南海 I 号所代表的贸易活动也正是在这一背景下开展的。

（二）苏门答腊岛三佛齐贸易重心北移

三佛齐在唐代为"室利佛逝"，都城为"巨港"，即苏门答腊岛东南的巴邻旁（Palembang）⑦，其在转口贸易中的重要地位已被涉及生产、商业、宗教、公共活动等内

①　Paul Wheatley. *The Golden Khersonese (Third Printing)*. University of Malaya Press, 2010, pp. xxv-xxvii; 高荣盛：《巴邻旁/占碑和吉打国际集散中心的形成——以1至11世纪马六甲地区的交通变迁为线索》，《元史及民族与边疆研究集刊》（第二十六辑），上海古籍出版社，2014年，第66—77页。

②　Alastair Lamb. Tokuta: The Probable Site of a Premalaccan Entrepot in the Malay Peninsula. In: *Malayan and Indonesian Studies*. Clarendon Press, 1964: 76-86；〔新〕尼古拉斯·塔林主编，贺圣达、陈明华等译，贺圣达审校：《剑桥东南亚史·I》，云南人民出版社，2003年，第204页。

③　〔法〕G. 赛代斯著，蔡华、杨保筠译，蔡华校：《东南亚的印度化国家》，商务印书馆，2008年，第277、308页。

④　〔泰〕黎道纲：《〈岭外代答〉佛罗安方位考》，《海交史研究》2009年第1期。

⑤　（宋）周去非著，杨武泉校注：《岭外代答校注》，中华书局，1999年，第86页。

⑥　George Coedés. *Les états hindouisés d'Indochine et d'Indonésie*. Paris, 1948: 308；（元）汪大渊著，苏继顾校释：《岛夷志略校释》，中华书局，1981年，第82、83页；〔泰〕黎道纲：《〈岭外代答〉佛罗安方位考》，《海交史研究》2009年第1期。

⑦　卓建明：《试论义净在唐朝和南海诸国关系史上的作用和地位》，《世界历史》1992年第6期；〔印度〕K. A. 尼逻干达·沙斯吒利著，韩振华译：《印度尼西亚古代史上的室利佛逝》（上），《南洋资料译丛》1957年第2期。

容的考古发现所证实，9—10 世纪的中国瓷器也在其中扮演了重要角色①。北宋时期，三佛齐的首都仍在巨港。作为 1017—1025 年、1079—1082 年南印度朱罗王朝两次军事突袭，以及 9 世纪以来东爪哇王国因觊觎贸易之利而挤压、攻伐的后果，11 世纪末三佛齐的首都迁至西北方向的占碑（Jambi），中断半世纪的对中朝贡贸易，也以"三佛齐詹卑"的名义再度开始②，前引《诸蕃志》中的"巴林冯"（即巴邻旁）遂以属国身份出现。大约与迁都同时期，巨港及其附属港口不再是东南亚国际贸易的唯一焦点，一方面爪哇港口对印度、大陆东南亚、东部岛屿及中国商船的吸引力日益提升③，另一方面从 1088 年登陆苏门答腊西部的洛布·图阿（Lobu Tua）开始，直到 12—14 世纪的哥打辛纳，南印度的泰米尔商人在苏门答腊岛建立了多个据点，强势参与三佛齐贸易④。《岭外代答》"航海外夷"条有"诸蕃国之富盛多宝货者，莫如大食国，其次阇婆国，其次三佛齐国，其次乃诸国耳"的记载⑤，对其后果言之甚明。哥打辛纳遗址崛起的时机及其多元文化面貌便是这一复杂局势的生动说明。

上述分析表明，三佛齐转口贸易自 11 世纪后期起逐步向马六甲海峡区聚拢。贸易重心转移后的三佛齐通过"蕃舶过境，有不入其国者，必出师尽杀之"，"若商舶过不入，即出船合战，期以必死"等非常规方式，还是将其贸易规模维持在较高的水平⑥，并逐步形成了博乍地区和哥打辛纳一带两大中心。《诸蕃志》"大食国"条所载"本国所产，多运载三佛齐贸易，贾转贩以至中国……番商兴贩，系就三佛齐、佛啰安等国转易"⑦，不但明言贸易的东西两端，还指出了"三佛齐""佛罗安"在东南亚转口贸易中的重要地位。如前所述，佛罗安地望在博乍地区（或可精确至乍汀泊），也已有学者指

①　Pierre-Yves Manguin. Palembang and Sriwijaya: An Early Malay Habour-city Rediscovered. *JMBRAS*, 1993, 66(1): 23-26；秦大树：《中国古代陶瓷外销的第一个高峰——9—10 世纪陶瓷外销的规模和特点》，《故宫博物院院刊》2013 年第 5 期。

②　O W Wolters. A Note on the Captital of śrīvijaya during the Eleventh Century. *Artibus Asiae (Supplementum)*, 1966(23): 227-231.

③　Kenneth R Hall, John K Whitmore. Southeast Trade and the Isthmian Struggle, 1000-1200A. D.. In: *Explorations in Early Southeast Asian History: The Drigins of Southeast Asian Statecraft*. University of Michigan Press, 1976: 306.

④　E Edwards McMinnon. Tamil Involvement in Northern Sunatra, c11-c14 (The Gold and Resin Trade). *JMBRAS*, 1996, 69(1): 85-97.

⑤　（宋）周去非著，杨武复校注：《岭外代答校注》，中华书局，1999 年，第 126 页。

⑥　（宋）周去非著，杨武复校注：《岭外代答校注》，中华书局，1999 年，第 86 页；（宋）赵汝适著，杨博文校释：《诸蕃志校释》，中华书局，2000 年，第 36 页；So Kee-Long. Dissolving Hegemony or Changing Trade Pattern Images of Srivijaya in the Chinese Sources of the Twelfth and Thirteenth Centuries. *Journal of Southeast Asian Studies*, 1998, 29(2): 306, 307.

⑦　（宋）赵汝适著，杨博文校释：《诸蕃志校释》，中华书局，2000 年，第 89、90 页。

出哥打辛纳可能是中国文献中的"哑鲁"（Aru）或"拔沓"（Batta）[①]。综合两地的考古发现和文献记载，可推知历史上具有特殊属国地位的佛罗安与三佛齐曾共同分享了东南亚转口贸易的份额。基于考古学和历史学的双重视角，本文并不主张将考古发现与文献记载简单对应，但博乍地区与佛罗安、哥打辛纳与哑鲁（或拔沓）所体现的趋势性、结构性整合状态值得引起进一步的重视和更为深入的研究。

四、结　论

本文以南海 I 号及国内外出土金叶子为线索，结合出土瓷器及文献资料，认为泰国南部马来半岛东岸的博乍地区和印尼苏门答腊岛东北部哥打辛纳一带应是南海 I 号沉船的原定目的地。作为东南亚的枢纽大港，上述地区不但具有东、西转口贸易的功能，还与马来半岛西岸的吉打港，以及岛内外其他次级贸易网络保持着密切联系，扮演着区域贸易集散地的角色。显然，南海 I 号及其代表的商业活动在此流通网络中具有特别重要的地位，是推动各方顺利达成贸易诉求的东方"引擎"。

在缺少航海日记、沉船档案等明确记载的情况下，因保存欠佳、航线多变等原因，沉船目的地的研究一直是棘手而又难以回避的重要课题。如果把南海 I 号沉船看作一项待完成的贸易实践，其在目的地的贸易活动如何开展，将与目的地人群、社会产生怎样的互动，以及贸易商品通过次级网络又将如何渗透到终端消费者，诸如此类问题的探讨显然都与"目的地"密切相关。南海 I 号沉船保存完好、内涵丰富，整体打捞、室内发掘又使得全面获取遗存信息成为可能，本文便是借此资料优势而做的粗浅努力，希望能够对南海 I 号后续的资料整理和相关研究有所补益。

（原载于《南方文物》2022 年第 5 期）

[①]　A C Milner, E Edwards McKinnon, Tengku Luckman Sinar. A Note on Aru and Kota Cina. *Indonesia*, 1978, (26): 3-28, 37-40.

"一带一路"合作保护视角下中国水下文化遗产保护与利用浅析

刘丽娜 [①]

摘要：中国拥有 1.8 万千米的海岸线，6500 余个海岛、1.4 万千米的海岛岸线和丰富的内陆水域。其中蕴含着种类多样、数量巨大的水下文化遗产。中国水下文化遗产保护遵循了文物保护的十六字方针"保护为主、抢救第一、合理利用、加强管理"，但中国水下文化遗产保护工作从 20 世纪 80 年代末开始起步，经过 30 多年的努力，从最初单纯对个别水下遗址的考古、被动的沉船抢救，到水下文化遗产保护事业初具规模，在管理体系和机制构建、重大项目组织和实施、机构建设和人才培养等方面开展了大量工作，取得了显著成果，并成为国际上水下文化遗产法律保护和合理利用的典范国家之一。

本文主要从水下文化遗产主体的多元化，客体的多样性和整体性，新增新的水下文化遗产保护内容和水下文化遗产保护的空间范围扩大等角度，介绍中国水下文化遗产保护和利用的发展情况。其中涉及中国目前水下文化遗产调查的情况；重庆白鹤梁水下博物馆——世界第一座遗址类水下博物馆；南海 I 号——公共考古原则的应用、内水水下文化遗产保护和出水文物展示等内容。此外，本文试论构建丝绸之路沿线水下文化遗产"合作保护机制"。笔者希望中国借"一带一路"倡议，发起丝绸之路沿线的文化遗产共同合作，以保护区域水下文化遗产为宗旨、传承区域人类文明为目标，构建区域间的文化遗产合作平台。

关键词：水下文化遗产、保护与利用、合作机制

Abstract：China has 18,000 kilometers of coastline, more than 6,500 islands,

---

① 现任西安交通大学法学院副教授、硕士生导师、法学博士。现任陕西非物质文化遗产研究基地主任。曾在法国巴黎联合国教科文组织工作实习，在奥地利维也纳大学、德国柏林文化外交研究所、马来西亚吉隆坡大学、厦门国际法高等研究院等交流访学。本文是国家社科基金"中国海洋遗产研究"（19JZD056）的阶段性研究成果。 liulina@xjtu.edu.cn。

14,000 kilometers of island shoreline and plentiful inland waters. It contains a variety, a large number of underwater cultural heritage (UCH). The protection of UCH has followed the protection of cultural relics 16-word policy, "protection-oriented, rescue first, rational use, strengthen management". Chinese UCH protection work began from the late 1980's, and after more than 30 years of efforts, the work for UCH protection in China developed from simply underwater archaeology, passive preventing salvage, to begin to build UCH management system and take use of UCH. All of these fabulous works achieved remarkable results, and made China become one of the exemplary countries for the legal protection and rational use of UCH.

This paper introduces the development of the protection and utilization of underwater cultural heritage in China from the perspectives of the diversification of the subject, the diversity and wholeness of the object, the new protection content of the water relic and the expansion of the space scope of the water conservation. It deals with the current situation in China; The Baiheliang Museum as the world's first submerged underwater museum; the NO. 1 Nanhai shipwreck Museum as the application of public archaeological principles; the Protection of UCH in inland water as for the display of the water relics. In addition, the paper discusses the construction of "cooperative protection mechanism" of underwater cultural heritage along the Silk Road. Author believe that China through the "one belt one road" initiative, launched Silk Road along the cultural heritage of joint cooperation, strategic alliance. In order to protect the regional underwater cultural heritage for the purpose of the transmission of regional human civilization as the goal, the establishment of interregional cultural heritage cooperation platform is our new aim for protection of UCH.

Keywords: Underwater cultural heritage, Protection and utilization, Cooperation mechanism

一、中国水下文化遗产保护的新发展

中国拥有 1.8 万千米的海岸线，6500 余个海岛和丰富的内陆水域。其中蕴含着种类多样、数量巨大的水下文化遗产。

中国水下文化遗产的保护始于 20 世纪 80 年代水下考古事业的兴起，而水下考古事业的兴起则缘于当时的一起沉船船货拍卖事件。1987 年，英国"职业捞宝人"迈克·哈彻将其于 1986 年打捞的原荷兰东印度公司"哥德马尔森"（Geldermalsen）号商船遗址所得瓷器进行拍卖，所获颇丰。在当时，中国无论从技术抑或法律途径均无法主张对这批货物的所有权，这一重大事件引发了专家和有关部门对我国水下文化遗产保护状况的反思。

经过 30 多年的努力，我国水下文化遗产保护的水平和理念也取得发展，从最初单纯对个别水下遗址的考古、被动的沉船抢救，到我国水下文化遗产保护事业初具规模，在管理体系和机制构建、重大项目组织和实施、机构建设和人才培养等方面开展了大量工作，取得了显著成果。中国水下文化遗产保护从水下文化遗产探测，重点项目考古发掘，再到出水保护、水下文化遗产监控，已经形成了一套完整的保护模式。水下文化遗产保护的空间范围从以沿海海域为主、近海海域为辅，发展为以沿海为核心、以近海为重点、启动内水、推进远海的全方位水下文化遗产保护格局。海洋、内水湖泊、河流滩涂考古项目齐头并进。重点项目如致远舰的重大突破、南海 I 号考古与保护工作继续推进，四川"江口沉银"遗址、江西南城洪门湖遗址等成为社会关注的热点；配合海上丝绸之路申遗的南京宝船厂遗址、广东上川贸易岛海域、浙江上林湖越窑遗址等水域调查工作成果初现。

（一）中国水下文化遗产法律保护和体制构建的前瞻性

首先，1989 年中国国务院就颁布了《中华人民共和国水下文物保护管理条例》（以下简称《水下条例》），这是中国水下文化遗产立法历程中的标志性事件。这部 30 多年前制定的行政法规，于 2022 年 1 月 23 日中华人民共和国国务院令第 751 号第二次修订，公布修订后的《水下条例》自 2022 年 4 月 1 日起施行。新修订的《水下条例》共23 条。充分考虑水下文物行业所面临的保护主体、实体等方面的变化，以及国际水下文物保护的新发展、新原则，对水下文物的概念、管辖范围、保护和管理机构、发现和上缴、考古勘探和发掘、违反条例的惩罚措施等做了规定。它遵守了国际水下文化遗产保护的一般性原则——"非商业性打捞"原则，并提出了富有创见的"水下文物保护区"。新修订《水下条例》的颁布使得中国的水下文化遗产保护有法可依；同时考虑了水下文化遗产保护的特殊性，具有非常重要的意义。而（在 2023 年）中国历时 10 年编制了《水下考古工作规程》，也是中国水下考古发展史上一件里程碑的大事。

此外，2009 年开始，水下文化遗产集中的地方以法律法规来明确地方政府保护水下文物的责任。例如，我国福建、广东、台湾地区都结合文物保护工作的实际情况制定了地方实施办法。在 2009 年福建修订的《福建省文物保护管理条例》中增加"水下文物的保护"一章，这是中国第一个明确水下文物保护的地方性法规。台湾地区 2015 年12 月颁布实施了《水下文化资产保存法》，并于 2016 年 10 月颁布了《台湾水下文化资产保存法施行细则》。

此外，中国在 2009 年成立了国家水下文化遗产保护中心，中心主要负责统筹全国水下文化遗产保护业务工作，以及开展水下文化遗产保护国际合作与交流。于 2020年，中心更名为国家文物局考古研究中心，负责基本建设涉及的水下调查、发掘项目的组织、实施工作。实施重要的水下文化遗产调查、发掘、研究、保护、展示项目，承担水下文化遗产保护规划和保护修复方案编制工作，以及水下文化遗产保护专业人员培训和管理等工作。另外，中心已在宁波、青岛、武汉及福建等地建有 4 处基地，2017 年在南海建立占地 74 亩的南海基地（已批准立项），阳江（水下考古培训）基地改造顺利进行。基地地域范围涵盖沿海及内水，国家水下文化遗产保护武汉基地是国家开展内陆水下文化遗产保护的重要组成部分。该基地将带动和促进以武汉为中心延伸到长江流域其他省份湖泊、江河的内水水域的水下文物调查、发掘、出水文物保护等研究和培训，对内陆的内水出水文物进行保护。鲁、鄂、粤等省水下考古专门机构成立，全国性的水下考古工作格局进一步形成。中国水下考古船从 2014 年开始下水工作，"水下文化遗产保护数据库建设"和图书信息资料中心建设，人才培训和建设都在积极推进。

（二）中国水下文化遗产保护客体的多样性

根据联合国教科文组织的《2001 年保护水下文化遗产公约》对水下文化遗产的分类，中国水下文化遗产保护从传统类型水下文化遗产——沉船、沉船遗物，正在扩展到古港口、造船厂、沉没古城、沿海海防、沿海盐业遗址、海战遗迹，以及综合整体保护的"海上丝绸之路"等多种类型。而中国水下文化遗产的类型丰富，如"海上丝绸之路"和"明清海防遗址"这两种就是中国特有的两类水下文化遗产。

"海上丝绸之路"是古代中外海上贸易和文化交流的重要通道，促进东西方的经济与文化交流。中国对"海上丝绸之路"的水下文化遗产保护主要在古港口、航路、货船、船体四个方面[①]。

明清海防遗址指明清时期在中国沿海地区和领海内，国家主持修筑的地域海上来犯

---

① 中国水下文化遗产保护中心：《水下文化遗产保护"十二五"专项规划（草案）》，中国水下文化遗产保护中心 2010 工作汇报材料，2010 年，第 9—12 页。

外敌的防御工程和配套设施。该海防一直贯穿中国 13 个省、直辖市、港澳特别行政区和台湾地区，涉及港澳特别行政区和台湾地区合作的调查研究。仅以浙江省宁波市为例，明清两代在各地设立海防遗址种类齐全，包括卫、所、巡检司、寨、堡、烽燧等。这些遗址分散在象山、宁海、余姚、慈溪等地。有些遗址已是全国重点文物保护单位，如镇海口海防遗址。对明清海防遗址的研究，对更好地把握中国海防的特点，以及现今海防建设都有指导意义。

（三）中国水下文化遗产探测范围扩大

中国针对不同水域内水下文化遗产的特点制订了相应的水下文化遗产勘察任务：内陆的内水水域、黄渤海、东海—台湾海峡、南海四个部分。结合 2007—2011 年第三次全国文物普查工作，组织开展了涉及 11 个省和部分内水水域的水下文物普查工作，中国已经发现 108 处水下文物点。

技术的支持和装备的进展：2014 年中国首艘水下考古工作船"中国考古 01"号交付使用以来，为水下文化遗存的调查、发掘、出水文物保护、展示宣传工作出力增彩。先后参加了西沙、丹东、上下川等多个水下调查项目，并于 2015 年加入中国国家海洋调查船队。2015 年该船在航 161 天，位列近海调查船出海率第四。中国在水下文化遗产调查和发掘过程中越来越多地使用旁侧声呐、浅地层剖面仪、超高分辨率多普束测深仪等先进设备和技术。

（四）中国水下文化遗产保护增强国际交流与合作

水下文化遗产保护工作具有很强的国际性，这一方面是因为行业主要研究的"海上丝绸之路"本身就是国际性线路遗产，进行国际交流是工作内在要求。另一方面，水下文化遗产保护的技术、装备等需要具有国际视野，吸收国际先进理念。

我国的水下文化遗产保护从水下考古开始，水下考古最早是西学东渐的，发展至今已有长足进步。中国重视水下文化遗产的交流和合作可以分为潜水培训、水下考古、合作科研、学术互动四个方面。首先，从 20 世纪 90 年代开始选派陆上考古人员赴菲律宾等参加"水下考古技术潜水培训"。其次，2015 年开始我国与法国、希腊签署水下文化遗产考古的合作协议。再次，自 2009 年以来，中国已与法国、英国、克罗地亚、俄罗斯、希腊、美国、澳大利亚、肯尼亚、韩国、日本、斯里兰卡、意大利等国家的水下文化遗产考古及保护机构建立了合作关系。最后，我国水下文化遗产保护科研工作也"走出去"了，到克罗地亚、柬埔寨、法国、美国夏威夷等地参加国际水下文化遗产会议，如积极参加联合国教科文组织水下文化遗产保护的科技咨询大会、亚太水下文化遗产大会、世界考古水下文化遗产大会等。

（五）中国水下文化遗产保护内容更为全面

相对陆上文化遗产来说，水下文化遗产需要有更高要求的文物出水及就地保护措施以及相关的技术支持，需要根据质地、类别采取相应的处理方式，使得出水文物得到切实保护。特别是武汉的国家文物局木漆器脱水保护科研基地，对出水陶瓷、金属和木质等文物的病害腐蚀机理进行研究，重点解决了脱盐、保护修复、防腐加固、无损提取等关键性技术问题，使中国对于水下文化遗产保护的理论、技术与方法逐渐增强。并加大对出水文物科技保护力度，如福建东山清代沉船。

此外，为了更好地保护水下文化遗产，开展有针对性的科研工作，除了配合水下考古工作发表了系列的水下考古调查报告外，还完成了一批学术著作，如《元明时代中国与印度洋海上交流》《海上丝绸之路港口遗址调查与研究》《水下文化遗产保护信息管理系统建设研究》等，并出版了《海上丝绸之路的考古学研究》等专著。

二、中国水下遗产合理利用的新启示

中国水下文化遗产保护也采取了国际水下文化遗产保护中"水下保护区"的概念，并且提倡水下文化遗产的区域保护和"原址保护"（in situ）。2016 年《国务院关于进一步加强文物工作的指导意见》提出"划定水下文物保护区"，"建立涵括水下文化遗产的海洋历史文化遗址公园"，这些都是近年来中国文化遗产保护的新理念，以及保护应更多考虑公众参与与海洋教育——合理利用才是文物保护的新阶段。

（一）原址保护的实践"全淹没水下文化遗产博物馆"

原址保护——重庆白鹤梁水下博物馆：从 2003 年正式开工，到 2006 年 9 月三峡大坝提前蓄水至 156 米水位，原本两年的水下施工期被压缩为一年，其间又经过了两年多时间的漫长停工期。重庆白鹤梁水下博物馆在 2009 年 5 月建成开馆。由于三峡工程的兴建，白鹤梁题刻将永沉江底。为了保护水下文化遗产，国家投入 2 亿建设了重庆白鹤梁水下博物馆。整个保护工程，由"水下博物馆""连接交通廊道""水中防撞墩""岸上陈列馆"四部分组成。水下博物馆就是在白鹤梁原址上修建一个保护壳体。

　　游客可在长江防护大堤上建造的陈列馆内，根据自己的需要，操作摄像头，通过电脑屏幕，从不同角度近距离观赏白鹤梁。这是世界上第一座遗址类水下博物馆，标志着原址保护的重要性在中国开始得到充分重视，重庆白鹤梁水下博物馆还有"无压容器"设计。白鹤梁被誉为"世界第一古代水文站""世界水文资料宝库""水下碑林"，它是三峡文物景观中唯一的全国重点文物保护单位。重庆白鹤梁水下博物馆将这座"世界第一古代水文站"内的"水下碑林"原址原貌地展现在世人面前，受到了国际社会，特别是联合国教科文组织的大力赞扬。

（二）整体打捞与公共考古相得益彰

　　整体打捞与公共考古——南海I号：水下文化遗产更需要公众理解、支持和参与。南海I号于2007年通过整体打捞的方式移入广东海上丝绸之路博物馆的水晶宫内存放并开展发掘、保护工作。该项目既不同于水下考古作业，也有异于传统的田野考古，需要根据项目需要随时调整发掘方法，以获得最大效果、效率，这种水下考古工作方式是属于世界水下考古的首创，因此向公众开放该艘沉船的考古工作有着十分重要的意义。在南海I号的博物馆里，观众可以通过玻璃观光窗口看到水下考古队员在水下工作的状态；在三楼上的考古观光平台上，观众可以居高临下看到水下考古队员的工作全景。此外，央视直播了特别节目《宋船迷踪："南海I号"考古大发现》。该节目生动再现了南宋古沉船昔日的辉煌，对发掘过程和重要文物进行详细解读，并采用虚拟技术实现了演播室和现场报道互动，这在我国新闻直播史上尚属首次，引发收视热潮，成功地拉近了水下考古与公众的距离。

（三）水下遗产保护区模式的利用

　　水下文化遗产区域保护模式：首先是考古区——以平潭海域（以海坛海峡为中心）水下考古区域调查为例，体现了水下考古调查与发掘工作客体已从沉船扩展到遗址，并在福建平潭岛开始了区域系统调查的新理论与方法实践。2012年在福建平潭海域选取区域作为中国首个水下考古区域，并计划3—5年在区域内开展水下考古物探工作，探索疑点目标的分类分级、水下文化遗产评估等水下文化遗产保护工作。

　　水下文化遗产保护区是30多年水下文化遗产保护措施发展的结果。《水下条例》第五条就规定了根据水下文化遗产的价值设立"水下文物保护单位和水下文物保护区"，到 2004 年实施的《福建省"海上丝绸之路：泉州史迹"文化遗产保护管理办法》^①在附件中明确了泉州水下文化遗产的保护范围，确定了保护措施和罚则。其中第十条规定"泉州海丝遗产保护范围，按照其保护规划划分为保护区、缓冲区、环境协调区，分级进行保护"；并规定保护区内禁止任何建设活动。2007 年福州市十三届人大常委会通过的《福州市海域水下文物保护若干规定》进一步规定了"水下文物重点保护海域范围"，即长乐、连江、平潭等。到 2009 年，《福建省文物保护管理条例》明确规定了对于有水下价值的文化遗址、范围较大的、需要整体保护的，可以依法核定为"水下文化保护区"。到 2016 年地方性法规落实了"水下文化遗产保护区"理念，广东省公布了第一批水下文物保护区，它们是"南海 I 号（台山地区）水下文物保护区""南澳一号水下文物保护区"。

（四）水下公园、海洋公园的设想

水下公园、海洋公园的设想——对水下古城和水下人类建筑的保护也是中国水下文化遗产保护的另一大特点。自然因素或人为因素导致整个城镇淹没水中而形成的水下古城或水下人类建筑也是中国水下文化遗产的一种类型。20 世纪五六十年代全国兴修水利的过程中，很多村镇成了库区，不少水库下面有各式古城。例如，浙江省千岛湖下的"狮城""贺城"，湖北省丹江口水库的"均州古城遗址"；同年，辽宁绥中县沿海对碣石宫（姜女石秦行宫遗址）进行了水下考古工作，发现较多疑似人工的水下构筑物遗迹。

但对于水下古城或水下遗址能否开发成潜水旅游应"慎重对待"。"开发"除了积极挖掘水下古城的旅游价值外，应当注意此举有着强烈的侵入性，极易造成破坏；如何在保持水下遗址原本风貌的前提下让遗址得到更好的利用，是值得考虑的问题——如水下探头、全息影像等手段的介入，让在岸上的游客或者不适宜潜水的地区的公众可以观赏水下景致，也许是另一种解决方式。

三、建构海上丝绸之路沿线水下文化遗产的合作保护

在秉承"公平原则"等国际原则的前提下，为了更好地保护海上丝绸之路沿线国家水下文化遗产，可以考虑暂时在各国重叠的主张区建立合作保护机制，本着国际法的公

---

① 福建省人民政府令第 87 号《福建省"海上丝绸之路：泉州史迹"文化遗产保护管理办法》，已在 2003 年 11 月 3 日省人民政府第 7 次常务会议审议通过，自 2004 年 1 月 1 日起施行。该办法共 6 章，35 条。

平原则和其他国家通力协作，保护海上丝绸之路沿线各国水下文化遗产。这种既尊重客观事实，又秉承公平的合作保护机制，才是以落实稳定海上丝绸之路沿线国形势战略为目的，以文化遗产合作保护为手段，解决各国水下文化遗产危机的妥善方法。

首先，水下文化遗产有遭受破坏性打捞和拍卖的危险。相比陆上文化遗产，水下文化遗产一直保存更为完整；直到近 30 年随着水下科技的发展，人类对水下文化遗产的窥觊与日俱增。可见，水下文化遗产因其巨大的经济价值使得打捞者往往忽略了其具有的文化艺术和历史考古价值，各国在其水域内都发现了严重的商业打捞和境外拍卖行为。

其次，相比陆上文化遗产，水下文化遗产的盗捞和非法走私更为隐蔽，一国难以借助自身海监有效保护该国水域内所有的水下文化遗产。这是因水下文化遗产大多位于远离大陆的海底深处，海面巡逻的海监、海警很难第一时间发现盗捞行为。即使一国海监第一时间发现盗捞潜点并且下水，也很难追踪和抓捕盗捞者。因为水下文化遗产打捞是一项技术性极强又极其危险的工作，盗捞者（或盗捞船）采用的先进海上定位设备和打捞仪器，使得其潜入水后有时会在邻国水域出水，一国海警根本无从寻起，故而即使海监人员潜水发现盗捞者，水下抓捕也不容易。从 20 世纪 80 年代开始，那些被盗走的精美的水下文化遗产常常是在拍卖场合才第一次被所属国发现。总之，一国边防海警、海监根本无法有效制止该国水下文化遗产的盗捞、走私行为。

最后，水下文化遗产保护是一门综合的新兴学科，水下文化遗产的保护是一个涉及生态、考古、海洋、文化遗产保护等学科的新领域，要考虑拖网捕鱼、港口工程、采矿和疏浚河道等因素的影响；还要有海洋水文、海底动植物对水下文化遗产影响等相关知识。水下文化遗产保护在全世界范围尚处于初级阶段，海上丝绸之路沿线各国仍需取长补短、通力合作。联合国教科文组织在《2001 年保护水下文化遗产公约》生效后，着力推进世界范围水下文化遗产技术的发展和培训。例如，中国因南海 I 号、重庆白鹤梁水下博物馆等在水下文化遗产的原址保护技术上处于世界一流水平，而韩国在出水文物保护方面更为专业。没有哪个国家可以不借助外力而长足进步，只有充分合作、取长补短才能相互促进。

总之，海上丝绸之路沿线各国历史上因文化、经济、地缘等问题，相互交流、相互发展，特别是南海各国唇齿相依、版图相连。水下文化遗产是诸国自古友好通商、文化交流的直接佐证，是各国乃至人类重要的历史文化资源，具有重要的历史、经济、文化价值。建立海上丝绸之路沿线水下文化遗产合作机制，不仅是中国水下文化遗产保护利用的一个构想，更是以文化遗产合作保护为手段，维护地区稳定，实现区域合作的平台和途径。

南海Ⅰ号等沉船出水木质文物
超临界二氧化碳干燥脱盐研究

李乃胜 [①]   胡凤丹 [②]   穆 磊 [③]

摘要：采用超临界 CO_2 技术处理南海Ⅰ号、小白礁一号、华光礁一号海洋出水木质文物，研究该技术对样品尺寸稳定性、微观形貌以及颜色的影响。结果表明，在温度 45℃，压力 20MPa，气流流速为 40—50L/h，乙醇作萃取剂，每次干燥 3h，两次循环干燥的条件下，样品的各向收缩率均在 5% 以下，有效缩短干燥时间，并且在干燥过程中具有样品不变色、有效脱除可溶性盐等优点。

关键词：超临界 CO_2 技术、海洋出水木质文物、脱水干燥、脱盐

Abstract: Waterlogged wood from NanhaiⅠ, XiaobaijiaoⅠ, HuaguangjiaoⅠ was dried by using supercritical carbon dioxide, in this paper, the effects of different conditions on dimensional stability, micromorphology and color of samples were studied. The results showed that at the condition of temperature for 45℃, pressure of 20MPa, gas flow rate of 40—50L/h, ethanol as an extractant, with 3h cycle drying twice, the shrinkage rate of each sample is below 5%. In addition, this method can greatly shorten the drying time, also has the advantage of no discoloration of the sample and effectively removal of insoluble salt during the drying process.

Keywords: Supercritical carbon dioxide technique, Waterlogged wood, Drying, Desalination

---

① 时任中国文化遗产研究院文物保护修复所副所长，出水文物保护研究部主任，研究馆员。

② 时任中国文化遗产研究院，助理研究员。

③ 时任北京航天长征飞行器研究所，在读博士。

一、引　言

　　海洋出水木质文物在海水长期的浸泡下，木材的组织结构、化学成分、力学性能等都遭到极大的破坏，饱水木质文物的含水率可达 1000% 以上，出水后环境温湿度等环境因素的改变亦可加速文物本体破坏，使木材产生快速干燥、龟裂、剥落、变形等问题。如不及时采取有效的保护处理措施，这些出水木质构件将永远消失而大大增加船体复原的难度，因此，寻找一种安全、有效、快速的饱水木质文物脱水技术具有重要意义。

　　超临界 CO_2 技术利用气体在临界温度以上无论加多么大的压力都不能液化的特性，控制饱水木质文物内部水分在临界点之上，使气／液界面消失，在没有液相表面张力的情况下进行干燥[1]。与传统脱水技术相比，这种方法具有处理周期短、脱水效率高、干燥应力小、不引入其他杂质填充材料、脱水过程同时对文物进行清洗等特点[2]。国外的研究学者巴里·科耶（Barry Koye）[3]首先将超临界 CO_2 干燥技术用于处理饱水木质文物，经过多次改进，最后获得木质文物横向收缩在 2.5%—5%，纵向收缩为 1%，大大缩短了处理周期，而且木器没有明显的形变。此外，通过对树根、鹿角、骨骼、镶嵌金属等 150 件各种饱水木质文物进行干燥处理，结果表明，脱水后文物的平均收缩率仅为 3.3%。2000 年以后，国内也开展了相关研究。方北松[4]研究了饱水竹木器的超临界干燥，得到结果是器物收缩率大大低于自然干燥脱水的收缩率，且脱水后的颜色基本接近竹木材本色。江旭东[5]分析了超临界干燥技术在饱水木质文物中的应用，发现利用超临界干

---

　　① 　朱自强：《超临界流体技术原理和应用》，化学工业出版社，2000 年；Cyril Aymonier, Anne Loppinet-serani, Helen Beveron, et al. Review of Supercritical Fluids in Inorganic Materials Science. *The Journal of Supercritical Fluids*, 2006, 38(2): 242-251.

　　② 　陈岚、满瑞林：《超临界萃取技术及其应用研究》，《现代食品科技》2006 年第 1 期，第 199—202 页；Barry Koye, David J. Cole-Hamilton, Kathryn Morphet. Supercrotical drying: A New Method for Conserving Waterlogged Archaeological Materials. *Stud. Conserv*, 2000, 45(4): 233-252；罗曦芸：《饱水文物传统脱水方法与超临界流体干燥技术的应用》，《文物保护与考古科学》2002 年增刊，第 101—107 页；师学森、王宜飞、满瑞林等：《超临界 CO_2 萃取技术在文化遗产保护领域的应用研究》，《湖南省博物馆馆刊》（第五辑），岳麓书社，2009 年，第 595—600 页。

　　③ 　Barry Koye, David J. Cole-Hamilton. Supercritical Fluids in Conservation. In: *Proceedings of the 6th Meeting on Supercritical Fluids Chemistry and Meterials*. Nottingha, 1999: 107-113.

　　④ 　方北松：《饱水竹木质文物超临界干燥脱水技术预研究》，《江汉考古》2014 年第 S1 期，第 74—79 页。

　　⑤ 　江旭东：《超临界干燥技术原理及其在饱水木质文物中的应用》，《江汉考古》2014 年第 S1 期，第 104—109 页。

燥技术对饱水木质文物进行脱水处理，可以消除干燥应力对文物的破坏，也可以克服传统脱水工艺的干燥速度慢、处理周期长、化学填充过程不可逆等不利因素。上海博物馆文物保护与考古科学试验室介绍了一种超临界流体干燥技术对饱水木材进行保护处理①。

　　本文以南海Ⅰ号、小白礁一号和华光礁一号沉船出水的部分木船构件为研究对象，通过调整温度、压力、气流速率、干燥时间等实验参数，探索出水木质文物脱水干燥的最佳工艺条件，通过对干燥前后样品的一系列测试结果对比评价该方法的可行性。为海洋出水木质构件和文物的干燥、清洗提供同类或相似文物的科技保护模式与规范，为大批量脆弱质出水文物的保护提供科技支撑。

二、实验材料与仪器

（一）实验材料

　　实验样品见表一，实验过程中使用的辅助材料为无水乙醇（≥99.7%wt，AR，北京通广精细化工公司）。

表一　实验样品的基本情况

编号	树种名	来源	年代	现阶段状态
3	柏木	南海Ⅰ号	南宋初期	未经任何处理，直接从船上取样
8	柏木	南海Ⅰ号	南宋初期	
9	柏木	南海Ⅰ号	南宋初期	
2	落叶松	小白礁一号	清代道光年间	已脱盐处理三年并仍处于脱盐处理中
3	落叶松	小白礁一号	清代道光年间	
4	落叶松	小白礁一号	清代道光年间	
5	落叶松	小白礁一号	清代道光年间	
XHI-24-6	马尾松	华光礁一号	南宋中期	PEG4000 填充加固 15 个月
XHI-380-1	南亚松	华光礁一号	南宋中期	PEG4000、尿素甲基脲填充加固 12 个月

（二）实验仪器

　　R2SCF130-50-02 型超临界萃取设备（南通睿智超临界科技发展有限公司）。

---

　　① 罗曦芸：《饱水文物传统脱水方法与超临界流体干燥技术的应用》,《文物保护与考古科学》2002 年增刊，第 101—107 页。

（三）测试仪器

游标卡尺（哈尔滨量具刃具集团责任有限公司，LINKS），电子天平（Sartorius，BSA224S），扫描电子显微镜（Hitachi，S-3600N），离子色谱仪（Shimadzu，HIC-SP），色差计（Konica Minolta，CM-700D）。

三、实 验 过 程

以南海 I 号的一大块木材上的部分木材作为实样品中调整影响超临界干燥效果的各因素变量进行对比实验，实验条件见表二，探索最佳工艺条件。

表二　对比实验条件设定

编号	萃取釜体积 /L	釜内温度 /℃	流体流量 /（L/h）	釜内压力 /MPa	夹带剂	反应时间 /h	样块质量 /g
1	0.1	45	30—40	25	无	1.5	9.61
2	2.0	45	30—40	25	无	1.5	26.19
3	2.0	45	30—40	25	乙醇	1.5	26.10
4	2.0	45	30—40	20	乙醇	1.5	18.53
5	2.0	40	30—40	20	乙醇	1.5	22.50
6	2.0	45	30—40	20	乙醇	1.5	110.23
7	2.0	45	40—50	20	乙醇	3.0	108.26

称量样品的质量，测量样品的三向尺寸，放入乙醇中浸泡 1h，然后放入干燥釜中。设定压力、温度、气流速度等参数，记录时间。待萃取设备的压力和温度达到设定值后，每隔半个小时记录一次时间、压力、温度和流量。达到设定的干燥时间之后，干燥完成。取出样品，进行效果评价。

脱水率的确定：超临界 CO_2 处理前的质量为 m_1，处理后的样品的质量为 m_2，样品干燥的脱水率 $C_0\%$ 为：

$$C_0\% = \left[(m_1 - m_2) / m_2 \right] \times 100\% \tag{1}$$

含水率的确定：根据 GB/T 1931—2009《木材含水率测定方法》测定样品的含水率——MWC%，绝干样品的质量为 m_0，超临界 CO_2 处理后的样品的质量为 m_2，超临界 CO_2 处理后样品的湿含量 $C_1\%$ 为：

$$C_1\% = \left[(m_2 - m_0) / m_0 \right] \times 100\% \tag{2}$$

样品的尺寸稳定性（收缩率）：测量处理前后样品的径向长度（mm）、弦向长度（mm）和纵向长度（mm），计算木块在三个方向上的收缩率。收缩率的计算公式（3）根据国标 GB1932-80 为：

$$S = \frac{L - L_0}{L_0} \times 100\% \tag{3}$$

S 为收缩率（％）；L 为初始尺寸；L_0 为干燥后的尺寸。

形貌测试：用 Hitachi S-3600N 型扫描电子显微镜对处理前后的样品进行微观形貌的测试。

样品中一些离子含量的测试：将处理前后的样品用微波消解仪消解后，用 Shimadzu HIC-SP 型抑制柱高效离子色谱对消解溶液中 Na^+、K^+、Ca^{2+}、Cl^- 和 SO_4^{2-} 的含量进行测试。用 PerkinElmer 公司生产的 Elan 9000 型高频耦合等离子体质谱仪对消解溶液中 Fe 元素的含量进行测试。

四、结果与分析

（一）工艺条件的确定

经对比实验以及实验结果得出，针对海洋出水木质文物的超临界 CO_2 干燥的最优工艺条件为干燥温度 45℃、压力 20MPa、以乙醇为夹带剂，对于体积小的样品流速为 40—50L/h，干燥时间为 3h，在两次循环干燥的条件下，样品的各向收缩率均在 5% 以下，可有效缩短干燥时间。

（二）超临界 CO_2 脱水干燥效果

在超临界 CO_2 干燥技术的最优工艺下，样品干燥前后的形态见图一（以小白礁一号的 3 号样品为例）。

由图一可以看出，样品在脱水干燥后的形状保持完好，没有出现开裂、收缩的现象，并且样品颜色变淡，更加接近健康木材的颜色。

样品的干燥效果见表三。根据出水古木饱和绝对含水率的情形可将其腐蚀程度分成三个级别：Ⅰ级，饱和绝对含水率在 400% 以上，属于严重腐蚀；Ⅱ级，饱和绝对含水率在 185%—400%，属于中度腐蚀；Ⅲ级，饱和绝对含水率低于 185%，属于轻微腐

图一　小白礁一号的 3 号样品处理前后样品的照片

蚀①。从我们对样品的饱和含水率的测试结果来看，来自南海Ⅰ号的三个样品中两个样品的饱和绝对含水率都在 400% 以上，另外一个也比较接近 400%，说明该样品所在的木质构件已经被严重腐蚀，亟须保护，小白礁一号的样品为清代的沉船，饱和含水率均在 185% 以下，属于轻微腐蚀，其裂缝、起酥情况都很少见，华光礁一号的样品由于用有机物进行填充加固过，根据其饱和含水量来判断其腐朽程度已不准确。不论是哪种情况下的样品，其含水量都远大于存放环境的相对湿度，所以对样品进行脱水干燥是十分必要的。

表三　对比实验结果数据分析

编号	脱水率 /%	萃取物重量 /g	萃取物占总失重比 /%	萃取物盐度 /%
1	32.3	/	/	/
2	61.3	4.0	24.90	
3	73.4	9.1	47.50	3.0
4	67.4	9.9	79.36	4.0
5	60.9	10.3	75.17	3.0
6	20.5	9.6	42.72	3.0
7	33.0	24.4	68.31	3.5

经干燥处理后的样品的含水率都大大下降，均低于木质文物存放环境相对应的湿度。

---

① 赵红英、王经武、崔国士：《饱水木质文物的理化性能和微观结构表征》，《文物保护》2008 年第 4 期，第 89—92 页。

用处理前后样品各向的尺寸变化来评价样品的尺寸稳定性。收缩率是判断样品尺寸稳定性的一个标准。木材湿胀干缩具有很强的各向异性，变化规律为：纵向＜径向＜弦向。一般健康的木材的干缩率为纵缩0.1%—0.3%，径缩3%—6%，弦缩6%—12%[①]。

根据表四中收缩率的绝对值来看，绝大部分的收缩率在健康木材相对应的收缩率的最小值以下，只有少部分特例，说明用该方法来干燥海洋饱水木质文物以减少木质文物由于干缩应力较大而产生不规则的收缩是有效的。

表四　干燥后的样品的湿含量和各向收缩率

来源	编号	含水率/WMC%	处理后湿含量/C%	收缩率/%		
				纵向	径向	弦向
南海Ⅰ号	3	469.54	35.23	0.29	0.65	1.65
	8	449.35	55.91	0.32	0.52	1.67
	9	382.19	37.88	0.23	0.43	0.62
小白礁一号	2	125.89	10.69	0.62	1.31	1.93
	3	105.88	28.89	0.11	0.64	0.84
	4	113.56	22.12	0.46	0.77	1.48
	5	130.67	19.72	1.22	1.49	1.88
华光礁一号	XHI-24-6	137.40	36.10	0.22	5.46	6.24
	XHI-380-1	122.70	53.61	0	0.51	2.40

对处理前后样品的微观形貌进行观察（以小白礁一号的3号样品为例），得到的图片如图二。从图二中看出处理前后样品的截面都没有发生明显变化，细胞壁切面光滑、平整、无破损现象，细胞腔呈圆形、卵圆形，有一定程度的皱缩。

由于海洋出水木质文物长期浸泡在海水中，经过长时间的化学反应和物理吸附，样品中引入了一些有害物质，如硫铁化合物的存在会导致木质文物在以后的存放中出现酸化[②]，Cl^-的存在也会加快木材的腐蚀进程[③]，因此，对于海洋出水木质文物进行脱水干燥的同时对样品中污染性盐类的脱除也是十分必要的。超临界CO_2流体由于具有超临界状态下的特殊性质，在携带出样品中水分的同时能够溶解萃取出样品中的一部分盐类。处理前后样品中一些离子含量的测试结果如表五所示。

① 张振军：《乳糖醇处理出土饱水古木的研究》，南京林业大学硕士学位论文，2006年。
② 沈大娲、葛琴雅、杨淼等：《海洋出水木质文物保护中的硫铁化合物问题》，《文物保护与考古科学》2013年第1期，第82—88页。
③ 高巍：《ACQ木材防腐剂及其处理材的金属腐蚀性》，北京林业大学硕士学位论文，2011年。

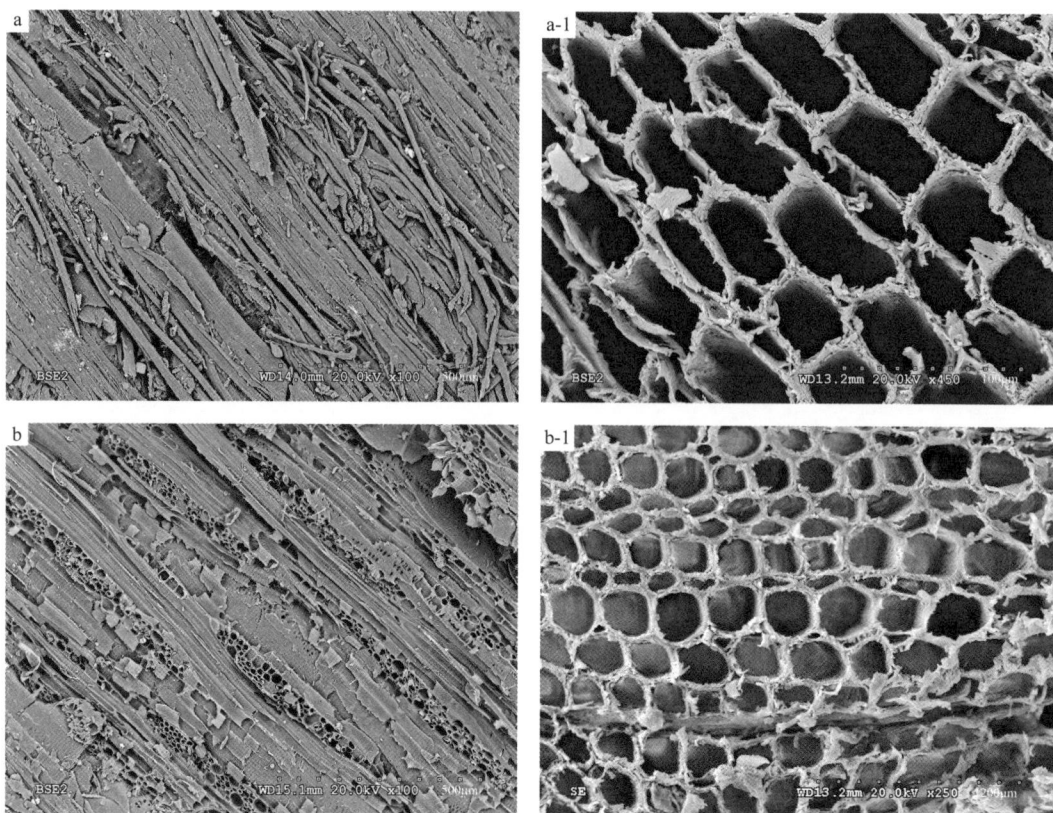

图二　小白礁一号的 3 号样品脱水前后截面的 SEM 图像

a、b. 干燥前弦、横切面；a-1、b-1. 干燥后弦切面、横切面

表五　干燥前后样品中离子的含量

来源	编号	状态	Na$^+$	K$^+$	Ca^{2+}	Cl$^-$	SO$_4^{2-}$	Fe
南海Ⅰ号	3	处理前	0.390	0.801	24.25	0.900	344.650	5.140
		处理后	0.158	0.362	1.07	0.053	94.258	2.870
	8	处理前	6.904	1.932	12.74	0.720	68.361	2.290
		处理后	0.427	0.422	3.01	0.004	52.176	0.460
	9	处理前	0.388	0.645	5.86	0.210	22.926	1.230
		处理后	0.173	0.612	2.83	0.180	2.070	0.760
小白礁一号	2	处理前	6.153	0.765	/	0.753	26.052	0.085
		处理后	4.163	0.455	/	0.550	20.712	0.050
	3	处理前	3.140	0.249	/	0.368	14.460	27.515
		处理后	1.947	0.239	/	0.268	/	0.776
	4	处理前	2.823	0.261	/	0.387	17.825	1.178
		处理后	2.743	0.204	/	0.294	16.593	0.188

续表

来源	编号	状态	Na^+	K^+	Ca^{2+}	Cl^-	SO_4^{2-}	Fe
小白礁一号	5	处理前	4.341	0.562	/	0.500	35.874	1.527
		处理后	1.921	0.472	/	0.401	18.761	0.291
华光礁一号	XHI-24-6	处理前	0.411	0.362	43.137	0.222	146.419	58.133
		处理后	0.368	0.186	11.918	0.173	36.590	1.308
	XHI-380-1	处理前	0.539	0.253	31.129	0.393	28.663	21.789
		处理后	0.421	0.177	11.152	0.105	21.871	5.072

注：计量单位为 mg/g

可以看出测试的样品中均含有 Na^+、K^+、Cl^-、SO_4^{2-} 和 Fe 元素，小白礁样品中不含有 Ca^{2+}，南海Ⅰ号和华光礁一号的样品中含有 Ca^{2+}。样品在超临界 CO_2 技术干燥以后所测试的各种离子的含量均有一定程度的下降，特别是 SO_4^{2-} 和 Fe 元素的含量下降十分明显，说明超临界 CO_2 干燥技术用于出水木质文物中可溶盐及污染物的清洗是有效的。

五、结　　论

超临界 CO_2 技术干燥海洋出水木质文物的最优工艺条件为干燥温度45℃、压力20MPa、以乙醇为夹带剂，对于体积小的样品流速为40—50L/h，干燥时间为3h，在两次循环干燥的条件下，样品的各向收缩率均在5%以下，可有效缩短干燥时间，脱水干燥的样品形状保持稳定，颜色鲜亮接近健康木材，外表无收缩开裂损坏等现象，微观形貌也没有明显皱缩或膨胀，含水率下降到存放环境的湿度以下，此外，样品中可溶盐含量大幅度下降。

联合国教科文组织《2001 年保护水下文化遗产公约》对中国和亚洲区域的重要性 [①]

古榕·希玛珠莉（Gurung Himalchuli）[②]

摘要： 联合国教科文组织《2001 年保护水下文化遗产公约》（以下简称《公约》）是唯一专门针对水下文化遗产的国际公约。《公约》建立在全世界最优秀的水下考古学家的经验基础之上，并倡导科学卓越。《公约》规定了保护水下文化遗产的基本原则；提供了详细的国家合作制度；并为水下文化遗产的处理和研究提供了得到广泛认可的实用规则。《公约》包括一个正文和一个附件，附件规定了"有关开发水下文化遗产之活动的规章"。自 2001 年以来，联合国教科文组织为其成员国提供了批准该《公约》的机会，并邀请中国也批准该《公约》。联合国教科文组织 2001 年《公约》是促进科学和遗产保护的重要工具，我们可以共同为保护世界水下文化遗产和保护我们的海洋历史做出贡献。

关键词： 联合国教科文组织 2001 年《公约》、中国和亚洲区域、水下文化遗产、批准

Abstract: The UNESCO 2001 Convention on the Protection of the Underwater Cultural Heritage is the only international convention that specifically addresses underwater cultural heritage. It is based on the experiences of the best underwater archaeologists worldwide and promotes scientific excellence. The Convention sets out basic principles for the protection of underwater cultural heritage; provides a detailed State cooperation system; and provides widely recognized practical rules for the treatment and research of underwater cultural heritage. The Convention consists

---

① 本篇内容为发言整理稿。
② 时任联合国教科文组织驻华代表处代表。

of a main text and an annex, which sets out the "Rules for activities directed at underwater cultural heritage". Since 2001, UNESCO has offered its Member States the opportunity to ratify this Convention and invites also China to do so. UNESCO 2001 Convention is a major tool to foster science and heritage protection. Together we can contribute to the protection of the world's underwater cultural heritage and preserve the history of our maritime past.

Keywords: The UNESCO 2001 Convention, China and Asian region, Underwater cultural heritage, Ratification

联合国教科文组织 2001 年《公约》有三个要点。首先，它是一项对缔约国具有约束力的国际协定。其次，它是一份旨在加强水下遗产研究、保护和宣传的文书。最后，它是国际公认的水下考古研究标准。2001 年《公约》的内容主要包括国际水域的道德原则、强有力的遗址保护措施和国家合作机制。《公约》还制定了水下考古的科学指南（附件），后者已被翻译成中文。《公约》既没有关于遗产所有权的规定，也不会改变国家的海上管辖权。

关于水下文化遗产的定义，其基本上是指全部或部分淹没在水下、至少有 100 年历史，且与人类活动有关的任何历史文化遗址。它为水下文化遗产提供了全面保护（无清单）。它不因"重要性"而有所区别。对个别成员国而言，"100 年"的基准可以在国家立法中缩短。水下文化遗产（Underwater Cultural Heritage，简称 UCH）并不仅仅指沉船，它还可以指被淹没的城市、史前遗址等。它不仅保护遗址，还保护遗址所处的环境和大量制作的手工艺品（钱币、餐具）。它适用于缔约国管辖下的所有领土和所有人。它适用于所有国家水域，包括湖泊、河流和沼泽等内陆水域。

附件是科学指南，其中规定了有关开发水下文化遗产之活动的规章。这是一份非常有用的指南，鼓励各缔约国制定水下考古研究的道德和科学准则。其中还描述了项目设计的内容和格式，有详细的手册可供使用。

2001 年《公约》涉及与濒危水下文化遗产有关的问题。影响水下文化遗产的因素很多，如海底作业增加、拖网作业造成的严重破坏、气候变化、侵蚀、炸药捕鱼、商业寻宝、大肆掠夺、缺乏科学方法和手段、缺乏保护知识、缺乏国际合作等。

2001 年《公约》建议协调对水下遗产的保护工作，并制定一套与保护陆上遗产通用的水下文化遗产保护方法。

总的来说，2001 年《公约》为水下遗产制定了道德标准（禁止掠夺和商业开发）。它制定了强有力的保护条款，并建立了一个行动者网络（国家、联合国教科文组织、非政府组织、合作伙伴、国际刑警组织）。它使各国能够采取通用方法处理有关问题。

2001 年《公约》通过科学与技术咨询委员会（Scientific and Technical Advisory Body，简称 STAB）为缔约国提供支持。它还帮助缔约国开展培训和能力建设，大力促进水下考古工作。

至于所有权问题，2001 年《公约》并未规定水下文化遗产的所有权。这个问题过于复杂且有争议。《公约》将保护放在首位。《公约》引导成员国开展对话，就保护文化遗产达成共识。《公约》保护所有水下文化遗产免遭掠夺和寻宝的破坏。它为公众和科研的利益而保存水下文化遗产。2001 年《公约》是基于科研的目的制定的，我们都将拥有由此保存下来的遗产和知识。

公众担心在沉船的所有权、使用权和研究方面会出现争议。然而，自 2001 年《公约》制定以来，尚未出现过此类争议。当各国同意合作拯救遗产时，真正的争议很少发生。

大多数亚洲国家都拥有大片沿海和海洋地区。水下考古虽有待加强，但它的前景可期。许多史前遗址（90% 的人类发展区域目前都已被水淹没）需要调查和宣传。水下考古将发现更多的生物材料。

2001 年《公约》的作用是多方面的。它为更好地进行国际合作提供了一个平台，这一点至关重要。就中国而言，技术进步是必需的。强大的保护网络也必不可少。

水下文化遗产是未来最有前途的考古资源，也是世界上最大的博物馆。它与自然遗址紧密相连。但它正面临着严重的危险。加入 2001 年《公约》可以建立一个国际网络，促进国际团结。2001 年《公约》拥有 12 名 STAB 水下考古专家，可为缔约国提供服务，并能迅速做出紧急响应。

有一些很好的例子说明各国能够从入约中受益。联合国教科文组织根据 2001 年《公约》在泰国举办了为期五周的六次培训课程。我们果断地推动了亚洲水下考古的发展。另一个例子是马达加斯加的寻宝活动。马达加斯加的水下遗产受到 2015 年一起重大寻宝案件的威胁。联合国教科文组织 STAB 专家协助总统确认了遗址及其文物，并赶走了寻宝者。

联合国教科文组织指定了水下考古方面的最佳实践，尤其鼓励负责任地获取。因此，联合国教科文组织在墨西哥指定并开设了一家新的博物馆。博物馆中心即将成为联合国教科文组织在该地区的主要培训中心。

2001 年《公约》拥有一个庞大的合作伙伴网络，包括 25 所大学（亚洲的弗林德斯大学和东京大学）、15 个支持性非政府组织（亚洲的 AIMA）和位于克罗地亚扎达尔的保护中心。

批准 2001 年《公约》即代表一个国家宣布接受该公约的约束（批准、加入和接受具有相同的法律效力）。联合国教科文组织呼吁亚太地区的成员国加入批准行列。向联合国教科文组织总干事递交批准书（函）即视为批准联合国教科文组织 2001 年《公约》。缔约国需要调整其国内法以便与《公约》保持一致。

宋代的东南亚陶瓷贸易

约翰·N. 密西（John N. Miksic）[①]

摘要： 在过去的两千年间，东南亚一直是庞大的海上贸易网络的主要合作伙伴。在第一个千年，陶瓷并不是重要的贸易项目。这项贸易在宋朝才开始快速扩张。尤其是针对马六甲海峡沿岸的区域，陶瓷甚至成为中国的主要出口产品。东南亚对中国陶瓷的需求也极大地刺激了中国东南部的陶瓷生产。经济史料关于这一时期的描述较少。伴随着中国在东南亚市场的逐渐深入，中国陶瓷顺应成为研究东南亚经济和社会的主要考古资料来源。到宋代末期，中国贸易商可能在马来半岛、苏门答腊、爪哇、婆罗洲和泰国的港口出没。甚至在元代早期，一些华人群体可能已经是当地永久居民了。

关键词： 中国陶瓷、宋代、东南亚、海上贸易

Abstract: For the past 2,000 years Southeast Asia has been a major partner in a vast maritime trading network. During the first millennium, ceramics were not important trade items. This network expanded rapidly during the Song Dynasty. Ceramics became a major Chinese export, especially to the lands bordering the Straits of Melaka. Southeast Asian demand for Chinese ceramics gave a major stimulus to ceramic production in southeast China. Historical sources on the economy of this period are scarce. Chinese ceramics form a major source of archaeological data with which to study Southeast Asia's economy and society, including the impact of increasing Chinese involvement in Southeast Asia. By the end of the Song period, Chinese were probably sojourning in the ports in the Malay Peninsula, Sumatra, Java, Borneo, and Thailand. Some Chinese communities probably became permanent by the early Yuan Dynasty.

Keywords: Chinese Ceramics, Song Dynasty, Southeast Asia, Maritime trade

---

① 时任新加坡国立大学东南亚研究系教授，seajnm@nus.edu.sg。

一、宋代贸易（960—1279 年）

宋代"可被称为世界历史上海洋贸易的伟大开创时期"[①]，最初试图通过传统的外交使团机制来刺激贸易。987 年，宋朝分别派遣了四次使团，带着黄金和布料前往南海，以换取香料、犀牛角、象牙、珍珠和樟脑[②]。1178 年，周去非在著作《岭外代答》中记载：中国境内每年都会举办博易场吸引外商前来贸易[③]。那些成功吸引外国商人将大量货物流入中国市场的国内商人，由于为政府带来了税收，将会被授予官衔。在宋代的著作《萍洲可谈》中，描述了装载到东南亚的船只时，指出了陶器在海上贸易的重要性："大部分货物由陶器组成，小件装在大件里，直到没有缝隙。"[④]据赵汝适介绍，在 1225 年，中国陶瓷出口到越南北部、柬埔寨、南苏门答腊、马来半岛北部、菲律宾、印度南部，甚至桑给巴尔岛。不同色彩的瓷器将会流入不同的市场：绿色和白色的瓷器在爪哇地区流行，白色的瓷器在印度尼西亚东部群岛流行，而绿色的瓷器在婆罗洲流行。经过一个世纪以后，元代作者王大元把更多的精力放在了陶瓷贸易上。

1225 年的《诸蕃志》中记述，中国陶瓷贸易主要是由外国商人，特别是由阿拉伯商人推进的。然而，11 世纪早期，朱彧曾提到过主要运输陶瓷的中国商人："小件装在大件里，直到没有缝隙。"[⑤]宋代的大部分陶瓷贸易是私人贸易，而非外交行为；据记载，瓷器作为外交礼物在宋代仅出现过一次[⑥]。泉州和广州作为主要的贸易港口，时常相互竞争以吸引外国商人。宋代初期，广州的地位更为突出，但最终泉州的繁荣程度与广州不相上下。泉州经济增长的一个原因可能是它更靠近陶瓷产地，另一个原因则可能是贸易法规条例在当地执行的力度较为松弛[⑦]。

[①]　Ma J-C L. *Commerce Development and Urban Change in Sung China*. Ph. D. diss., University of Michigan, Ann Arbor, 1971: 23.

[②]　*Ibid*., p. 33; Tansen Sen. Administration of Maritime Trade During the Tang and Song Dynasties. *China Report*, 1996, 32(3): 254-255.

[③]　*Ibid*., p. 256.

[④]　Yang Shaoxiang. A Brief Account of Ceramic Exports from Guangdong During the Tang and Song Dynasties. In: *Ceramic Finds from Tang and Song Kilns in Guangdong*. Hong Kong: Fu Ping Shan Museum, University of Hong Kong, 1985: 26.

[⑤]　Rockhill H. *Chau Ju-kua*, p. 31.

[⑥]　White porcelain was given to Srivijaya in 963 CE; Wong G,. *A Comment on the Tributary Trade Between China and Southeast Asia*. Singapore: Southeast Asian Ceramic Society, Transaction 7, 1979, no pagination.

[⑦]　Clark H R. Overseas Trade and Social Change in Quanzhou Through the Song. In: *The Emporium of the World: Maritime Quanzhou, 1000-1400*. Leiden: Brill, 2001: 51.

1104 年之前，外国商人只能在靠岸地点售卖货物。后来，外国商人开始自由地进入更大的中国市场；海商局允许他们在其他地方出售货物 ①，而不受地点限制。早期的宋代政府试图对八种商品实行帝国垄断 ②，其中大部分均属于东南亚进口，但这一法律也并未能得到有效执行。

北宋期间，一些中国人很可能借由外国船只出行从而开始探险走出国门。部分中国商人可能已经开始旅居，在东南亚待上几年，但他们是以个人身份旅行，并没有形成规模。中国遭受了贸易失衡；相较于东南亚，中国对外贸易进入逆差地位。结果在 1074 年，一位名叫张方平的官员抱怨说，离开中国返航的外国船只上装满了中国的钱币，以至于"货币像海水入船舷一样流走"③。中国的走私者使用金属，尤其是铜制现金来支付进口商品。1194 年，福建某地区一位长官限制其辖制内的人员出国与外国人进行贸易，认为那些满载着香料、犀牛角、象牙和翠鸟羽毛的外国船只，已经榨干了国内所有的铜钱。1248 年，甄志录将中国的现金外流归因于海上贸易所带来的香水、象牙和犀牛角等奢侈品方面的购买消费 ④。

1126 年，北宋被契丹游牧民族打败，朝廷迁往杭州。泉州是离杭州最近的港口，地位很快就超过广州，成为中国最大的转口港。中国政府允许对外贸易扩大，以确保获得额外的税收。1137 年，高宗说："海上贸易的利润非常可观。如果管理得当，可以带来百万（缗）。这难道不比向人民征税更好吗？"⑤ 1128 年，海上贸易的关税收入占政府总收入的 20%。由于贸易不平衡，白银作为铜币的替代品在中国经济中开始变得重要。1161 年，士兵的工资有一半使用银币支付。1189 年，白银被禁止出口 ⑥。尽管如此，在同时期的巴林以及东南亚沉船上均发现了中国银锭，其中一些带有官方印记 ⑦。

随着宋朝越发迫切地需要税收来支付国防费用，中国商人在历史上首次被允许，甚至被鼓励前往海外进行贸易。东南亚的海上贸易结构发生了根本性的变化。伴随着宋朝国都迁往靠近海港的中国南方，以及对资金支持军队建设的迫切需要，为中国与南海的

① Sen. Administration of maritime trade, p. 257.

② Ma. *Commerce development and urban change*, pp. 37-38.

③ Rockhill W W. Notes on the relations and trade of China with the Eastern Archipelago and the coast of the Indian Ocean during the fourteenth century. *T'oung Pao* 15, 1914: Part 1, 422.

④ *Ibid.*, p. 423.

⑤ Ma. *Commerce development and urban change*, p. 34.

⑥ R von Glahn. Revisiting the Song Monetary Revolution: A Review Essay. *International Journal of Asian Studies*, 2004, 1(1): 159-178.

⑦ Schottenhammer A. The Role of Metals and the Impact of the Introduction of Huizi Paper Notes in Quanzhou on the Development of Maritime Trade in the Song Period. In: *The Emporium of the World: Maritime Quanzhou, 1000-1400*. Leiden: Brill, 2001: 95-176.

海上贸易创造了新的动力。《岭外代答》中描述，中国每年都会举办博易场，以吸引外国商人 ①。并且，由赵汝适在 1225 年撰写的《诸蕃志》上卷"志国篇"，详细介绍了中国海上贸易的细节信息。

由于对贸易态度的改变，外国人在中国进行贸易不再需要被认证为官方贡员。贸易与外交分离。到了 12 世纪，马来港口的财富不再依赖于中国的朝贡贸易 ②，商人开始抱怨宋朝贵族利用他们的地位来获得商业贸易的优势 ③。

宋代对广州船只的描述表明了陶瓷在中国贸易中的重要性：

这些船只长宽均有几百英尺。商人在船上划分空间用来存放货物，每个人都获得了几平方英尺的空间，其上可以睡觉。大多数货物都是陶瓷容器，容器按照大小相套，容器之间几乎没有空隙 ④。

从 1160 年到 1265 年，中国政府颁布的法律中称，使用货币购买外国商品是违法行为；取而代之的是，中国商人使用丝绸、漆器和瓷器等本地产品交换进口商品。这一法律条例促进了瓷器的生产，并可能有利于中国航运业的发展 ⑤。朱彧在文章中写道："广州商人贷款租船远航进行贸易……富人则利用此机会囤积丝绸和陶器，并最终以高价售出。" ⑥ 在广东和福建可通往南海的地区形成了庞大的窑系，以满足国外市场的需求。中国商人在船上租下一块地方，自己则睡在货物之上，其中的货物大部分是陶瓷 ⑦。中国陶瓷在东南亚变得非常受欢迎，这对陶瓷业来说，减少了贸易的失衡，也刺激了中国东南部的经济发展。

中国船只可能在南宋晚期就开始访问东南亚了 ⑧。在婆罗洲北端发现了一艘可能是那个时代的中国船只，残存物包括"青白、水壶、带盖的盒子和其他褐釉器皿"和 61 只铜锣 ⑨。舍斯特兰德（Sjostrand）、阿迪哈吉·塔哈（Adi Haji Taha）和萨姆莎·

---

① Sen. Administration of maritime trade, p. 256.

② Wolters O W. Landfall on the Palembang Coast in Medieval Times. *Indonesia*, 1975, 20: 1.

③ Kwee Hwee-Kian. Dao Yi Zhi Lue as a Maritime Traders' Guidebook. Honours Thesis. National University of Singapore, 1997, footnote 35.

④ Kenderdine S. Bai Jiao I-the Excavation of a Song Dynasty Shipwreck in the Dinghai Area, Fujian Province, China. *International Journal of Nautical Archaeology*, 1995, 24(4): 253.

⑤ Tan R C Prosperity in Quanzhou, p. 233.

⑥ Yang Shaoxiang. A brief account of ceramic exports, p. 27.

⑦ Yang Shaoxiang. A brief account, p. 28.

⑧ Flecker M. The Bakau Wreck: An Early Example of Chinese Shipping in Southeast Asia. *The International Journal of Nautical Archaeology*, 2001, 30(2): 221.

⑨ Sjostrand Sten, Adi Haji Taha, Samsol Sahar. *Mysteries of Malaysian shipwrecks*. Kuala Lumpur: Department of Museums Malaysia, p. 111.

萨哈（Samsol Sahar）判断这些文物的年代为北宋时期（960—1126 年），而弗莱克勒（Flecker）却认为是出自南宋时期（1127—1279 年）[1]。中国商人可能在北宋时期生活在东南亚，但在海外私自贸易是死罪，违法的商人要非常努力地藏匿自己的行径。失误时他们也会被逮捕。1150 年，一位中国商人在印度尼西亚生活了很长时间，并与当地人组建了家庭。他的妻子是在"黑皮肤土著"的保护下偷偷前往中国的路途中遭遇海难的[2]。

私人贸易与东南亚政治

朝贡制度的衰落和中国商人出国的自由导致南海的重大变化。将繁荣局限于室利佛逝等少数港口的壁垒崩塌了，导致马六甲海峡和中国南海周边更广泛兴起繁荣的港口。东南亚许多宋代的考古遗址都以瓷器为标志。中南半岛的帝国，如吴哥，并不是主要的贸易中心；他们的社会专注于宗教和政治仪式。在东南亚岛国，贸易更为重要。大多数宋代陶瓷在马来西亚、印度尼西亚和菲律宾被发现。

二、宋代陶瓷在东南亚的主要遗址

（一）中南半岛：柬埔寨吴哥、缅甸蒲甘

柬埔寨王国的吴哥以及缅甸的蒲甘是宋朝时期东南亚大陆上两个伟大的帝国。

1. 柬埔寨吴哥

陶瓷可以作为研究吴哥的经济和社会组织的材料。在吴哥附近的几个地点都发现了中国陶瓷，但关于它们的类型、分布或频率的信息却很少发布。

12 世纪初，以建造著名的吴哥窟而闻名的国王苏耶跋摩（Suryavarman）登基。由他派遣的吴哥使团分别于 1116 年和 1120 年到达中国[3]。也是吴哥在宋代仅有的两次使团前往记录。他们的贡品并没有被记录下来，也表明它可能并非罕见之物。一百年后，在赵汝适的地名记述中，柬埔寨以真腊的名字出现；他认为柬埔寨是一个强大的国家，但

① Flecker M. The *Jade Dragon* Wreck: Sabah, East Malaysia. *The Mariner's Mirror*, 2012, 98(1): 27.

② Hirth F. Chau Ju-kua, a new Source of Mediaeval Geography. *China and the Chinese*, 1917, 76: 76.

③ Cœdès G. *The Indianized States of Southeast Asia*. Susan Brown Cowing. Honolulu: University of Hawaii, 1968: 159.

不是一个重要的贸易伙伴①。

在宋代，中国陶瓷在柬埔寨的总体分布尚不清楚，但似乎并不普遍。格罗斯特勒（Groslier）写道："我们只发现了某些类别的中国瓷器，在中国并不多见，因为此类制造是特别为了满足买家的喜好而存在的外销瓷。"这表明出口到柬埔寨的瓷器只针对有限的客户②。吴哥通地区出土了大量的宋代瓷器，但在该遗址之外，似乎很少见。有时寺庙附近也有类似发现；从 968 至 984 年在吴哥窟的 Preah Einkosei 高棉铭文中提到，寺庙的宝库中有三只"中国的盅"，意思接近于"饮杯"。

法国考古学家在吴哥窟发掘了四种中国陶瓷③：有宫殿里存放的优质花瓶，宫殿和寺庙周围的优质南宋瓷器，国内遗址的普通瓷器，以及类似于新加坡和中国城等其他东南亚遗址的小口瓶④。这些可能是泉州制造的⑤。

在吴哥通皇宫遗址的研究中发现了 5425 块进口碎片（占整个陶瓷组合的 6%—10%）⑥，其中大部分可以追溯到宋代。并没有发现来自浙江的越窑瓷器；大多数 10 世纪的碎片来自江西和广东的白釉盖盒。目前尚不清楚为什么这种品种在柬埔寨如此受欢迎。东南亚的独有特色是发现有大量盖盒却少见其他一般器形。杜洛瓦夫人（Mme. Dupoizat）⑦推测，该遗址可能在 10 世纪末被用于某种宗教或丧葬活动。

12 世纪的中国白瓷包括来自江西和福建的青白瓷。南宋器物包括绿釉碗、白瓷碗、球形盆、大盘和稍粗糙的涩圈碗⑧。

在巴戎主庙附近的一次挖掘中，发现了 822 块碎片，其中大部分是由柬埔寨制造的。中国陶瓷仅有 5 件青瓷、30 件白瓷、20 件青白瓷和 2 件南宋晚期的中国炻器⑨。

---

① Hirth F, Rockhill W W. *Chau Ju-kua: His Work on the Chinese and Arab Trade in the Twelfth and Thirteenth Centuries, Entitled Chu-fan-chi*. St. Petersburg: Imperial Academy of Science, 1911: 52-56.

② Bernarde-Philippe Groslier. La Céramique Chinoise en Asie du Sud-Est: Quelques Points de Méthode. In: *Mélanges sur l'archéologie du Cambodge (1949-1986)*. Paris: École Française d'Extrême-Orient, 1998: 17.

③ *Ibid.*, pp. 230-231.

④ Miksic J N. *Singapore and the Silk Road of the Sea*. Singapore: NUS Press, 2013: 256, 261, 318, 321.

⑤ Ho Chuimei. The Ceramic Boom in Minnan during the Song and Yuan Times. In: *The Emporium of the World: Maritime Quanzhou, 1000-1400*. Leiden: Brill, 2001: 248-249.

⑥ Heng Piphal. Archaeological Excavation in the North Pond (Srah Andong) of Prasat Suor Prat. *Japanese Government Team for Safeguarding Angkor (JSA) Annual Report on the Technical Survey of Angkor Monument 2004*. Tokyo: Japan International Cooperation Centre, 2004: 215-233; Cremin. Chinese Ceramics at Angkor.

⑦ Marie-France Dupoizat. La céramique importée à Angkor: étude préliminaire. *Arts Asiatiques*, 1999, 54: 103-116.

⑧ Idem.

⑨ Takashi Nakagawa. *Report on the Conservation and Restoration Work of the Northern Library of the Bayon, Angkor Thom, Kingdom of Cambodia*. Tokyo: Japan International Cooperation Centre, 2000.

总体上，中国瓷器约占总数的 5%。清水认为这种组合可以追溯到 13 世纪末到 14 世纪 [1]，但与在中国城发现的陶器相比，这种陶瓷组合却可以追溯到 13 世纪，与图书馆是相同时期建造的。

在吴哥通北门附近的 Tumnup Barang 遗址中发现的近 6500 件样品中 [2]，中国陶瓷只占不到 3%。2003 年 6 月，香港城市大学的研究确定了中国陶瓷的两个阶段：11—12 世纪和 13—15 世纪。更多器形则主要出现在后期，但正如杜洛瓦所观察到的，这种组合仍然以许多带盖的盒子为特色。在十二塔庙遗址的研究发现了大量的中国瓷器碎片，约15000 块，但尚没有完整的分析报告发表过。207 件样品包括 119 件青瓷、64 件青白瓷和 24 件白瓷，主要来自福建和浙江，历史则可以追溯到 12—14 世纪 [3]。格罗斯特勒曾称在吴哥通南门附近发现了中国和波斯陶瓷 [4]。据周大观的记载，吴哥最大的市场建于1296 年。该地区的地表调查中有时会发现宋代的白瓷碎片 [5]。

出自吴哥的宋代中国陶瓷仅限于精英所在地。这表明贵族和平民的生活方式之间存在着巨大鸿沟。这种模式也与印度尼西亚或菲律宾的任何已知遗址大不相同。在东南亚海岛国家，中国商品在 12 世纪和 13 世纪在普通民众中广泛使用，而在柬埔寨，中国商品似乎仅限于上层阶级和宗教团体之中。在 14 世纪吴哥衰落之后，中国陶瓷开始逐渐更加广泛地为普通大众所使用。

2. 缅甸蒲甘

像吴哥一样，蒲甘王国在缅甸历史叙事中也占据着标志性的地位。这两个王国同时共存，在宋代同时期也都发展繁荣。由于商业不作为主要活动，这两国都在没有货币的情况下运行各自的经济。蒲甘（音译蒲干）出现在 1225 年赵汝适《诸蕃志》的记录之中 [6]。他有两次进贡的描述：一次是在 1004 年，与室利佛逝和大食（即阿拉伯）联合派遣，另一次是在 1106 年。然而，在 1004 年时，进贡者似乎实际上是来自菲律宾的使团，而不是蒲甘。因此，蒲甘的朝贡记录很少，也没有其他证据表明其为中国商业活动

① *Ibid.*, p. 361.

② Aedeen Cremin. Chinese Ceramics at Angkor. *Indo-Pacific Prehistory Association Bulletin*, 2006, 26: 121-123.

③ Cheng Pei-kai, Li Guo, Wan CK Maggie, et al. A case Study of Chinese Ceramics Excavated from Prasat Suor Prat, Cambodia. In: *Proceedings of the International Conference: Chinese Export Ceramics and Maritime Trade, 12th-15th Centuries*. Hong Kong: Chinese Civilisation Centre, University of Hong Kong, 2005: 2-23.

④ Dumarçay J, P. Royère, trans. and ed. M. Smithies. *Cambodian Architecture Eighth to Thirteenth Centuries*. Leiden-Köln: Brill, Handbuch der Orientalistik Abt 3, Südostasien; Bd. 12: 2001.

⑤ Personal observation by the author.

⑥ Hirth Rockhill. *Chau Ju-kua*, 58-59.

的重要合作伙伴。

　　蒲甘的古都遍布废墟；3000 多座砖砌寺庙的遗迹依然存在于此。与吴哥的情况一样，这个可能是皇宫的遗址是缅甸唯一发掘出的宋朝时期的主要遗址。缅甸考古学家于 1990 年开始对该遗址进行发掘。目前还没有发表发掘报告。在 2015 年启动了一项分析 25 年来所发掘的文物的项目。据估计，已经清点了 2.5 吨文物，其中很大一部分是陶瓷。还进行了一些地面调查。中国陶瓷占部分比例，主要为宋代制品。青瓷占总数的 1%，包括龙泉和质量较低的瓷器；只有一块白瓷碎片被记录下来。还发现了一件唐代军持碎片。中国制造的实用炻器占总材料的 2%①。中国陶瓷的总比例为 3%，低于吴哥首都遗址中国陶瓷的比例。这些数据也与历史资料中得出的结论吻合：蒲甘不是中国陶瓷出口的重要市场。

（二）菲律宾②

　　在大部分东南亚地区，与宋代同时期，火葬是当地处理死者的惯用习俗，但在菲律宾，如泰国的达府—清迈府翁桂县的区域，苏拉威西岛和廖内省，在埋葬死者时，祭品中包括中国陶瓷。这也导致对这些遗址的大量掠夺。私人和公共博物馆都收藏了宋代陶瓷的优秀样本，但大多数来历不明，因此也无法帮助复原分析进口陶瓷的分布或数量的数据。

　　10 世纪（五代 / 北宋时期）的中国陶瓷是从棉兰老岛北部的武端遗址大量掠夺而来的③。武端很可能是从 1001 至 1011 年④ 向中国派遣了四次使团的王国的所在地。其中大部分出土的是来自浙江的越窑瓷器和越窑风格瓷器，以及广东陶瓷。在武端还发现了唐代和五代的中国陶瓷，包括越窑瓷器和白瓷。除去碗类，还出现了一些较复杂的器形，

　　①　Goh Geok Yian. *The Anawrahta-Kyanzittha Palace Site: Relative Importance of Architecture and Artifacts*. Yangon: Conference on Reorienting Myanmar Studies on Myanmar, 5-6 February 2018.

　　②　Tan R C. Prosperity in Quanzhou during the 12th-14thCenturies and its Impact on the Ceramic Industry of Fujian with Reference to Philippine Finds. In: *Proceedings of the International Conference: Chinese Export Ceramics and Maritime Trade, 12th-15thCenturies*. Hong Kong: Chinese Civilisation Centre, University of Hong Kong, 2005: 230-252, provides general background to the subject of Song ceramic trade with the Philippines.

　　③　Ronquillo W P, Tan R C. Yue, Yue-type wares and other Archaeological finds in Butuan, Philippines. In: *New Light on Chinese Yue and Longquan Wares: Archaeological Ceramics Found in Eastern and Southern Asia, A. D. 800-1400*. Hong Kong: Centre of Asian Studies, The University of Hong Kong, 1994: 251-283.

　　④　Scott W H. *Prehispanic Source Materials for the Study of Philippine History*. Quezon City: New Day Publications, 1984: 66-67.

如军持和高足杯。

庄良友描述了马尼拉古玩店里常见的宋元瓷器：同安窑的绿釉碗和盘子，德化窑的白瓷盘、执壶和罐，以及各种各样的磁灶窑绿釉和酱釉瓷器，包括铅釉的瓷器和花瓶[①]。一本专门记述菲律宾白瓷的书籍在私人收藏篇里，展示了许多主要来自德化的完整宋代白器，并展示了北宋和南宋的不同种类[②]。其他作者则专注于研究在棉兰老岛武端发现的广东陶瓷[③]。

位于巴拉望岛附近的碎浪滩沉船于 1991 年发现[④]，出土了铅锭和铁锭，以及来自德化、同安、安溪、福建、景德镇，可能还有浙江的青白瓷和青瓷。除了瓷器外，这批货物还包括磁灶窑炻器，包括"小口瓶"，也被称为"水银罐"，与东南亚许多其他遗址发现的相类似（见上文）。类似于泰国南部制造的军持表明商人不仅与中国有商业往来，还与东南亚其他地区有商业合作[⑤]。此外，还发现了一个小杯和小碗，施光润的酱釉和红条兔毫纹，这种类型被称为福建天目瓷；在沙捞越州[⑥]和中国城[⑦]也发现了同样类型

① Tan R C. Prosperity in Quanzhou during the 12th-14thCenturies and its Impact on the Ceramic Industry of Fujian with Reference to Philippine Finds. In: *Proceedings of the International Conference: Chinese Export Ceramics and Maritime Trade, 12th-15th Centuries*, Hong Kong: Chinese Civilisation Centre, University of Hong Kong, 2005: 237-242.

② Li Zhi-yan. Song and Yuan Dehua ware found in the Philippines. In: *Chinese and South-East Asian White Ware Found in the Philippines*. Singapore: Oxford University Press, 1993: 15-29; Adrian M. Joseph' book *Chinese and Annamese ceramics found in the Philippines and Indonesia*. London: Hugo Moss (Publishing) Limited, 1973, only records white and blue and white wares from Jingdezhen and Vietnam, without information on dating or provenance.

③ Cembrano M R. Guangdong Song Dynasty Sherds Discovered at the Balanghay Area, Butuan, Northeastern Mindanao. In: *Guangdong Ceramics from Butuan and Other Philippine Sites*. Manila: Oriental Ceramic Society of the Philippines, 1989: 71-80; the catalogue section of this book also illustrates Fujian wares of the Song-Yuan and white earthenware from southern Thailand in private collections in the Philippines.

④ Eusebio Z. Dizon. The role of the Philippines as an Entrepot during the 12th-15thCentury's Chinese and Southeast Asian Trade Network. In: *Proceedings of the International Conference: Chinese Export Ceramics and Maritime Trade, 12th-15thCenturies*. Hong Kong: Chinese Civilisation Centre, University of Hong Kong, 2005: 280-301; Marie-France Dupoizat. The Ceramic Cargo of a Song Dynasty Junk found in the Philippines and its Significance in the China-South East Asia Trade. In: *South East Asian and China: Art, Interaction and Commerce*. London: Percival David Foundation of Chinese Art, Colloquies on Art and Archaeology in Asia No. 17, 1995. 205-224.

⑤ Dupoizat. The ceramic cargo of a Song Dynasty Junk, p. 219.

⑥ Zainie C (with Harrisson T). Early Chinese Stonewares Excavated in Sarawak, 1947-1967[:] a suggested first basic classification. *Sarawak museum journal*, New Series, 1967, XV (30-31): 71.

⑦ Miksic J N. *Archaeology, Trade, and Society in Northeast Sumatra*. New York: Ph. D. diss., Cornell University, Ithaca, New York, 1979: 173.

的瓷器，其他罕见的类型还包括内部装饰四点"油滴"的碗；灰绿色釉的八角形高足杯，白色盖盒；小号喇叭状瓶和一个有模塑花纹的"酱瓶"；上面画着与佛教观音相关的赭褐色图案小瓶子；在白色化妆土上画有铁黑色牡丹花的执壶／军持；在黑色化妆土上装饰白色卷草纹的花瓶 ①。

　　碎浪滩沉船可以追溯到 12 世纪，但与爪哇海沉船的相似之处表明，它的时间可能在一百年后 ②。船本身的构件没有留存，但是在现场发现的一个锚与在泉州发现的锚很相似。这艘船的船货相较于在爪哇海西部发现的爪哇沉船中的中国陶瓷种类大致相同。

（三）圣安娜

　　菲律宾最大的宋代陶瓷遗址之一是马尼拉的圣安娜遗址 ③。这次发掘的重点是宋元时期的墓地。107 个成人墓地出土了 564 件陶瓷；85 个幼儿的墓地出土了 917 件。这种对幼儿墓地如此重视的现象很难解释。在现场发现的宋代器物包括铅釉器、酱釉器、赭色釉器、绿色釉（"青瓷"）器，以及青白瓷和乳白色瓷器。其他陪葬品则非常稀少。

（四）泰国 ④

　　泰国许多地方都发现了宋代器物。青瓷、酱釉瓷和白瓷都具有代表性，但青瓷是最常见的。有些是在西北腹地发现的，比如清迈附近的达府－翁桂县地区。这些地点都是被盗的墓地，所以来源数据大多是二手的。这些遗址的青瓷包括越窑青瓷（北宋

---

①　Dupoizat. The Ceramic Cargo of a Song Dynasty Junk, pp. 212-221.

②　Flecker. The advent of Chinese sea-going shipping, pp. 155-156.

③　Locsin L C. *Oriental Ceramics Discovered in the Philippines.* Rutland and Tokyo: Charles E. Tuttle and Co., 1967; This book also contains records of Song and other Chinese wares found in Mindoro, Verde Island, Victoria, Batangas, and Palawan.

④　The information for Thailand has been compiled from the following works: N. Chandavij. *Chinese Ceramics from the Archaeological Sites in Thailand.* Bangkok: Fine Arts Department, 1994 (in Thai); Amara Srisuchat. Discovering Chinese Yue and Longquan Green Glazed Wares and Reconsidering their Socio-economic Roles in the Development of Ancient Communities in Thailand. In: *New Light on Chinese Yue and Longquan Wares: Archaeological Ceramics found in Eastern and Southern Asia, A. D. 800-1400.* Hong Kong: Centre of Asian Studies, The University of Hong Kong, 1994: 213-228.

时期）和龙泉青瓷（北宋—南宋时期）。由于这些遗址远离海岸，且位于连接现在的泰国和缅甸南部的陆路上，所以这些瓷器可能是通过西部的莫塔马镇（马塔班）港或东部的叻丕府港到达的。越窑瓷器也被报道来自乌隆他尼府的班敦胶，一个有宗教建筑的聚居地，以及巴真府的翡翠池和春武里的菲洛特市，一个可能是唐宋时期的港口（以及其他宋朝时期的中国商品），还有叻丕府的湄公河遗址（越窑瓷器和龙泉瓷器）。据报道，各种类型的中国瓷器来自北碧府的帕萨满欣府，叻丕府的会班丹（龙泉和景德镇白瓷），叻丕省的班农波（龙泉和白瓷）；龙泉和德化瓷产于坤西育府的洞拉空。13 世纪的龙泉瓷器在泰国中部的几个佛教遗址发现，包括比吉、彭世洛府、布里兰和碧差汶省。

在泰国南部沿海附近，发现了宋代陶瓷的主要遗址，包括素叻府的四个地点；攀牙省 2 例；普吉岛省班沙潘；洛坤府 3 例[1]；宋卡省 4 例。

（五）婆罗洲岛

这个大岛由三个国家（马来西亚、文莱和印度尼西亚）组成。据报道，这三个地方都发现了宋代陶瓷，但主要的出土地点是在文莱和马来西亚沙捞越州，位于该岛西北部海岸。

（六）文莱

1225 年在赵汝适的记载中出现了文莱（渤泥）[2]。其中记录道：977 年，这个王国的贡品使团带来了在中国非常珍贵稀有的樟脑。可追溯至 1264 年的一块中国墓碑上刻着"普师傅"，墓碑的主人是一位来自泉州的官员，曾经被派往渤泥执行使命[3]。在现代

[1] Wannasarn Noonsuk. *Tambralinga and Nakhon Si Thammarat: Early kingdoms on the Isthmus of Southeast Asia.* Nakhon Si Thammarat: Nakhon Si Thammarat Rajabhat University, 2013.

[2] Rockhill H. *Chau Ju-kua*, pp. 155-158.

[3] Wolfgang Franke, Chen T F. A Chinese Tomb Inscription of A. D. 1264, Discovered Recently in Brunei – a preliminary report. *Brunei Museum Journal*, 1973, 3(1): 91-99. Billy So. *Prosperity, Region and Institutions in Maritime China, the South Fukian Pattern, 946-1368.* Cambridge, MA: Harvard University Press, 2000: 107-110; Pengiran Karim bin Pengiran Haji Osman. Further Notes on a Chinese Tombstone Inscription of A. D. 1264. *Brunei Museum Journal*, 1993, 18(1): 1-10; Peter Bellwood, Matussin bin Omar. Trade Patterns and Political Developments in Brunei and Adjacent Areas, A. D. 700-1500. *Brunei museum journal*, 1980, 4: 155-179.

苏丹国的几个遗址中发现了宋代陶瓷^①。在这一时期，浡泥可能特指现代文莱地区，也可能包括沙捞越地区，这些地区可能已成为文莱王国势力范围的一部分。

最详细的数据来自于两个遗址。在库邦，进口陶瓷占 47.6%。这些主要是宋代的瓷器，其中 6% 是瓷器和炻器碎片。元代和泰式瓷器也有出现^②。

苏拉雅耶谷遗址出土了数百件完整的中国陶瓷和人类头骨碎片，表明它们是陪葬品^③。这些材料与其他类型的材料相互关联，包括 1047 枚中国硬币，几艘船的木片，房屋柱子、厨房用具、玻璃手镯和珠子、贝壳、动物骨头、金戒指和手镯，以及以炉渣和坩埚形式出现的金属加工的物证。

（七）马来西亚

1. 沙捞越

沙捞越博物馆收集了许多陶瓷，这些陶瓷在 20 世纪中期仍在婆罗洲西北部的土著居民中使用。宋代瓷器品类包括青白和乳白釉的执壶和军持，碗和盘子（其中一类，带有六个支钉痕，这在苏门答腊的中国城相对常见）^④，盖盒，青瓷器（执壶、碗、有双鱼图案的小盘子和一个盖盒），小口瓶和储物罐。

20 世纪 50 年代和 60 年代，在沙捞越西部沿海地区靠近山都望山的 Buah、Jaong 和 Bongkisam 遗址^⑤进行了大规模发掘，出土了大量铁渣和陶瓷。

在墓葬中发现了一些小件的完整物品，但其他大多数都是碎片。在总计 117061 块碎片（重 607 千克）中，40%（49393 片）是中国瓷器（其余都是当地生产的陶器）。白

---

① Matussin Omar, Dato P M Shariffudin. Distribution of Chinese and Siamese Ceramics in Brunei. *Brunei Museum Journal*, 1978, 4(2): 59-66; Stephen C. Druce. The "birth" of Brunei: Early Polities of the Northwest Coast of Borneo and the Origins of Brunei, Tenth to Mid-fourteenth Centuries. In: *Brunei: History, Islam, Society and Contemporary Issues*. Abingdon: Routledge, 2016: 21-44.

② Matussin Omar. *Archaeological Excavations in Protohistoric Brunei*. Brunei: Muzium Brunei, penerbitan khas no. 15, 1981.

③ Pengiran Karim bin Pangeran Haji Osman. *Sungai Limau Manis: Tapak Arkeologi Abad ke 10-13 Masehi*. Brunei: Muzium Brunei, 2004; Druce, op. cit., 32; https://www.soas.ac.uk/gallery/brunei/ accessed 29 November 2018.

④ Lucas Chin. *Ceramics in the Sarawak Museum*. Kuching: Sarawak Museum, 1988: 80-81.

⑤ Harrisson, Tom, Stanley J. O'Connor. *Excavations of the Prehistoric Iron Industry in West Borneo. Vol II, Associated Artifacts and Ideas*. Ithaca: Cornell University Department of Asian Studies Southeast Asia Program, Data Paper No. 72, 1969: 268-271.

瓷共 2585 片（73.284 千克）；越窑瓷器 3120 片（88.452 千克）；青瓷 1311 片（37.166
千克）；"天目瓷" 51 片（1.445 千克）；绿色瓷 218 片（6.180 千克）；磁灶窑瓷器 168
片（4.762 千克）；粗瓷器 16464 件（466754 千克）。

程德昆的结论是，山都望是由中国商人建立的，他们当时靠制造铸铁来发展铁工
业[1]。13 世纪的赵汝适将铁列为渤泥的出口产品。克里斯蒂（Christie）[2]认为，山都望
可能是中国资料中记录的居民人口数量在一万左右的地点渤泥[3]。他认为该地只有一个
中等规模的铁生产工业供当地使用。邓纳姆认为，铁工业的市场可能并不局限于山都
望的腹地，也可能出口到爪哇和东苏门答腊[4]。山都望遗址的人口和活动性质尚不清楚，
但人们可以接触到大量中等质量的宋代陶瓷。

2. 刁曼岛

1985 年在吉隆坡举行的一次展览中，展出了来自这座马来西亚半岛东海岸岛屿的
1600 件碎片和完整的陶瓷。除了中国瓷器，还有来自泰国、越南、柬埔寨和欧洲的陶
瓷。大多数中国瓷器是在宋朝广东的窑场生产的。所收录的南海官窑式粗刷彩绘碗，篦
纹青白碗，模制白瓷碗，底绘文字的碗，圈足很小的浅盘，带盖的盒子，粗糙的酱釉
碗，白釉军持和带耳小罐，炻器储物罐，有的带有褐釉痕迹，有的在肩部有文字印章，
还有印有图案的盆。福建瓷器包括同安、德化、闽清、安溪的铅釉军持、深褐釉瓶、水
绿军持、储物罐、小口瓶、碗，江苏宜兴的带有凸起口沿的紫色储物罐。浙江的器物包
括带支钉痕的越窑瓷碗和龙泉青瓷[5]。发现的完整器物也表明，曾经存在过一个用祭品
随葬死者的罗越人（海上游牧群体）。在岛的西侧也发现了一个可能的聚居地。刁曼可
能出现在公元 1000 年之前的数种阿拉伯文献中，作为水和一些贸易物品的资源供应地，

---

[1]　Chêng Tê-K'un. *Archaeology in Sarawak*. Cambridge/Toronto: Heffer/University of Toronto Press,
1969; This Publication Contains some Black and White Illustrations of the Ceramics from the Site Complex,
Including an Intact White Covered Box (plates 9-11).

[2]　Christie, Jan Wisseman. On Po-ni: the Santubong Sites of Sarawak. *Sarawak Museum Journal*,
1985, 34: 77-89.

[3]　Hirth and Rockhill. *Chau Ju-kua*, p. 155.

[4]　Dunham, S. Ann. Peasant Blacksmithing in Indonesia: Surviving and Thriving Against all Odds. Ph.
D. diss., University of Hawaii-Manoa, 1992.

[5]　Kwan K K, Jean Martin. Introduction to the finds from Pulau Tioman. Southeast Asian Ceramic
Society (West Malaysian chapter). *A Ceramic Legacy of Asia's Maritime Trade: Song Dynasty Guangdong
Wares and Other 11th to19th Century Trade Ceramics Found on Tioman Island, Malaysia*. Kuala Lumpur:
Oxford University Press, 1985: 68-82.

如香木、椰子和樟脑 ①。它也出现在可追溯到 15 世纪的《武备志》之中，但在任何已知的宋朝资料中都没有提到过它 ②。

3. 吉打州

考古证据表明，吉打州的彭卡兰布樟是宋代陶器的主要进口地区。在 20 世纪 50 年代的发掘中发现了大量中国陶瓷。该遗址出土的陶器包括北宋和南宋时期的各种优质青瓷和白瓷，以及大量的小口瓶碎片 ③。没有公布量化数据，但兰姆说，中国陶瓷的所占比例远远超过当地陶器数量。在科塔尔（也被称为"桲叶村"或 42# 遗址），厚厚的一层外国陶瓷沿着河岸延伸了至少 80 米。其中包括宋、元、明朝瓷器，另有泰国和越南的瓷器。甘榜部落（43# 遗址）出土了 10 世纪的中国陶瓷和 11—12 世纪的中东陶瓷。

（八）印度尼西亚

从苏门答腊岛到婆罗洲（加里曼丹）、爪哇、苏拉威西岛和巴厘岛，在印度尼西亚西部和中部的所有主要岛屿和岛群上都发现了宋代的陶瓷。不幸的是，这些发现很少是在系统性的研究过程中发现的，因此它们的背景、确切的发现地点和数量都没有被记录下来 ④。

（九）苏门答腊

在这个 1700 千米长的岛屿上，东海岸的港口与中国和印度洋的贸易往来已有 2000

---

① Wheatley. *The Golden Khersonese*, p. 229.

② Ibid., p. 196.

③ A Lamb. Miscellaneous Papers on Early Hindu and Buddhist Settlement in Northern Malaya and Southern Thailand. *Federation Museums Journal*, New Series, 1961, 6: 25.

④ See Abu Ridho. Zhejiang Green Glazed Wares found in Indonesia. In: *New Light on Chinese Yue and Longquan Wares: Archaeological Ceramics found in Eastern and Southern Asia, A. D. 800-1400.* Hong Kong: Centre of Asian Studies, The University of Hong Kong, 1994, Table 1, pp. 267-268, for a list of regions and sites where Yue and Longquan wares have been found in Indonesia; Naniek Harkantiningsih. Yue and Longquan Green Glazed Wares from Archaeological Sites in Java and East Indonesia. In: *New Light on Chinese Yue and Longquan Wares: Archaeological Ceramics found in Eastern and Southern Asia, A.D. 800-1400.* Hong Kong: Centre of Asian Studies, The University of Hong Kong, 1994, Table 1, p. 278, gives a list of Indonesian museums where Song-Yuan greenware is exhibited. Table 3, p. 280, lists sites where Yue and Longquan wares have been excavated.

年的历史。苏门答腊水手开辟了许多南海贸易路线。许多用来交换中国陶瓷的自然产品都来自这里。中国宋代的陶瓷遍布岛上的广大地区，甚至在遥远的内陆地区[①]。在苏门答腊廖内省的穆拉塔库斯禅邸，远在坎葩尔河上游，在11世纪，一群佛教神庙建于此地，在20世纪80年代的修复过程中，发现了该地区的一些中国瓷器碎片。

位于苏门答腊岛北端的亚齐省长期以来一直是东南亚和印度洋之间的重要连接地。在那里的调查中发现了宋代陶瓷，但尚未进行系统的发掘。苏门答腊岛南端的楠榜同样未发掘。宋代陶瓷是在苏门答腊岛以东的廖内群岛调查中偶然被发现的。在纳土纳群岛的拉内群岛的东端发现了越瓷[②]。1992年的一次调查则记录了民丹岛主岛上的一些遗址点[③]。

1. 巴鲁斯

苏门答腊岛西北海岸的巴鲁斯地区以樟脑而闻名。在这里发现了1088年的泰米尔文铭文。印度和阿拉伯—波斯陶瓷和玻璃在遗址中很常见，这里似乎是宋朝时期一个重要的外国飞地国家。在巴鲁斯发现的中国文物包括17000件陶瓷碎片，其中许多是10世纪晚期至12世纪早期广东西村和潮州的炻器，但没有发现龙泉青瓷[④]。其他中国陶器包括10世纪中叶的三彩瓷和所谓的杜松罐；可能来自景德镇的类瓷白炻器和白瓷，以及可能来自浙江的青瓷。这里的中国陶瓷组合与埃及的福斯塔特（旧开罗）构成很相似[⑤]。

2. 巴东拉瓦斯

该地点位于苏门答腊岛东西海岸之间的古代贸易路线上，属于苏门答腊岛北部地区。20多座砖砌寺庙建筑群散落在广阔的平原上。在多个地点都发掘了中国宋代的陶

---

① A General Report on the Distribution of Song-Yuan Greenware in Sumatra is found in Edwards McKinnon, E. Yue and Longquan Wares in Sumatra. In: *New light on Chinese Yue and Longquan Wares: Archaeological Ceramics found in Eastern and Southern Asia, A. D. 800-1400*. Hong Kong: Centre of Asian Studies, The University of Hong Kong, 1994: 284-298.

② Abu Ridho. Zhejiang Green Glazed Wares found in Indonesia, p. 267.

③ Miksic J N. Recently Discovered Chinese Green Glazed Wares of the Thirteenth and Fourteenth Centuries in Singapore and the Riau Islands. In: *New Light on Chinese Yue and Longquan Wares: Archaeological Ceramics found in Eastern and Southern Asia, A. D. 800-1400*. Hong Kong: Centre of Asian Studies, The University of Hong Kong, 1994: 234-250.

④ Marie-France Dupoizat. Chinese Ceramics. In: *Histoire de Barus Sumatra. Le site de Lobu Tua. II. Étude archéologique et documents*. Paris: Cahier d'Archipel 30, 2003: 103-170; Marie-France Dupoizat. Chinese Ceramics. In: *Histoire de Barus Sumatra. Le Site de Lobu Tua. II. Étude archéologique et Documents*. Paris: Cahier d'Archipel 30, 2003: 103-170.

⑤ Dupoizat. Céramique Chinoise de Barus, p. 155.

瓷。在西帕穆通的一场大型发掘中，中国瓷器占该遗址陶瓷器总数的 12%，剩下的大部分都是当地生产的瓷器[①]。在收集到的 4000 件中国碎片中，北宋瓷器占 65%，主要产自广东和福建[②]，并没有发现景德镇瓷器。器形则主要是碗（56%）和罐（38%）。其余还包括有瓶、盖、大盘、盆和一些可能是军持的流。一些青白瓷也有出现。有些可能来自耀州窑瓷器，在绿釉下有铁黑彩绘。南宋的器物就非常少见了。有龙泉青瓷，外饰莲花花瓣，以及一些小口瓶。

3. 占碑

考古学家在巴当哈里河沿岸从海岸到内陆 10 万多米的众多地点[③]，均发现了从五代到元代的中国瓷器。占地 1100 公顷的穆阿罗占碑是古代末罗瑜王国领土上占地最大的宋朝时期的遗址。这里发现了许多属于 11 世纪到 13 世纪的砖砌寺庙遗迹。在寺庙大门附近发现了破碎的中国陶瓷。在肯巴尔巴图寺庙遗迹中，发现了一面青铜锣[④]，上面刻有 1231 年的中文铭文。而穆阿罗占碑下游的坎迪斯镇可能是一个卸下瓷器的港口。

2005 年，由新加坡 Orchard Marine 赞助的一项对巴当哈里盆地下游的调查，考察了距离河岸 20—30 米的巴当哈里河两岸地区，以及位于现代占碑城镇和海岸之间的巴当哈里河的一条支流巴当坎普。除了古迹保护署当地分支机构发现的 8 处遗址外，还发现了 18 处宋代瓷器遗址[⑤]。

（十）巨港：室利佛逝和宋朝统治者

900 年，位于苏门答腊岛东南部的马来王国室利佛逝是中国在东南亚的主要贸易伙

① Armand Desbat. Earthenware from Si Pamutung. In: *History of Padang Lawas I. The site of Si Pamutung (9th Century-13th Century AD)*. Paris: Cahier d'Archipel 42, 2014: 193-267.

② Dupoizat, Marie-France. Essai de Chronologie de la Céramique Chinoise Trouvée à Si Pamutung, Padang Lawas: Xᵉ-début xiᵛᵉsiècle. *Archipel*, 2007, 74: 83-106.

③ McKinnon E E. Malayu Jambi: Interlocal and International Trade (11th to 13th Centuries). Paper Presented at the *Seminar Sejarah Malayu Kuno*, Jambi, 7-8 December 1992; Abu Ridho. Penelitian Keramik di Situs-situs Arkeologi Provinsi Jambi. In: *Laporan: Hasil Penelitian Arkeologi dan Geologi Propinsi Jambi 1994-1995*. Jambi: Pemerintah Daerah Tingkat I Provinsi Jambi, 1995: 198-231.

④ Salmon, Srivijaya C, la Chine et les Marchands chinois (Xe-XIIe s.). Quelques réflexions sur la Société de l'empire Sumatranais. *Archipel*, 2002, 63: 57-78.

⑤ Shah Alam bin Mohd. Zaini, Andrew Cowan. *Survey of the Lower Batang Hari*. Unpublished Report, 2006.

伴。904 年,一位室利佛逝人被选为福建外族区的首领 ①。960 年,北宋统一中国,可能也使室利佛逝从中受益。在北宋时期(960—1126 年),从东南亚进口的奢侈品,如犀牛角,属于帝国的垄断品。主要出产犀牛角的苏门答腊岛的森林地区,也正是室利佛逝的首都所在地。凭借此物件(犀牛角),室利佛逝与中国建立了密切联系。在宋朝掌权数个月后,来自室利佛逝的朝贡使团抵达了宋朝首都开封。室利佛逝的统治者可能已经意识到中国的政治局势变化,并希望通过传达对新统治者的忠诚与支持而从中获益。室利佛逝的贡品中包括一个犀牛角,图案既酷似龙又酷似汉字"宋"。中国人信奉犀牛角可以传递上天的意愿。

宋太祖宣称,携带犀牛角使团的恰巧到来证明他已经获得了天命授意。他有一个用这只犀牛角做成的腰带钩,在祭天的仪式上会佩戴。室利佛逝的进贡品使宋朝成为顺应天意的象征 ②。在接下来的 200 年里,宋朝皇帝给予苏门答腊使节非同寻常的荣誉;他们会被邀请参加重要的仪式,包括在泰山上的帝国祭祀活动。

1003 年,室利佛逝使团来到中国呈告说,他们专门建造了一座寺庙,为贵国祈求国家繁荣不衰。1004—1018 年,室利佛逝又分别派出了 5 次使团前往宋朝。1172 年,有十多位室利佛逝富商居住在泉州 ③。在南苏门答腊岛西巨港的考古研究中,发现了数百块 9 世纪和 10 世纪的中国越窑瓷器碎片 ④。詹布走廊遗址出土了一组宋元时期的遗迹。在巨港中心巴达尔丁博物馆遗址的发掘中发现了 55000 件重达 800 多千克的文物,其中 40% 来自室利佛逝统治时期。进口陶瓷 1 万件,占比 18% ⑤。在 9 世纪和 10 世纪,出现了各式各样的中国瓷器,包括定窑、越窑、长沙窑瓷、巩县窑白瓷和广东沿海的许多青瓷。在 20 世纪 90 年代早期的发掘中,发现了 11 世纪和 12 世纪的几种中国陶瓷:来自福建、广东和浙江的青瓷、青白瓷和酱釉瓷 ⑥。

---

① Wolters O W. *Early Indonesian Commerce*. Ithaca and London: Cornell University, 1967: 239.

② Salmon C. Srivijaya, la Chine et les Marchands Chinois (Xe-XIIe s.). Quelques Réflexions sur la Société de l'empire Sumatranais. *Archipel*, 2002, 63: 60-61.

③ Ibid., p. 70.

④ Manguin P-Y. Palembang et Sriwijaya: Anciennes Hypothèses, Recherches Nouvelles. *Bulletin de l'École française d'Extrême-Orient*, 1987, 76: 359.

⑤ Manguin P-Y. Excavations in South Sumatra, 1988-1990: New Evidence for Sriwijayan Sites. In: *Southeast Asian Archaeology 1990: Proceedings of the Third Conference of the European Association of Southeast Asian Archaeologists*. Hull: University of Hull, Centre for Southeast Asian Studies, 1992: 63-73.

⑥ Eka A. Putrina Taim. *Foreign Ceramics from the Site at the Sultan Mahmud Badaruddin Museum. An analysis of the Results of the 1989-1990 Excavations*. M. A. Thesis, University of Indonesia, Jakarta, 1992.

· 中国城

在苏门答腊岛东北部,一个名为中国城的村庄,位于德里河口附近的红树林沼泽的腹地。内陆地区则是中国进口黄金和樟脑的重要源头。1823 年,一位英国探险家访问了当时还是小村庄的中国城,并记录了一块巨大石碑的存在。不幸的是,它从那以后就再也没有重现过 [①]。在被日本占领期间,当地村民还发现了一尊石佛。1973 年在同一地点(8# 场地)又发现另外一尊。1979 年,在同一地点又发现了两尊描绘印度教神明(毗湿奴和他的配偶吉祥天女)的石像。1974—1977 年 [②],在西亚汉的领导下,爱德华·麦金农(Edwards McKinnon)和北苏门答腊教育和文化部办公室进行了一次中国城的发掘工作。1977 年,印度尼西亚国家考古研究中心也在此地进行过一次发掘。研究发现了砖结构遗迹、大量中国和当地陶瓷、中国和斯里兰卡的硬币以及黄金。主遗址 1 号地点占地 120 平方米。3 号地点挖出了 6 个一米见方的探方,同时挖出了一条长 10、宽 1 米的探沟。4 号地点的砖石遗迹与刻有中国汉字"分金"和"十分"的金箔一起发现 [③]。

中国城是宋朝时期最神秘的遗址之一。大量中国陶瓷和其他文物的存在,以及该遗址的名称,表明它可能至少有部分区域是中国人居住的,但在任何中国资料中都没有提及。然而,它具有重要的历史意义,因为它是迄今为止在东南亚发掘的宋朝时期最大的港口,也因为它揭示了中国南方大量瓷窑与苏门答腊市场之间的密切关系。1292 年,在北苏门答腊居住了五个月的马可·波罗(Marco Polo)没有提到过它;这个时候可能已经废弃了。爱德华·麦金农(Edwards McKinnon)认为,该遗址可能一直活跃到元代晚期 [④],但考虑到钴蓝瓷器的缺乏和马可·波罗未有提及,我认为它在南宋末期时消失了。在中国城获得了两个放射性碳年代。

这里的中国陶瓷可以追溯到 1080—1260 年。在发掘过程中,共回收了 737 千克陶瓷。64.67%(477 千克)为当地陶器,22.55%(166 千克)为中国炻器,12.78%(94 千克)为瓷器 [⑤]。获得对比的数据十分不易,但在中国以外,中国城是当地宋代瓷器保存比例最高的地区。

[①] Anderson J. *Mission to the East Coast of Sumatra in 1823*. Kuala Lumpur: Oxford University Press, 1971.

[②] Miksic. *Archaeology, Trade, and Society*; E Edwards McKinnon. Kota Cina: Its Context and Meaning in the Trade of Southeast Asia in the Twelfth to Fourteenth Centuries. Ph. D. diss., Cornell University, Ithaca, New York, 1984.

[③] A Manning, E Edwards McKinnon, F E Treloar. Analysis of Gold Artifacts from the Kota Cina Site near Medan, Sumatra. *Journal of the Malaysian Branch of the Royal Asiatic Society* 1980, 53(2): 102-116.

[④] Edwards McKinnon. *Kota Cina*, p. 203.

[⑤] Miksic. *Archaeology, Trade, and Society,* p. 164, Table 1.

中国的大部分陶瓷是由来自福建磁灶和广东的淡黄色胎大储物罐和盆的碎片组成的；另一类储物罐和盆是由泉州及附近地区窑场烧制的灰色硬胎器物，在较高的温度下烧制而成。许多其他中国文物，从硬币到刻着汉字的金箔片，都表明此地至少可能被中国人短时期地占据过。

最常见的瓷器是浙江青瓷，包括龙泉青瓷。一些质量较低的青瓷可能来自福建。盏上装饰凸起和刻划的双鱼图案，其中一种是无釉的；不常见器形有酒罐和盖子[①]，八角形盖盒，盆（其中一个釉下贴花龙纹），香炉，模制花卉纹的小盒子[②]，一个底座上有汉字"金玉满堂"[③]，另一个为"河滨遗范"，据说常见于北宋的龙泉瓷器[④]。道符也出现在吉打的碎片上[⑤]。"飞雁"纹饰是在中国城和吉打发现的另一个复杂的主题纹样[⑥]。

另一种常见的中国瓷器是白瓷。品种包括大量来自景德镇和德化的青白瓷。其他的白瓷则以景德镇、德化、安溪等地生产的各种类型的白瓷为代表，还有一些定窑风格的碎片（胎质较粗糙，光洁度较低）。形状各异，从几乎像蛋壳一样薄的胚，上面雕刻着图案，到用模具制成的淡黄色软质碗和盖盒[⑦]。目前尚不清楚这两种类型是否在同一窑中制作，或者这些差异是否对应于不同的窑区。在中国城，软瓷比硬瓷多[⑧]。芒口瓷器可以追溯到南宋[⑨]。有一种相当厚的碗，里面有五六个支钉痕。其中一件来自中国城，外底用黑色墨水写着汉字"王氏四单"，可能是商人记录库存信息的一种方法[⑩]。磁灶陶瓷也有，但数量不多。花瓶（高达30厘米）和小罐也相对常见。爱德华·麦金农识别出一类未知窑口或窑系的灰色釉瓷器种类[⑪]。

爱德华·麦金农定义了一种黑釉炻器，他称之为天目[⑫]（"福建类型，泉州品种"），并将黑釉与兔毫釉或油滴釉结合在一起。其中包括"天目"类型的深棕色器物，主要是

---

① Edwards McKinnon. *Kota Cina*, pp. 270-2, Figures 105-108, pp. 475-476.

② *Ibid*., pp. 273-275.

③ *Ibid*., p. 235, Figure 63 on p. 449.

④ *Ibid*., pp. 272-273; Wirgin. *Sung Ceramic Designs*, p. 86.

⑤ Lamb. Miscellaneous Papers, plates 40-41.

⑥ *Ibid*., pp. 37-39.

⑦ Jan Wirgin. *Sung Ceramic Designs*. Stockholm: Museum of Far Eastern Antiquities, 1970: 50.

⑧ Edwards McKinnon. *Kota Cina*, p. 209.

⑨ Lin Hsin Yuan. A Study of *Mang-k'ou* Wares and the fu-shan Technique of Sung and Yuan at Ching-te Chen. *Translations of the Oriental Ceramic Society* no. 8, 1978.

⑩ Edwards McKinnon. *Kota Cina*, pp. 204, 220-223, Table 3, and p. 441, Figure 3.

⑪ Edwards McKinnon. *Kota Cina*, pp. 226-230.

⑫ Edwards McKinnon. Research at Kota Cina, a Sung Yuan Period Trading Site in East Sumatra. *Archipel*, 1977, 14: 26.

深灰色类瓷的炻器小瓶、小罐和碗。黑釉瓷器与天目有很大的不同，后者可能只在福建的三个地方生产，也被称为"建天目"。在中国城，只修复了四只兔毫釉或油滴釉小碗的碎片。这种陶器在吉打和沙捞越也非常罕见[1]。

在其他器形中，用于军持和小扁罐的黑釉炻器的胎质对应一种被称为"易碎器"的类别[2]，这种类别的碎片构成了中国城的大部分炻器。胎质是灰色的，有许多粗糙的杂质斑点。釉很薄，呈棕色到绿色。常见的器形包括有沉重底的高储物罐、薄壁小罐、一些带盖的小罐、军持、执壶、碗和盏。这一类包括东南亚宋元时期遗址中非常常见的小口瓶或"水银罐"，如上所述，它们是泉州制造的。虽然没有其他证据，但有可能其余的"易碎器"也在泉州地区制造。

中国城第二常见的炻器类型与摩尔的"广东器"相对应[3]，这种器物的起源尚不确定。有可能是广东、越南或磁灶窑制造的。

中国城其他实用器物包括"铅釉青黄器（福建型，泉州品种）"，其形状多种多样，包括军持，有些是柔和的粉色或浅黄色胎，有些是硬灰色胎，盘和罐[4]。吉州窑产品在中国城也同样罕见，有一个褐彩的碎片[5]。在雅加达的印度尼西亚国家博物馆发现了几个样本，据报道主要是从东爪哇获得的，有些是来自苏拉威西[6]。两个模制小雕像的头部也可能来源于中国[7]。

（十一）爪哇

第二次世界大战后不久[8]，在爪哇进行了一项关于宋代瓷器分布的重要研究。在2500平方千米的区域内，在中北部沿海平原的120多个地点发现了宋代陶器。中国瓷

① Lamb. Miscellaneous papers, p. 23; C Zainie (with T. Harrisson). Early Chinese Stonewares Excavated in Sarawak, 1947-1967[:] a Suggested First Basic Classification. *Sarawak Museum Journal*, 1967, 30-31: 33.

② Miksic. *Archaeology, Trade, and Society*, 176-177; Eine Moore. A suggested Classification of Stonewares of Martabani type. *Sarawak Museum Journal*, 1970, 18(36-37): 1-78.

③ 33 and figure 16, page 41. For Kedah, see Lamb. Miscellaneous papers, figure 107.

④ Edwards McKinnon. *Kota Cina*, pp. 280-285.

⑤ *Ibid.*, p. 285, plate 130.

⑥ E W Van Orsoy de Flines. *Gids voor de keramische verzameling (uitheemse keramiek)*. Batavia: Koninklijk Bataviaasch Genootschap van Kunsten en Wetenschappen, 1949: 14-15.

⑦ *Ibid.*, p. 287, plate 182.

⑧ E W Van Orsoy de Flines. Onderzoek Naar en van Keramische Scherven in de Bodem in Noordelijk Midden-Java, 1940-1942. *Oudheidkundige Verslag*. Bijlage A, 1941, 7: 66-84.

器通过一个整合的市场模式从爪哇的海岸运输到内陆的许多地方，这表明中国陶瓷至少在东南亚的这部分地区可得到，并受到公众的欢迎。这与唐朝的情况形成鲜明对比，当时爪哇的大多数中国瓷器都是在寺庙附近发现的。

三、廖内省和西爪哇海的沉船

（一）鳄鱼岛

在新加坡以南约100千米的廖内群岛，打捞者取得3.1万件实用陶瓷。船货总量可能达到5万件，主要来自广东，还有少量是中国其他窑口[1]。

（二）印坦

1997年在通往爪哇的现代航线上发现的印坦号是一艘受中国造船技术（如舱壁）影响的东南亚船只，如隔板，但未使用中国木材、合板钉，但使用了钉子。船上发现的一套秤砝码达到23个单位，是爪哇风格。

印坦号上的货物主要是来自中国的陶瓷和金属。在船舱的底部是一些沉重的锡锭，上面则是中国陶瓷。印坦号有可能在同一个港口装载了锡和中国陶瓷，这印证了印尼港口积累了大量进口中国商品并将其再出口到其他地区的理论[2]。船上载有136枚917—942年发行的刻有"乾亨通宝"字样的硬币，以及"檀香花"型爪哇金币。货物中还有80块刻有汉字的银锭。白银在当时有时会被送给苏门答腊使节；在1079年，一个使团收到了相当于517千克的白银[3]。

印坦号上的陶瓷货物可能包括2万件。其中一半以上是实用的中国炻器罐。高质量的物品包括青瓷和白瓷盘、瓶、罐、执壶和碗。船上还发现了一些来自波斯的容器[4]。印坦号沉船是宋代中国—印度尼西亚—印度洋贸易一体化格局的生动写照。这艘船装载了来自西亚、东南亚和东亚三个地区的物品。

---

[1] Abu Ridho, Edwards McKinnon. *The Pulau Buaya Wreck: Finds from the Song Period*. Jakarta: Ceramic Society of Indonesia, 1998.

[2] Flecker M. The Archaeological Excavation of the 10th Century Intan Shipwreck. Oxford: Archaeopress, BAR International Series, 2002, 1047: 123.

[3] Wong G. A comment on the Tributary Trade, p. 16.

[4] Flecker, Intan, p. 118.

（三）井里汶（南汉）和加拉璜

这两艘沉船是在爪哇西北部发现的。井里汶（有时被称为南汉）是 2003 年发现的一艘印度尼西亚制造的船只[①]。从一个碗和硬币上的铭文判断，这艘船沉没于 970 年左右。一个碗的底部刻着"徐记烧戊辰"，表明这个碗是 968 年在徐窑烧制的，很可能是在那个日期之后不久被装上船的[②]。考古学家从这些货物中发现了超过 15 万件陶瓷制品，重量可能超过 300 吨。包括 3.5 万件东南亚陶器在内，船上的陶器总数可能达到 50 万件。当时，整个爪哇岛的人口可能不超过 200 万人。这使得学者们思考爪哇经济如何能够吸纳如此多的进口陶瓷[③]。货物中有大量与伊斯兰教有关的物品，佛像和铃铛等佛教青铜器，以及来自西亚和阿富汗的锡和铅锭。船上的金属文物可能有 40 吨重[④]。

通过绘制遗物分布图，可以确定货物没有被分散储存，如果船上的空间被分配给个体贸易商，就会出现分散储存的情况；相反，船上的一定区域用于分配某一种特定类型的货物。这有力地表明，这艘船是由单个商人或某一团体持有，如一个公司所有[⑤]。或者是船上的商人各自专门从事某类商品贸易，但这与古代资料或早期欧洲游客所观察记录的海上贸易体系不相吻合。

（四）加拉璜

2007 年发现的这艘船只被部分发掘出来。据估计，这批货物包括 7 万件陶瓷制品，其中大部分是青瓷碗，就像井里汶沉船的情况一样。葵口碗等器形是在越窑烧造的。在船上发现的 910—945 年间的钱币表明，这艘沉船可能在宋朝初成立前后沉没。

---

① Horst Liebner. The Siren of Cirebon. A Tenth-century Trading Vessel lost in the Java Sea. Ph. D. diss., University of Leeds, Leeds, 2014.

② Horst Liebner. Cargoes for Java: Interpreting Two Tenth-century Shipwrecks. Paper presented to the 13th International Conference of the European Association of Southeast Asian Archaeology. Berlin, 2010: 35.

③ Bambang Budi Utomo (ed.) Kapal Karam Abad Ke-10 Di Laut Jawa Utara Cirebon. Jakarta: Panitia Nasional Pengangkatan dan Pemanfaatan Benda Berharga Asal Muatan Kapal yang Tenggelam, 2008: 35, 49-52; Liebner. Cargoes for Java, pp. v, 33.

④ Liebner. Siren, p. 201.

⑤ Liebne. Cargoes, p. 44; Liebner, Siren.

（五）哲帕拉沉船

这艘沉船位于爪哇中部哲帕拉港附近的深水区。它在 1998 年被打捞（而不是发掘）。总共出水 33340 件物品。金属物品包括青铜锣和镜子、铁锅、锡或锡镴碗，一个装有 3500 枚硬币的炻罐（时期包括隋唐北宋；最近的时间是 1118 年），中国风格的石锚。但船本身的遗迹已无法考察，而锚可以被任何产地的船只使用，故不足以证明这艘船是来自中国。大部分发现的物品都是产自福建的陶瓷，包括白瓷、质量好的龙泉青瓷，以及来自南安或安溪的灰色或绿灰色瓷。这些白瓷与德化的白瓷相似[①]，但是德化窑的始烧年代不早于元代。

（六）爪哇海沉船

爪哇海沉船可以断代到宋末或元初。依据碳 -14 测年得出的结果是 1265—1310 年。船体残骸显示是一艘印度尼西亚拖船。该遗址位于苏门答腊岛东南海岸，爪哇海西部。这艘船上载有大约 10 万件中国瓷器，以及 1 万件据信是泰国南部制造的陶器和其他商品。陶瓷可分为至少 30 个品种的陶器，以及其他商品。据估计，爪哇海的陶瓷货物重量为 25—30 吨[②]。大多数陶瓷都是实用瓷器，在釉面和质量上差别很大。

有趣的是，货物中没有龙泉瓷器。船上的青瓷属于福建产品，主要是同安窑系。有些碗碟可能是福建仿龙泉瓷器。器形包括碗和盘，以及酱釉罐，泉州附近窑口的盆和瓶。

更精细的瓷器包括青白盒盖、花瓶、执壶，以及安溪、德化和景德镇的盘。许多盒的底部都有铭文，这在东南亚并不常见。数百个类似青白釉的盖盒和喇叭口的小罐可能产自德化窑和安溪窑。一些技艺高超的作品包括葫芦形执壶，壶身分瓣，壶的流优雅细长，壶柄呈龙形。更为壮观的是，同样精致的方面执壶，有长长的弯曲的流，带状柄，刻划花卉纹饰。景德镇窑的其他作品包括脖子上有贴塑浮雕龙纹的瓶，一个葫芦形小瓶，下身装饰有模制的旋纽，一个小的棱形罐，一个模制的盒盖，花形盖，顶部有雕刻公羊的盖子，以及精细的模制盘。

① Atma Djuana, Edwards McKinnon. The Jepara Wreck. In: *Proceedings of the International Conference: Chinese Export Ceramics and Maritime Trade, 12th-15th Centuries*. Hong Kong: Chinese Civilisation Centre, University of Hong Kong, 2005: 126-142.

② Mathers W M, Flecker M. *The Archaeological Recovery of the Java Sea Wreck*. Annapolis: Pacific Sea Resources, 1977: 70-71.

一些与磁灶器物相似的瓷器，但用更白更硬的胎制成执壶、圆锥形和圆形的碗，大盘、盖、花瓶、瓶、盖盒，上面覆盖有一层多变的铅绿釉，描画深棕色或黑色的花卉图案。它们可能是在福建省南平县（今南坪市）的茶洋窑制作而成①。

带有印花图案的炻器罐和盆也很多。褐釉罐可能是在广州附近制造的。也发现一些黑釉天目茶碗，它们可能是在福建的建窑制造的，尽管江西的吉州窑是另一个制造地点。

其余船货包括中国的铸铁和锻铁，这也是典型的中国对东南亚的出口产品。这艘船还载有大量东南亚货物，表明它在从中国前往爪哇的航行途中，至少在一个地区港口停靠过。宋代东南亚沉船表明，当时东南亚的航运业比中国的航运业更为发达。

爪哇海沉船与1256—1279年间在泉州港的后渚港沉船具有可比性。大部分货物来自东南亚，包括香料和药材：胡椒、槟榔、乳香、龙涎香、朱砂、汞、香木（降真香、檀香、沉香和"许多其他种类"）②、玳瑁。船上的中国物品包括34件可复原的陶器和22件瓷器。后渚港沉船可能是一个与前往东南亚方向的商船相反的案例，它是载着东南亚的奢侈品返回中国。

四、结　　论

中国陶瓷在宋代成为主要的出口产品，主要出口地区包括马六甲海峡、南中国海和爪哇海。实用的炻器和青瓷是最受欢迎的品类。不同的市场表现出不同的偏好，所以商人们必须根据特定市场的偏好来定制他们的货品。中国人在宋朝开始访问东南亚，到宋朝末期，苏门答腊岛东北部的中国城可能已经存在华人居住的社区。目前还没有来自特定地点的量化数据，因此很难得出关于不同消费者群体之间中国陶瓷组合差异的详细结论。毫无疑问，这一时期更多的主要遗址仍有待发现。

中国陶瓷已经成为深入了解东南亚许多地区的行为和经济的主要来源，而这些地区的文档资料十分有限。不幸的是，很少有东南亚考古学家能够熟练地识别中国陶瓷（图一—图一〇）。未来研究的成功在很大程度上取决于东南亚在这一专业领域更大的发展，以及该地区考古学家与中国之间建立更多的有效合作。

---

①　　Flecker M. A Cargo of Zhangzhou Porcelain found off Binh Thuan Province, Vietnam. *Oriental Art* 2002, 48(4): 57-63.

②　　Writing Group Reporting on the Excavation of a Sung Dynasty Seagoing Vessel at Ch'üan-chou Bay, trans. Douglas Merwin. A brief Report on the Excavation of a Sung Dynasty Seagoing Vessel at Ch'üan-chou Bay. *Chinese Sociology and Anthropology* 1977, 9(3): 6-53.

图一　巨港龙泉瓷器

图二　中国城的大米量器

图三　中国城的脆胎盆

图四　中国城的篦纹炻器碗

图五　中国城的兔毫釉碗

图六　中国城的双鱼碗

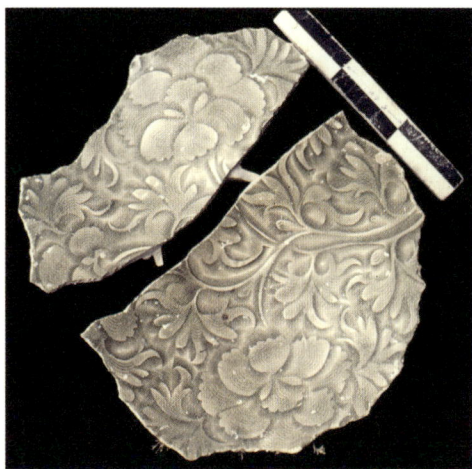

图七　爪哇海沉船的青瓷盘

图八　爪哇海沉船的青白瓷盖

图九　爪哇海沉船的碗

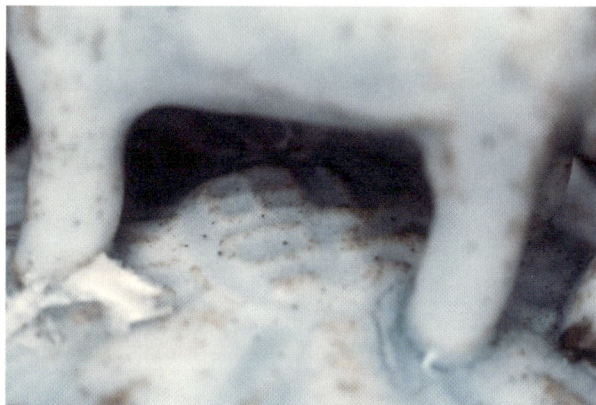

图一〇　爪哇海沉船的青白瓷盖细部

希腊水下考古的回顾与展望

安吉莉娜·G. 西蒙斯（Angeliki G. Simosi）[①]

摘要： 本文是对希腊水下考古的回顾与展望。首先，介绍水下古物管理局（Ephorate of Underwater Antiquities），这是希腊文化和体育部下辖的一个旨在保护和促进希腊水下文化遗产的特殊地区机构。其次，介绍该机构的活动，特别是水下考古研究、保护工作、希腊水下古物管理局博物馆、批准联合国教科文组织公约的事宜。最后，介绍在希腊建立国家水下古物博物馆的内容。

关键词： 联合国教科文组织公约、水下古物管理局、希腊

Abstract: The present article analyzes the retrospect and prospective of Greece's underwater archaeology. Firstly, it describes the Service of the Ephorate of Underwater Antiquities, a Special Regional Service of the Hellenic Ministry of Culture and Sports, which aims to protect and promote Greece's Underwater Cultural Heritage. Then it refers to the activity of this Service and more specifically to the underwater archaeological researches, the conservation work, the Ephorate's Museums in Greece, the matter of the ratification of UNESCO convention and finally the creation of a National Museum of Underwater Antiquities in Greece.

Keywords: UNESCO convention, Ephorate of Underwater Antiquities, Greece

希腊水下古物管理局是希腊文化和体育部下辖的一个旨在保护和促进希腊水下文化遗产的特殊地区机构，管辖权覆盖希腊全境。其目标是定位、挖掘、研究和登记因构造现象或海平面上升而沉没的居住区、沉没的古代港口设施（在许多情况下，这些设施被用作当代港口建筑的地基）、古代沉船以及较新的船只和飞机的水下残骸（沉没50年后）。

希腊海底蕴藏着丰富的文物，是世界上最大的水下博物馆。这也是水下古物管理局

---

① 时任希腊文化和体育部文物和文化遗产总局水下古物管理局主任，考古学博士。

组织调查的原因，以便不断覆盖其职责的整个范围。此外，其名称"EUA"，希腊语为 Ephoreia Enalion Archaiotiton（"*Εφορεία Εναλίων Αρχαιοτήτων*"），意思是该管理局将调查海域内的一切，它来自古希腊语 als［*αλς*］，意为海洋。

水下古物管理局成立于 1976 年，在其 41 年的活动中一直并将继续积极从事水下考古研究。

一、研　究

关于水下古物管理局的研究工作，我想提及水下古物管理局与雅典法国学校和希腊国家研究基金会合作在爱琴海中部提洛岛东北侧进行的水下调查。

这次调查的目的首先是重新界定和绘制提洛岛东北侧，特别是"竞技场区"海域的遗迹分布图（图一、图二）。研究期间绘制了花瓶储藏位置的地图，这些花瓶位于水下建筑区 1.5—2 米深的位置，这说明该地区有第二个港口，即一个商业港口，辅助主要的中央港口，即所谓的圣港。

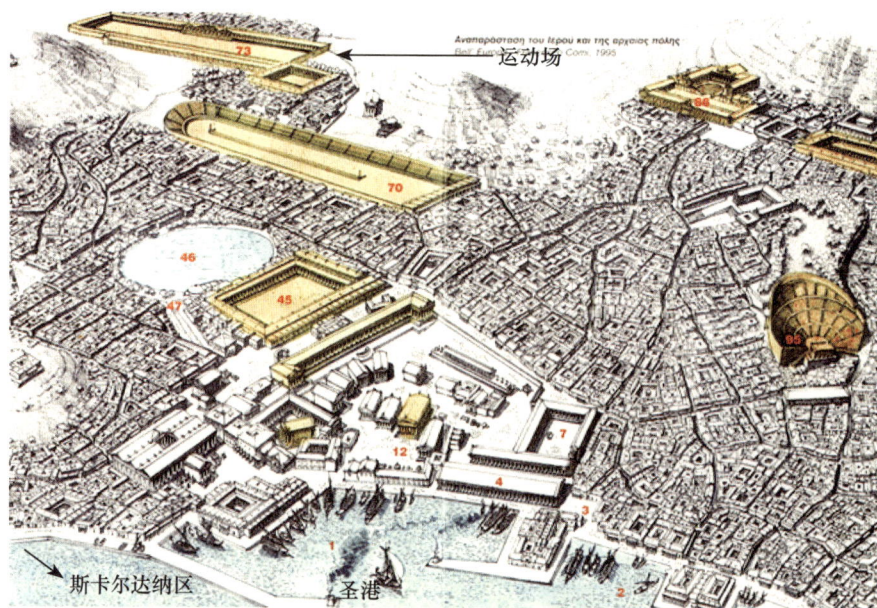

图一　圣所和古城的代表（提洛岛）

其次，绘制"斯卡尔达纳区"海域的遗迹地图（图三）。同时，在海湾北部发现了一艘沉船，船上载有来自意大利的兰博利亚 2 型双耳瓶（图四、图五）。最后，对古代保护提洛圣港的大型防波堤进行了详细研究和测绘。防波堤长 160、宽至少 40 米。

图二 竞技场区（提洛岛）

图三 斯卡尔达纳区（提洛岛）

图四 海底遗物（提洛岛）

图五 发现的一艘沉船和运输的双耳瓶（提洛岛）

提洛岛与圣港之间的沉船属于该岛最繁荣的时期（公元前 2 世纪末至前 1 世纪初），而来自爱琴海以外地区（意大利、西班牙、北非）的双耳瓶则显示了希腊化时期地中海贸易范围的广阔。

在安迪基西拉岛，在最近的"重返安迪基西拉"项目研究中对著名的沉船进行了测绘。真正重要的是，自雅克·伊夫·库斯托（Jacques-Yves Cousteau）船长 41 年前（1976 年）进行水下研究以来，这是我们第一次进行水下研究。在伍兹霍尔研究所和瑞典隆德大学的技术协助下进行了发掘。

在水下研究期间，在大约 55 米深处发现了许多文物。具体来看，这些发现包括：两支青铜矛、四块大理石雕像碎片，其中包括一块左臂的手腕、一块有衣服褶皱的青铜部分（雕像的一部分）、一块青铜右臂（从肩膀到手指）（图六）以及一块铁制品的凝结物；X 射线显示，其中有一个凹底的金属碗，而其金属种类将在其脱离外壳后明晰。在同一地点还发现了封闭的铅片、贝壳和部分木头，以及几乎完好无损的长方形红色大理石石板，石板正面有凸起的边缘，尺寸为 68 厘米×35 厘米，厚 5 厘米（图七）。

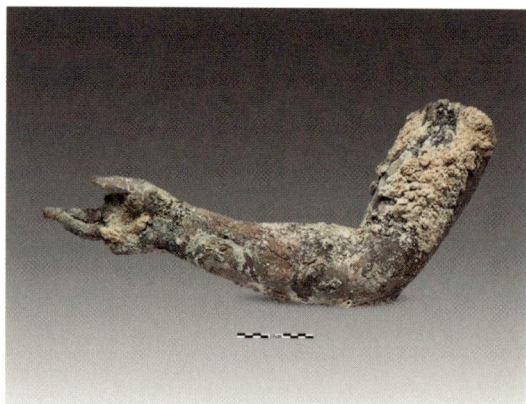

图六　青铜右臂，从肩部到手指
（安迪基西拉岛）

图七　长方形颜色鲜艳的几乎完整的大理
石板（安迪基西拉岛）

图八　双耳瓶（安迪基西拉岛）

值得注意的是，在发掘的青铜器中有一个圆盘状物体，已严重氧化，上面有四个镂空的分支。X射线显示上面有一个动物图案，很可能是牛。它被认为是世界著名的安迪基西拉机关的一部分，也就是世界上第一台指针计算机。

此外，还出土了两件木制家具的铜套腿、玻璃瓶和玻璃碗碎片、双耳瓶和其他完整的花瓶，以及一枚金戒指（图八）。此外，还发现并打捞出一具古代骸骨（头骨、长骨和小骨）。这具骸骨属于一个在船只沉没时被困的人。我们不知道这个人的性别和年龄，但DNA样本已被送去分析。船上的木制部件（船体和框架）、钉子、船体外部保护层的铅板、可能与水泵有关的铅管以及约100千克重的铅块都是特别重要的发现。

二、基西拉岛的"门托耳"号沉船

埃尔金勋爵（Lord Elgin）用来转移帕台农神庙被盗大理石的"门托耳"号沉船在基西拉岛西南航行。它的目的地是马耳他，这些珍贵的货物将从那里运往英国。1802年，这艘船遭遇强风，触礁沉没在基西拉岛附近。然而，带着帕台农神庙雕塑的雅典卫城无价之宝却葬身海底（图九）。

在过去的几年中，水下古物管理局组织进行了最新的研究，同时寻找可能残存的大理石。研究证实，这些大理石在过去曾被吊起过。

发掘的重点是船体剩余部分的西侧和船艏。发现了可能来自船体的木制部件，还发现了与船上生存和船的功能有关的其他物品。例如，一个大型木制滑轮的圆盘、一个完整的沙漏以及盘子和其他日常用品的小部件。还发现了一些个人物品，如刻有字母"B"的装饰性玻璃印章（图一〇）、骨质棋子、硬币、烟斗以及其他船员物品，如牙刷和带有船锚图案的金属纽扣。此外，还发现了一个抽屉的前半部分和大量磨损的碎片。

水下古物管理局与希腊瑞士考古学校合作，在阿尔戈利斯湾的希拉达湾进行了一次水下研究。

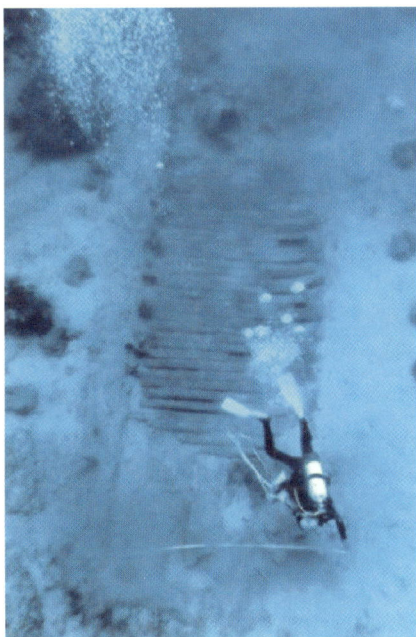

图九 "门托耳"号沉船（基西拉岛）

图一〇 "门托耳"号沉船发掘出水玻璃印章（基西拉岛）

水下研究的重点是"Lampagiannas"海滩，其中发现了一个沉没的定居点，面积超过20000平方英尺，位于1—3米深处。这是一个存在于公元前3000年、修筑了防御工事的史前定居点，位于海边。考古学家在其外侧发现了一堵墙和至少两个马蹄形地基。在内侧发现了许多墙壁、铺设的街道、至少两座圆形的建筑和一些拱顶建筑。根据收集到的陶器，该定居点所处的年代为公元前3000年的前希腊第Ⅱ期。进行了水下地形测量和地球物理测量，如地磁测量和电学层析成像，以寻找可能位于沙质海床和海岸线下方的建筑物。

在阿尔戈利斯湾的这一特定区域，发现了大量公元前3000年的定居点。

在克里特岛的两个海域进行了地质考古研究。在伊斯佐恩（拉西锡州卡洛乔里奥），考古学家对一个沉没的建筑物进行了调查，可以确定这是一个船棚。

在波罗斯（伊罗达）发现了大量建筑物的组成部分，并在连接克里特岛和科洛基萨半岛的通路的南部和北部地区绘制了地形图或拍摄了照片。从可见的遗物可以得出结论，这些遗物是重要公共建筑的一部分。

在迈索尼湾和萨皮恩扎岛北部进行了水下地质考古和地球物理勘测。这些研究具有双重目的：一方面，确定位于海床或埋于其下的古代和历史沉船的位置；另一方面，对过去 10000 年来沉没的青铜时代中期定居点所在的迈索尼湾进行古地理学重现。

在萨皮恩扎岛北岸，首次使用地球物理方法对两艘著名的沉船进行了详细测绘：一是石棺沉船（图一一），二是石柱沉船。

图一一　载有雕花石棺的沉船
（迈索尼萨皮恩扎岛）

这些发现非常重要，该地区可以成为测试和开发水下地质考古学和水下考古遗址管理新方法和新技术的重要物理实验室。水下古物管理局与雅典的芬兰研究所合作开展了 2007—2017 年"基利尼/格拉伦扎港"研究计划。通过该计划，考古学家的主要目标是对港口进行地形、建筑和地球物理研究，以研究 13—14 世纪十字军时期港口的遗物，同时也对基利尼古港的确切位置进行水下研究。

利用全站仪绘制水下和海岸地形图的工作以及对港口建筑（可能是古代港口的入口塔之一）进行水下发掘研究的工作仍在继续。

水下古物管理局与 RPM 航海基金会合作，对富尔尼岛群（伊卡里亚岛）进行水下研究。

该研究的目的是对这一特定区域的古代和中世纪沉船进行定位、登记、记录和研究。在荣誉弗罗斯特基金会的赞助以及市政府和岛上居民的全力支持和协助下，这项研究得以进行。

考古学家发现了 53 艘古代和中世纪沉船。这一惊人的数字使富尔尼群岛成为地中海沉船数量最多的海域之一。

此外，水下古物管理局还与雅典的丹麦研究所合作开展了"勒凯翁港项目"。

勒凯翁是古科林斯的两个港口之一。勒凯翁距离古城约 3 千米，面朝西方，无疑是科林斯鼎盛时期最重要的发展中心。研究的目的是研究和宣传这个古代港口，因为它在古城漫长的发展历史中发挥了关键作用。

该港口由商业港和海军基地两部分组成，完全是人工建造的。

沿港口修建了石墩、突堤码头、防波堤和坡道，总长度达 7 千米。此外，还建造了大量储藏室和其他港口设施，以满足科林斯殖民地数百万吨货物的进出需求。西南侧有大量的造船设施，三桨战船就是在这里建造的。因此，科林斯是第一个发展海军工业的港口，就像当代的海军工业一样。勒凯翁港从公元前 7 世纪一直使用到 1955 年。

与雅典的荷兰研究所合作，对卡里斯托斯的布罗斯－卡斯特里地区的海岸线进行了表层勘测。

该研究旨在描述海岸形态，覆盖海岸线的更大范围，以便在该地区发现具有考古价值的遗物。研究发现了一些陶器集中地、分散的黑曜石饰品、一处大理石采石场、石块和未完成的巨石柱。

水下古物管理局还与不来梅大学合作，在斯基亚索斯岛以前的港口海域进行水下勘测。

在当代港口建筑下面，分两个阶段揭示了古代港口的部分地基。收集到的陶器年代为罗马晚期至拜占庭后期。

水下古物管理局与雅典的挪威研究所合作，在纳克索斯岛开展了水下考古研究。

在研究期间，对纳克索斯岛南部的海域进行了调查。这项研究的结果非常重要，因为发现了约 20 个古代船只的压舱物堆、港口设施、一艘罗马时期的沉船、散落的陶器（主要来自双耳瓶）以及 5 个铁锚和 3 个石锚。

此外，我们还在萨拉米纳岛进行了水下研究，公元前 480 年著名的海战就发生在这里。我们发现了古战场港口的范围，希腊舰队在与波斯人作战前曾在此停泊。

在此次研究中，我们发现了以下物品：海湾西侧的一座沉没的方形塔楼，这是古典－希腊化时期萨拉米斯港口防御工事系统的一部分；海湾北侧的一部分沉没地基（克莱佩斯），很可能是萨拉米斯古城港口区的一座大型公共建筑的地基。在这里，可以看到从海湾北侧大型建筑的破坏层中发现的罗马时代的大理石残骸，可能是祭坛和雕像的一部分。

三、宣传水下文化遗产

无障碍水下考古遗址（水下博物馆）基金会（陪同潜水）是开发和推广希腊水下文化财富的更广泛项目的一部分。我们的目标是使水下考古遗址易于进入，使其能够像雅典卫城、奥林匹亚和德尔斐等陆地考古遗址一样运作。该项目将通过潜水旅游来实现，由文化和体育部与旅游部合作推动。

第一个遗址位于伯罗奔尼撒半岛的皮洛斯 - 涅斯托尔市，在历史悠久的纳瓦里诺湾已宣布的水下考古遗址。1980 年，"艾琳的小夜曲"号油轮在这里失火沉没至 47 米深的水中。

第二个遗址将在靠近萨皮恩扎岛的迈索尼的斯皮塔海角建立，那里有两处沉船：石柱沉船和石棺沉船。

位于北爱琴海北斯波拉德的阿洛尼索斯岛派里斯泰拉岛的古典时期沉船以及南帕加塞蒂湾西海岸的 3 艘沉船也将变成无障碍考古遗址。

我们还将努力使位于索里戈、拉夫里奥地区和雅典附近的马拉松的另外 7 个已申报的水下考古遗址成为无障碍考古遗址。

2016 年和 2017 年，我们开始以免费潜水的方式进入位于拉科尼亚帕夫洛彼特里的一个最重要的史前定居点，而目前我们正在努力使帕拉亚 - 埃皮达夫罗斯已申报的水下考古遗址成为无障碍考古遗址。这两个地区都位于伯罗奔尼撒半岛。

希腊文化和体育部文物和文化遗产总局水下古物管理局还建议对沉没在爱琴海中部科斯岛海域的三艘历史舰船（S/S Burdigala 号、HMHS Britannic 号和 Patris 号）的水下位置进行标示，以便将其宣布为水下历史遗址，从而对其进行有效的保护和宣传。这样，它们将来就可以作为水下博物馆运行。

由于越来越多的希腊和外国潜水员希望获得在这些沉船上潜水的许可证，这一程序已经开始。这些沉船的特殊历史意义引发了越来越多当地和全球潜水界的兴趣。

最近，有人建议将第二次世界大战中沉没在基克拉迪群岛米洛斯岛阿达曼塔斯湾的另外 5 艘沉船，西弗诺斯号（Sifnos）、阿尔忒弥斯·皮塔号（Artemis Pitta）、波比·西加拉号（Popi Sigala）、索纳号（Sona）、玛丽亚·史塔特托斯号（Maria Stathatos）开放。

四、水下古物管理局博物馆

在伯罗奔尼撒半岛东南部的皮洛斯要塞（Niokastro），水下古物管理局利用帕夏博物馆举办了"沉没的旅程，人类的探索：伯罗奔尼撒海域的重要痕迹"展览，展出了在伯罗奔尼撒海域发现的 8 艘重要沉船的研究成果。

在位于马克里亚尼斯堡垒的皮洛斯要塞，有一个关于南伯罗奔尼撒半岛沉没城市的展览。

在皮洛斯港口有一处齐克里蒂拉斯之家，这里收藏着法国亲希腊人士雷内·皮奥（Rene Puaux）的画作，描绘了 1821 年希腊反对土耳其人的革命。

在皮洛斯雅典卫城有一个摄影展，展出了管理局 41 年来的活动。此外，还有一个潜水设备博物馆展览。

五、文 物 保 护

多年来，在保护实验室对水下古物管理局通过大量水下考古研究取得的文物进行了研究工作。我们选择了其中保存的一些文物进行展示。在这些文物中，真正独一无二的是 2009 年在卡利姆诺斯岛海域发现的一尊皇帝骑马雕像的头部、两只脚和躯干（雕像身着铠甲）。目前，头、脚和躯干正在雅典国家考古博物馆进行修复。

2016 年，在叶卡泰里尼·拉斯卡里迪斯（Aikaterini Laskaridi）基金会的赞助下，水下古物管理局新的高科技实验室竣工。

六、联合国教科文组织

我们进行的所有活动只会带来积极的长期影响，并会使我们在管理水下文化遗产方面相较于其他国家处于领先位置。尽管希腊尚未批准联合国教科文组织的《保护水下文化遗产公约》，但该公约的指导原则在我国一直沿用至今。此外，我们还了解到，希腊为批准该公约而成立的一个工作组已决定，批准该公约的所有条件均已满足。

七、国家水下古物博物馆

然而，管理局的主要目标是建立国家水下古物博物馆，这对于像希腊这样拥有悠久海军传统的国家来说是完全必要的。到目前为止，我们已经在一次国际竞赛中获得了第一名，现在最重要的是找到进行最终研究的方法，以实现我们的最终目标。新博物馆将在比雷埃夫斯港建设，这是希腊最大的港口，而且最近已授予中远集团（中国企业）运营（图一二）。

图一二　位于比雷埃夫斯的国家水下
古物博物馆

我衷心希望希腊和中国的水下考古发现能够共存，并在该博物馆展出，以增强"一带一路"的目标。

最后，希腊近年来日益认识到水下文化遗产的重要性，因此，希腊共和国文化和体育部与中华人民共和国文化部于 2016 年 7 月 4 日签署了关于水下文化遗产的合作备忘录。

布什尔港海滩的水下考古调查

侯赛因·托菲吉安（Tofighian Hossein）①

摘要：布什尔医学科学大学海洋研究中心的报告中提及在布什尔港沿海水域海床上发现陶器的内容，为了研究和鉴定这些文化遗迹，在考古研究所海底考古部门连同布什尔医学科学大学专业潜水员的参与下，在 2017 年 8 月的一个月里于波斯湾进行了科学潜水。

这次水下考古行动调查范围是与海岸线平行的长约 700、平均宽度为 200 米的区域，考古调查是由潜水员在海床上进行的。该地区距离布什尔港海岸 500 米，在大海 3—6 米深处。

在布什尔港海岸的水下考古研究中，发现了文化遗存，包括鱼雷形状的陶器、大小釉陶器以及海床中散落的陶器。

在诸多发现中，收集到了少量鱼雷形陶器、更多此类陶器的碎片和一些上釉陶器。鱼雷形状和绿松石色蓝釉陶是波斯湾最重要的萨珊陶器，曾在海上贸易中从伊朗港口运往目的港。在海岸进行水下潜水作业的最重要动机是确定这些历史发现的真实性质及其年代，在行动期间发现了萨珊时期一艘历史船只所载货物。

本文在解释布什尔港海岸水下考古区调查研究计划的同时，将讨论发现的陶器，包括波斯湾海上贸易中最珍贵的萨珊王朝和早期伊斯兰陶器——鱼雷形陶器和绿松石色蓝釉陶器。此外，还仔细考虑了萨珊王朝在波斯湾海上贸易中的地位，以及从伊朗港口到印度次大陆、波斯湾阿拉伯海岸和东非目的地港口这一历史时期贸易的重要性。

关键词：波斯湾、布什尔港、水下考古、鱼雷形陶器、绿松石色蓝釉陶、萨珊时期

Abstract: According to report from the center of marine studies in the Bushehr University of Medical Sciences on the discovery of pottery items from the sea bed in

---

① 时任伊朗文化遗产和旅游研究所研究员，考古学博士。

the coastal waters of the Bushehr port, the submarine archaeological department of the archaeological research institute, with the aim of studying and identifying these cultural remnants, during the one month in August of 2017, with the participation of professional divers from the Bushehr University of Medical Sciences, the team conducted scientific diving in the Persian Gulf.

In this underwater archaeological operation, an area of approximately 700 meters in parallel with coastline and a mean width of 200 meters the archaeological investigation was carried out by scouting divers on the sea bed. The area is located 500 meters from the shores of Bushehr port and at a deep of three to six meters from the sea.

In the underwater archeological studies of the coasts of Bushehr port, cultural materials including torpedo shape crocks, small and large glazed crocks and scattering of pottery items in the sea bed were identified.

Among the cultural findings, a small number of torpedo shape crocks and more broken pieces of this type of pottery and a few glazed potteries were collected. The torpedo shape and turquoise glazed pottery are the most important Sassanian pottery in the Persian Gulf, which at maritime trade shipped from the Iranian ports to the ports of destination. Determining the true nature of these historical findings and their dating were the most important motivations of underwater diving operations on these shores, which led to discovery of a cargo of a historical ship from the Sassanid period.

In this paper, along with explaining the research program for survey of underwater archaeological area of the coasts of Bushehr port, the discovered pottery in this study which include torpedo shape pottery and turquoise glazed pottery as the most precious Sassanid and early Islamic pottery in the Persian Gulf maritime trade will be discussed. Also, the Sassanid position in the Persian Gulf maritime trade and the importance of trade in this historical period from the Iranian ports to the destination ports in the Indian subcontinent, the Arabian coasts of the Persian Gulf and East Africa are carefully considered.

Keywords: Persian Gulf, Bushehr port, Underwater archeology, Torpedo pottery, Turquoise pottery, Sassanid period.

波斯湾作为一条具有历史意义和战略意义的航道，千百年来一直是远近统治者关注的焦点，也是东西方文明船只往来的地方。作为文明之间的纽带，帕尔斯海（Pars Sea）

是许多船只溺亡的地方。近年来，通过对波斯湾北部海岸进行水下考古调查，发现了一些历史遗址和船只。

伊朗-波斯湾海岸线的水下考古调查主要基于当地的渔民报告，但没有发现溺水船只残骸的痕迹。所有发现仅限于船货。无法发现古船的主要原因是，所有这些调查都是在浅水海岸进行的，可能受损的船只受到自然和人为因素的破坏或埋在海底。也许通过使用表面安装的测量设备对更深的海底进行研究，可以帮助了解古船的结构。在对布什尔海岸的水下考古调查中，发现了一艘商船里的大量萨珊陶器，该商船因不明原因在布什尔半岛浅海岸沉没，货物散落在海床上。由于其地水深、环境因素以及人类的破坏，这艘萨珊王朝船只的残骸消失了，在对这些海岸的水下调查中，没有发现船体。也许在未来，通过使用声呐扫描和剖面仪，可以识别埋在海底的船体构件。因此，本文将讨论波斯湾的货物运输。

在这些古老的水下遗址（古船）中，布什尔港是一个非常重要的地点。在实地研究中，获得了许多鱼雷形陶器、小型和大型器皿，以及散落的釉陶和石锚。布什尔医科学大学附属海洋医学中心的研究人员首次发现了这一水下遗址，它位于距离布什尔港海岸线500米处的海关码头和布什尔市议会大楼之间，陶器散布在3—6米深的地方。

在水下调查开始之前，布什尔医科学大学海洋医学中心所获得的物体已被记录在案。事实上，一些陶器是由海洋医学中心的研究人员登记的，但没有迹象表明水下物体的整体保存状态。从出水容器的器形种类少却大量出现的情况推测，水下有一个巨大而重要的文物分布区，而大型的储水罐和食物罐表明海底有一艘沉没的船只。由于水下缺乏足够的视野，且水下遗址遭到广泛破坏，水下调查小组在非常困难的条件下进行了努力，水下考古学家在海床中发现了一些鱼雷形状绿松石色蓝釉陶。

对里格港[①]、尸拉夫港[②]海岸进行的水下考古调查，以及对霍尔木兹甘港口的格什姆岛、霍尔木兹岛、拉热克岛和亨加姆岛中的葡萄牙城堡的水下考古学调查，是对布什尔半岛浅海岸首次进行的考古调查。

一、调 查 区 域

布什尔港是一个港口城市，位于伊朗西南部的布什尔省的中心。布什尔港是布什尔镇中部的一个半岛，从北、西、南三个方向与波斯湾接壤。该港口位于海拔18米的波

① Hossein T. Research in Underwater Survey of the Beaches of Rig Port. *Archaeological Researches*. Spring and Summer, 2014, 6(4): 121-138.

② Hossein T. Architectural Analysis of the Ancient Siraf Port in the Coastal Zone Based on Submarine Archaeological Studies. *Archeology Studies*. Spring and Summer, 2014, 6(1): 21-38.

斯湾沿岸地区，属于温暖的半沙漠气候。在书籍和历史文献中，布什尔的名字以各种各样的名字登记，如拉姆·阿达尔西（Ram Ardashir）、阿布·阿沙尔（Abu Shahr）、布克特·阿达尔西（Bokht Ardashir）、里安（Lian）和里沙赫尔（Rishahr）。

布什尔的现代港口是由纳德·沙阿·阿夫沙尔（Nader Shah Afshar）在1736年重建的。在此之前，这个地方的名字是里沙赫尔。布什尔港之所以繁荣，是因为捕鱼、核电站的存在，以及造船和该港的出口等因素。

7月（一年中最热的月份）的温度为33℃，1月（一年中最冷的月份）为14℃，4月为20℃，10月为28℃，年平均温度为25℃。布什尔省的一个重要气候特征是闷热。因此，该省的气候可分为两类：高温相对高湿度的沿海地区和高温相对低湿度的内陆地区。布什尔省沿海地区波斯湾的湿气阻止了冬季气温的下降和夏季气温的过度上升，因此，该省昼夜温差、一年中不同季节的温差很低。布什尔省的年平均湿度为71%。

布什尔河的建造归功于阿代希尔·萨萨尼德（Ardeshir Sassanid）。阿代希尔·巴巴坎（Ardeshir Babakan）提到的名为布克特·阿代希尔港口的工作簿与其他文件一起显示了波斯湾对早期萨珊国王的重要性。这个港口的意义在于，布克特·阿代希尔通过公路与卡泽伦和设拉子城市相连，然后出口货物从这里运往其他地区。但现在的布什尔有300年的历史，是由谢赫·纳萨尔汗·阿尔·马兹科尔（Sheikh Nasarkhan all Mazkor）（纳迪尔沙的船长和全马兹科尔家族的创始人）的儿子阿布·穆海尔（Abu Muhairy）创建的，他在1150阴历年（1114 SH/1735AD）创建了这座城市。建立这座城市的原因是，纳迪尔沙（Nader Shah）想在南部建造一个港口，同时建立一支海军。该港口十分繁荣，以至于被认为是巴士拉港口的有力竞争对手。

在布什尔半岛，有追溯到史前、伊拉姆/里安（Eilam/Lian）、萨珊王朝和伊斯兰时期的遗迹，其中包括萨珊王朝时期的里沙赫尔港口和城堡、肖克哈布（Shoqhab）的萨珊墓地和赫扎尔马尔丹（Hezar Mardan）的萨珊港口。

本文研究的水下考古遗址位于布什尔港海岸线500米处，并且位于海关码头和该市议会大楼之间。该遗址位于半岛浅水的沙质海床上，深度为3—6米，与海岸平行约700平方米，宽约250米。该场地靠近海岸，一方面扩建了海关码头，另一方面进行了军事演习，因此遭到严重破坏。

二、调 查 方 法

水下物体的观测是水下调查中最重要的调查方式，但在布什尔港海岸的调查中，仅为潜水员提供了最低的光线和透明度。调查区域是在海洋医学研究人员的帮助下确定的（图一）。这个区域长约700、宽约250米，应该可以进行水下调查。为了开始水下调

图一　布什尔港海岸考古调查队

查，我们必须确定海底调查的起点和终点。由于水在不断运动，这项工作只能在几个系着重物的浮球框定的区域内完成。通过 GPS 在船上记录测量的起点，并将第一个箭头固定在该地点。为了开始水下调查，使用了两种方法，详细描述如下（图二）。

图二　布什尔港对面浅水区的研究区域（H. Tofighian）

　　方法一：我们用两个箭头（符号）设置范围的开始和结束。然后，调查组沿着绳索的路线在水下进行搜索，在完成一轮搜索后，将两个箭头的位置移动到该区域的宽度方向，并搜索海床的另一部分。

　　方法二：我们用箭头固定了该区域的适当点，并用 GPS 记录下来，然后用绳子系在箭头上，潜水员围绕这个点进行圆周搜索。在完成每一轮之后，增加圆圈的半径，在更广泛的区域中进行搜索。由于极端的水流，在水下，必须使用绳索和固定的箭头进行潜水。在第二种方法中，对该区域的后半部分进行了调查，并通过 GPS 对所有检查点进行了登记，将其绘制在底图上。

当然，在今天的方法中，海底是通过声呐设备等设备进行扫描的，然后在监视器上对捕捉到的图像进行解释，这样就可以使掩埋的文化遗存变得清晰可见。不幸的是，伊朗考古学家无法获得先进有效的设备。

为了更好地了解研究区域海滩的状况，以及探测浅水区遗迹的可能性，研究小组使用四旋翼直升机对研究区域进行了成像。借助可能的阴影在浅水海滩上进行低空成像，其阴影可以有效地帮助识别码头的痕迹和历史港口的遗迹。因此，我们试图通过使用四旋翼直升机的图像来检测可能的证据和历史遗存。然而，不幸的是，获得的图像对布什尔海岸线的水下考古研究没有帮助。此外，调查区域是通过安装在船上的鱼类探测器的声呐扫描设备测量的，但由于布什尔港浅海岸沙床的均匀性，从声呐扫描设备获得的图像也不奏效。因此，探索这些海滩的唯一方法是由专业潜水员在布什尔海洋医学中心的研究人员的指导下进行海底调查，但由于海水缺乏透明度，这种方法也很困难。

沉船残骸及发现如下。

根据现场调查的结果，破碎和完整的陶器和一块石锚的散落状况表明，在布什尔半岛海岸的这个地点存在一个沉船遗址。这些器物是在不同的区域获得的，彼此相距很远，它们之间没有任何关联。鱼雷形陶器、四个水平把手的中型陶罐、一些中型绿松石色蓝釉陶罐和一些带有沉积物的小型器皿，使得该遗址能够确定年代（图三—图一三）。

图三　从布什尔港浅海岸发现的鱼雷形罐（H. Tofighian）　　图四　海床释放后，在布什尔港浅海岸发现鱼雷形罐（H. Tofighian）

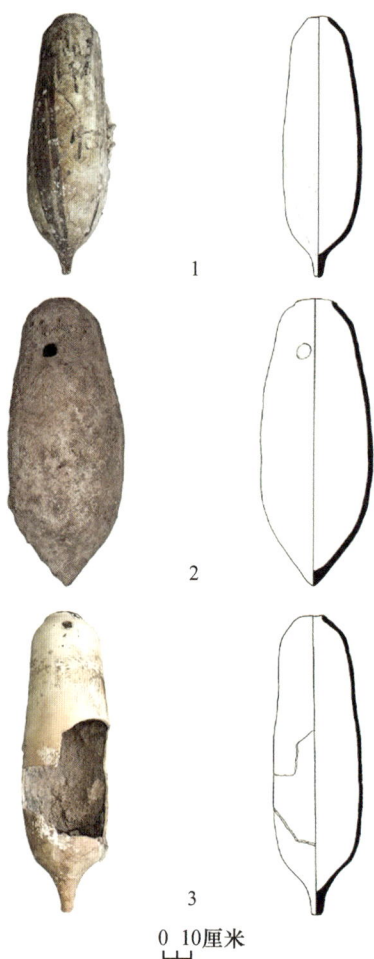

1

2

3

0　10厘米

图五　布什尔水域的鱼雷形陶器
（H. Tofighian）

图六　布什尔港海岸的单色釉罐（H. Tofighian）

0　　　10厘米

图七　从布什尔港浅海岸获得的釉陶
（H. Tofighian）

图八　海床上四耳罐的口沿（H. Tofighian）

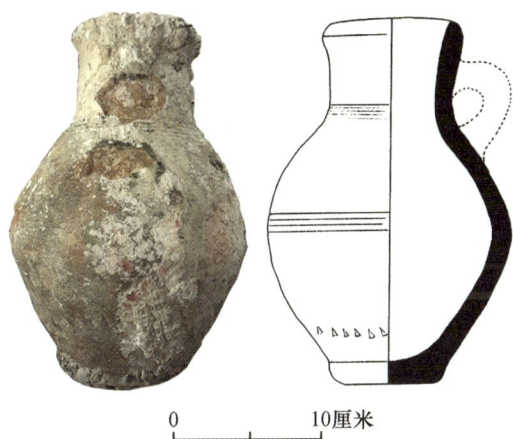

图九　单色釉（乳白色）的小罐子，肩部有一个把手（H. Tofighian）

图一〇　海床植被中寻找到一个中等尺寸的橙色陶罐（H. Tofighian）

图一一　海床植被中的陶器（H. Tofighian）

图一二　从海床上搬运陶罐（H. Tofighian）

　　从帕提亚晚期到萨珊王朝末期以及伊斯兰时期后的前两个世纪，波斯湾海上贸易中的鱼雷形陶器被用于运输橄榄油、鱼盐、葡萄酒等贵重液体，有时还用于将谷物从伊朗港口运输到波斯湾阿拉伯海岸的目的地港口，在印度次大陆、东亚和东非，它们内部涂

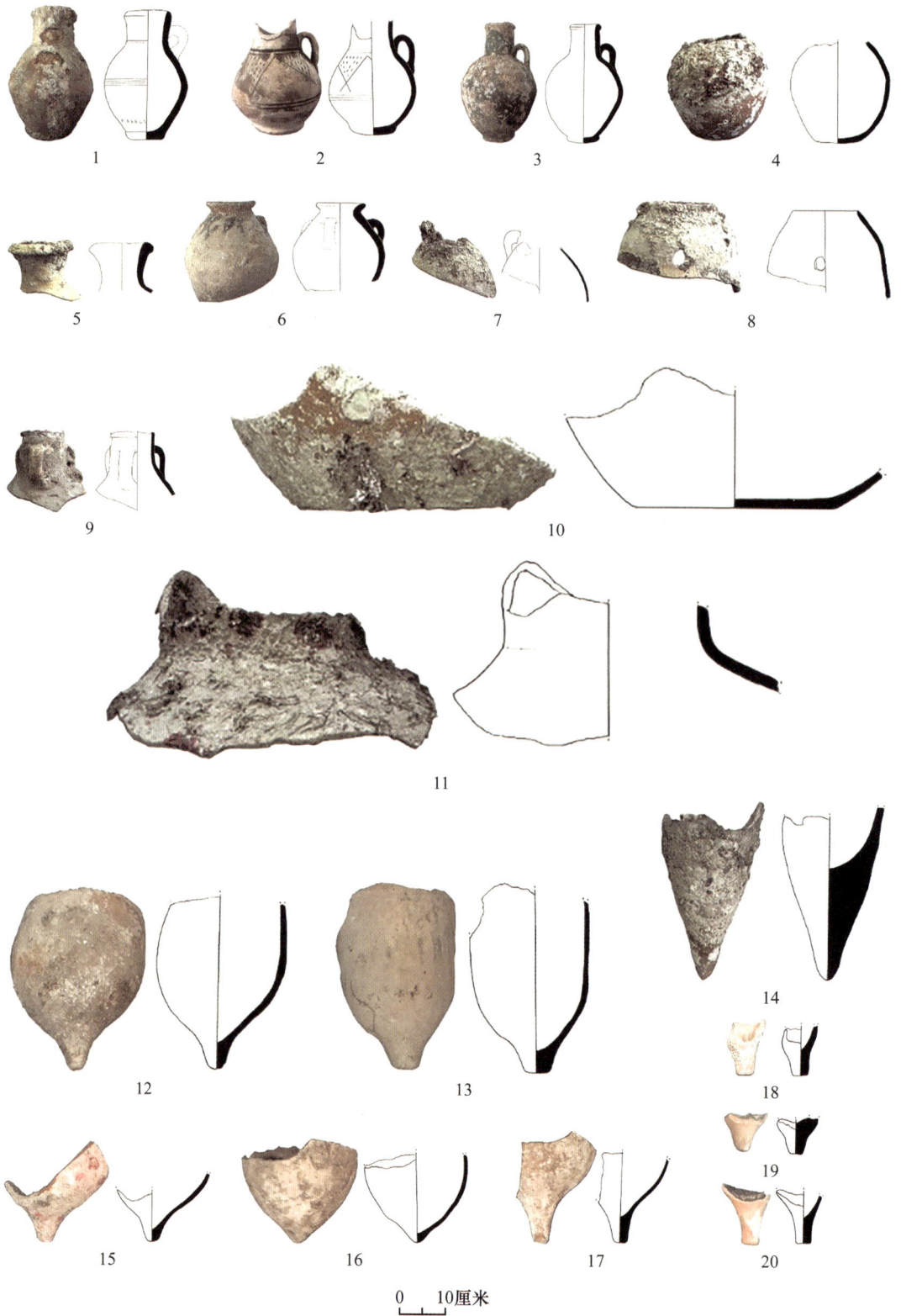

0 ____ 10厘米

图一三　布什尔港浅水区发现的各种陶器

有沥青以防水。此外，除了波斯湾的古代港口和伊朗海岸遗址外，绿松石色蓝釉绿彩陶器也是重要的萨珊陶器之一，在阿拉伯、东非、印度次大陆和东亚海岸都可以看到，这表明了萨珊商业网络在波斯湾的扩张。

布什尔港浅海岸考古调查的最重要发现之一是有三个洞的椭圆形大石头（图一四）。不幸的是，没有发现溺水船只的踪迹，只发现了散落的严重受损的货物。进一步的调查将大大有助于我们了解这个水下遗址的真实性质。

在萨珊王朝时期，商船将伊朗货物，包括伊朗南部生产的葡萄酒，运往东非、印度次大陆和东亚。伊朗生产的葡萄酒最初是用鱼雷形状的陶器制成的，这种陶器也是为酿酒而制造的，底座锋利，口张开，这种珍贵的物品通过海上贸易运往目的地港口。波斯湾阿拉伯海岸、非洲东海岸、印度次大陆、锡兰和东亚

图一四　布什尔港海岸发现的石锚，上面有三个洞
（H. Tofighian）

的这些陶器样本表明了萨珊王朝时期伊朗葡萄酒贸易的扩张。在布什尔海岸线的水下考古调查中，发现了大量多样的鱼雷形陶器，表明载有葡萄酒的商船淹没在这些浅水中。此外，识别出一个有三个洞的岩石锚，也是布什尔海岸上所识别出的区域属于这艘历史船只的另一个原因。

另一方面是，这些鱼雷形陶器，尽管在波斯湾沿岸和伊朗西南部（胡齐斯坦）有数千年的历史，即从帕提亚晚期到萨珊王朝时期和伊斯兰教时期后的前两个世纪，但出于技术上的必要性，只在萨珊时期有了适合生产葡萄酒的形式和坚实的商船布局。在这一时期，葡萄酒被装进鱼雷形罐，作为最重要的伊朗商品进行交易。当然，在这一时期，使用过的鱼雷状的陶器也被用作葬礼棺盒。这些埋葬棺盒的证据可以在布什尔沙格布（Bushehr Shaghab）公墓看到。除了鱼雷形陶器和岩石锚，还可以看到另一种典型的萨珊时期陶器，被称为绿松石色蓝釉陶。绿松石色蓝釉陶与鱼雷形陶器一样，是一种萨珊王朝的贸易商品，由商船从伊朗的尸拉夫等港口运往东非、印度次大陆和东亚的目的地港口。

布什尔港水下遗址出土陶器的分析与比较如下。

在波斯湾沿岸的遗址中发现了各种各样的萨珊陶器。这些陶器中最重要的是精细的橙彩陶器（Namard）、小灰彩陶器、锡林基陶器（Cilinky pottery）、带有雕刻样式的大罐和食物储藏罐，以及大量的釉陶和鱼雷形陶器。当然，带有蜂窝装饰的陶器也是尸拉夫港丰富的萨珊陶器的形式之一。但这种陶器的年代一直受到许多考古学家的质疑。

　　在对布什尔港海岸考古遗址的研究中，发现了三个完整的鱼雷形陶器，陶器内部有沥青釉，还有许多鱼雷形陶器碎片。布什尔港海岸的鱼雷形陶器可与波斯湾北部和南部海岸萨珊遗址的鱼雷状陶瓷相媲美。布什尔港海岸的水下发现物中也有单色釉陶，与萨珊陶器相似，可与波斯湾和其他地方的许多萨珊遗址相类比，这将在之后被简要提及。

　　鱼雷形陶器具体情况如下。

　　在波斯湾、印度次大陆和东非的北部和南部海岸都可以看到源自伊朗的最重要的陶器之一，它是鱼雷形状的陶器。这些容器也被称为鱼雷形陶器或无把手的食物储存罐。这种陶器的断面因受热而呈黄色至淡黄色，使用碎石混合细砂颗粒作为组成材料。器皿的外表面用湿手打磨，内表面涂有沥青，这类器物的特点是圆柱形器身，并且没有高底座和凹陷的瓶颈部位。他们还将这些容器命名为鱼雷引信。该容器的底座由斯必兹弗思（Spizfuss）引进。

　　一般来说，鱼雷形状的陶器被称为"鱼雷"，它有一个尖尖的底座，开口相当大，是海上商业中运输液体的方便容器。这些陶罐由不同尺寸制成，在容器内以涂层沥青的形式呈现，以防止异物渗入容器内部和贵重液体从容器内部排出。其双耳瓶的布局非常简单，因为它们的底座很尖，开口很大，没有颈部，在船内被牢固地固定。根据考古研究，从帕提亚时期开始到萨珊王朝早期以及伊斯兰时期以前的两个世纪，鱼雷形陶器在波斯湾已经流行了大约 1000 年。

　　这种类型的陶器已在大多数北部港口和波斯湾近海遗址及其他地区被发现。在这些位置中，最重要的位置如下：

　　里格港口的鱼雷形陶器：从岛屿南部村庄（里格港）的海滩上获得的最重要的器物是一个标高 80、口径 20、体径 45 厘米的大陶器，其底部尖锐，上面残留着海洋沉积物。这个陶器的内部涂有沥青，罐身上也有沥青标记。身体中间有一个洞。由于其尖锐的底座不能使身体保持直立，因此它可能已经固定在了某个特定位置上。这些陶器呈深黄色，内表面通常涂有沥青，被称为鱼雷形陶器（鱼雷），发现于波斯湾边界，尤其是布什尔省海岸。所有波斯湾鱼雷形陶器都属于萨珊时期，里格港海岸的发现的陶器时期也为萨珊时期。除了发现的来自里格港浅海岸的标本外，当地渔民还发现了三个完整的陶器和更多的残陶器，这表明里格港鱼雷形陶器的大小和多种多样。

　　马赫鲁彦港：在最近对马赫鲁彦港的挖掘中，从该遗址最古老的定居点地层中获得了许多鱼雷形状的罐子。这些罐子的剖面呈浅绿色或灰绿色，在陶器的组成中使用了沙子和碎陶器。热量足以烘烤陶器，通常在陶器的外表面可以看到绿色涂层。它们的内表面也涂有沥青。根据 ^{14}C 测试的木炭样品，取自这种陶器的地层，可以确定其年代为萨珊王朝晚期。该遗址的鱼雷形罐是绿松石色釉的特殊釉陶。这种类型的底座通常是圆柱形的，向内倾斜的口沿或圆形的唇口，在它们的外表面上，特别是在口沿下方和肩部上，可以看到装饰性的平行凹槽。

西尼兹港：在西尼兹港低地的考古调查中，发现了一件鱼雷形陶器。这件大型陶器是陶器锥形底座的一部分，其内部表面涂有沥青。一名当地人在伊玛目哈桑/西尼兹（Imam Hassan/Siniz）机场的新墙下发现了这只破碎的陶罐，它被用作葬具瓮棺。最有可能的是，这件破碎的陶器是用于埋葬的萨珊鱼雷形陶器的一部分。这个样本与在里格港海岸发现的陶器相似。

赫扎尔·马尔丹港：赫扎尔·马尔丹遗址包括布什尔半岛东南部的低地和高地海岸边缘，长 1.5 千米，宽约 400 米，萨珊陶器散布于遗址各处。在这个遗址或历史港口的表面，印度抛光的红陶和其他类型的萨珊陶器，尤其是鱼雷形陶器引起了人们的注意。从赫扎尔马尔丹获得的鱼雷形陶器的两个底座具有浅红色截面和软砂质成分。陶器的外部覆盖着红黏土，陶器内部覆盖着沥青。

绍克哈布公墓：在布什尔半岛的绍克哈布公墓地区的海岸的岩石和低海拔范围，发现了一些鱼雷状的罐子，里面有人类遗骸，从船只的规格来看，它们与在舒什（Shush）皇家坟墓中发现的类似。这些陶器的标本有一个圆形的肚子和一个长的底座，所有这些都涂有沥青，不同的是在这种类型的器皿或口沿部分看不到把手，把手彼此分离。绍克哈布墓地有不同类型的埋葬方式。在这个遗址中，可以看到珊瑚石制成的坟墓和海岸岩石中的防空洞坟墓，以及方形和矩形石头灰泥旁边的埋葬陶器，以及为此目的创造的建筑物。这些随葬陶器的非凡之处在于，它们都坏了。这意味着陶罐的上部被打碎，在将骨头碎片放入陶罐后，将打碎的部分连接到陶罐上，并用一块石头盖住陶罐的口。根据其他已知文物，比如货币，可得知，绍克哈布公墓属于帕提亚晚期和萨珊早期[①]。

里沙赫尔港：在对布什尔港里沙赫尔港海滩的研究中，获得了鱼雷形陶器的底部和口沿的陶器碎片。这些标本中含有深黄色、红色、红棕色和红黄色的部分，成分材料为矿物。在该碎片的外表面可以看到浅黄色黏土覆盖物，但大部分表面都没有被覆盖。在所有它们的内表面都可以看到沥青涂层。这些标本的内部或外部边缘呈圆形或弯曲状，就其形状而言，它们与尸拉夫和马赫鲁彦港口的略有不同。尽管如此，它们更类似于马赫鲁彦港口的标本。唯一引入的基座是平滑的圆柱形。与尸拉夫和马赫鲁彦标本不同，它们内表面的任何装饰性凹槽都看不见。

尸拉夫港：最近对尸拉夫港最古老的定居点进行了发掘，这些定居点可以追溯到萨珊王朝时期，发掘过程中获得了鱼雷形陶器。尸拉夫港口的这类陶器部分呈浅黄色和棕色，成分中使用了沙子，有时还使用了白色的微小颗粒。它们都是轮子制成的，偶尔可

---

① Mehdi R. Unpublished Report of Shaghab Cemetery. Documentation Center of Cultural Heritage and Tourism Organization, 2000: 62.

以在外表面看到薄薄的棕色陶衣。它们的内表面也涂有沥青。尸拉夫的鱼雷形陶器在形状和技术特征上与马赫鲁彦的标本不同。尸拉夫的标本有平坦的四边形和圆形边缘，肩部和瓶身交界处的角度更尖锐。剖面的颜色也不同。尸拉夫的鱼雷形陶器和马赫鲁彦标本的相同之处在于瓶身的外表面有凹槽。

在尸拉夫港水域发现的船只：根据私营部门潜水员关于识别多个鱼雷形陶器，以及根据观看潜水器拍摄的视频的报告，发现在古尸拉夫港的远处和波斯湾地区 72 米的深处，大量鱼雷形状的陶器（双耳细颈瓶）散落在海床上。通过对短片的更多研究，并将双耳瓶的遗址与类似的实例进行比较，开始了对遗址进行调查的第一步。大约 50 个双耳瓶和陶器在一个小区域内分散和堆积，现场似乎被淹没了，船上的货物因风暴而沉没。

在这艘船上发现的大量鱼雷形陶器表明了这种类型的容器用于运载液体，也表明了其在波斯湾海上贸易中的特定地位。这些集容器由于其特殊的形式，很容易大量排列在船上，都涂有沥青，是帕提亚和萨珊时期海上贸易中著名的文化遗存。好不容易，这批藏品中的一个陶器被拿出来研究。这种陶器呈深黄色，沉积物严重，内表面涂有沥青。

奈班德历史港口：在对波斯湾北部港口的考古研究中，在奈班德湾边界上，发现了两个重要港口，分别名为奈班德和贝萨廷（哈雷）。在对奈班德港的调查中，发现了一块鱼雷形陶器底座，它是红色陶器，内表面涂有沥青。

苏萨古遗址：马塞尔·迪乌拉弗伊（Marcel Dieulafoy）和他的妻子吉恩（Jean）于 1885 年担任苏萨发掘工作的主管，这是对苏萨遗址的第二次发掘，也是法国探险队在苏萨遗址进行的第一次发掘。从发掘之初，随葬陶器和随葬器皿都是从墙内获得的。阿克罗波尔的帕提亚人和沙赫尔沙希（国王城）使用防御墙埋葬死者。在阿克罗波尔，一堵墙被连接到一条由砖墙建造的隧道，许多双耳瓶容器被布置在这个隧道中，它们大部分的上部都被打破了。陶罐之间放了一层很硬的黏土。帕提亚时期的几枚货币确定了这些墓葬的日期。这些井很深，有时有 10 到 15 米深，其中一些井可以进入由于井的拓宽而形成的房间。双耳瓶是长型的，换句话说，它们是鱼雷状的。它们的内表面涂有沥青，这表明了埋葬的用途。尽管希腊的影响可以在这些水井墓地的建造中看到，但使用沥青作为其内部涂层代表了维护尸体遗骸和防止土壤污染的全面努力，这是东方的传统。然而，这些墓地表明这种双耳瓶的大量分布，因此，它们被广泛用于埋葬苏萨遗址的尸体。

舒什塔尔的密安纳布平原：在胡齐斯坦省的许多地方的帕提亚和萨珊王朝时期的遗址上可以看到鱼雷形陶器（双耳细颈瓶）的遗迹。在 1970 年至 1977 年罗伯·温克（Rober wenke）的调查中，在哈夫特·泰培遗址附近发现了许多帕提亚和萨珊时期的遗址，如 Ks-703 遗址，其中许多遗址中都有鱼雷形陶器碎片（双耳细颈瓶）。此外，在阿巴斯·默哈达姆对密安纳布舒什塔尔地区进行的调查中，发现了一些带有鱼雷形陶器的遗址。这些双耳瓶包括 1510 年、1540 年、1548 年和 1594 年遗址中的容器底座，主要属于帕提亚中期和晚期[①]。

舒什塔尔的盖拉克，埃勒迈斯：盖拉克舒什塔尔墓地包括一座埃勒迈斯时期的陵墓，有多种埋葬风格。在拉赫巴尔挖掘的舒什塔尔的盖拉克区域中，发现了一座带有陶棺的坟墓。除了墓葬和陶棺，盖拉克墓地的另一种埋葬方式也引起了人们的关注。使用瓮棺是这个墓地的另一种埋葬方式。瓮棺的种类包括鱼雷形陶器，类似于萨珊王朝时期波斯湾的陶器，细小的敛口，没有颈部和圆柱形器身以及圆锥形底座。这些鱼雷状的陶器内部也涂有沥青[②]。

伊朗国家博物馆的标本：伊朗国家博物馆有一个鱼雷状瓮棺标本，内表面被沥青覆盖。因此，双耳瓶的剩余部分被重新使用。沥青的残余物也可以在这个容器上看到。这个物体的高度为 72 厘米，瓶嘴的剩余直径为 21 厘米，基部的高度为 6 厘米。但是，没有标注它的发现地。伦敦博物馆保存着两个鱼雷形陶器标本，其中提到了它们来自伊拉克。

波斯湾南海岸：在酋长国的马利哈，发现了属于帕提亚时期的鱼雷形陶器碎片在酋长国另一个地区，一个叫爱朵尔的地方，萨珊王朝的鱼雷形陶器的碎片被记录下来。在阿曼的苏哈尔，萨珊王朝的鱼雷形陶器，以及在加纳岛，阿曼的类似陶器都是由德·卡地亚获得的。德里克·康耐特也在乌鲁克、库什也门的卡拿报道了科威特埃尔库苏尔地区的一些鱼雷形陶器标本。

东非：近几十年来，在埃塞俄比亚、索马里、莫桑比克、马达加斯加和坦桑尼亚等非洲东海岸的考古发掘中，发现了许多来自波斯湾和伊朗的文化遗存。在这些考古发现中，帕提亚和萨珊王朝的货币、绿松石色蓝釉陶和鱼雷形陶器更为重要。这可见于莫桑比克海岸的赤布尼地区以及索马里拉斯·哈芬主要地区和西部。

印度：波斯湾北部海岸与帕提亚和萨珊王朝时期有关的最重要的陶器类型之一，在印度次大陆海岸也可见，是一种红色抛光鱼雷形陶器。第二种陶器与帕提亚和萨珊王朝时期有关，起源于波斯或美索不达米亚，是一种鱼雷形陶器，用于在从波斯湾北部海岸到次大陆海滩的海上贸易中运送酒。从帕提亚时期到阿拔斯王朝早期，在整个美索不达米亚和波斯湾都发现了鱼雷状的无领柄陶器或食物储存罐。这种陶器的断面因高温而变为黄色至红色或浅黄色，其成分是由丰富的沙子和致密的细沙子制成的。这种陶器的内

---

① 　Abbas M, et al. *Archaeological Survey of Minab Shoushtar*. Tehran Research Institute of Cultural Heritage, Handicrafts and Tourism, 2006: 240 (Fig.50).

② 　Mehdi R. Unpublished Report of Shaghab Cemetery. Documentation Center of Cultural Heritage and Tourism Organization, 2000: 65.

表面涂有沥青，有一个黏土的细口沿，圆柱体器身，没有颈部，底部高而中空，直径较小。

印度鱼雷形陶器主要分为三类：

古吉拉或康坎海滩（康坎）德干高原和印度南部。

在印度的纳瓦萨和德威莫里遗址，已经获得了鱼雷形陶器。

凯特斯瓦、阿拉干克鲁姆、杜瓦尔卡的索拉什特拉、瓦拉比普和象岛。

在马尔巴尔海岸的帕塔南，德威莫里·那卡拉、尼纳撒、玛德威、杜瓦尔卡、瓦拉比普、凯特斯瓦、焦尔、桑贾恩、马哈拉施特拉、莫拉班德尔、帕特南、阿拉干库兰、埃里克默度、帕他南和帕乌娜尔、凯特斯瓦和象岛是最重要的鱼雷形陶器遗址，通常与萨珊王朝时期有关。

锡兰：在阿努拉达普拉古城遗址上的锡兰，在 600 年至 200 年周期性地发现。在锡吉里耶市和古代港口曼塔港，发现了 5—9 世纪萨珊时期和伊斯兰早期的陶器。该遗址的鱼雷形陶器高 100、宽 35 厘米，敛口，没有锋利的肩部或底部。

斯里兰卡的另一个拥有鱼雷形陶器的遗址是蒂瑟默哈拉默。此外，蒂瑟默哈拉默作为斯里兰卡的一座军事堡垒，也是公元前 250 年至公元 500 年的一个历史港口，散布着鱼雷形陶器。

美索不达米亚：鱼雷形陶器是美索不达米亚和波斯湾地区著名的陶器。在泰尔·阿布·沙里夫地区，发现了一些鱼雷形陶器，有时在鱼雷形陶器的口沿下添加一个凹槽。在伊拉克中部南部的泰尔·阿布·沙里夫地区和安娜遗址也发现了鱼雷形状的陶器碎片。

东亚：最近，在泰国和中国发现了鱼雷形陶罐，这表明伊朗陶器和葡萄酒的贸易从波斯湾扩展到东亚。

在泰国的样本是在沼泽地上发现的一艘船中，陶器内部的沥青上有几个萨珊－巴列维语单词，这表明与对该遗址的勘探相反，它的船只和货物属于伊朗的萨珊王朝。

绿松石色蓝釉陶（单色）：浅黄色和奶油色的釉陶胎体由沙子和砾石组成，具有适当的烘焙和紧密的釉质，釉质比前一时期更好，是最突出的萨珊陶器类型之一，很可能产于美索不达米亚和胡齐斯坦省。萨珊时期的釉陶，尤其是绿松石色蓝釉陶，见于大多数萨珊和早期伊斯兰波斯湾港口。在马赫鲁彦港口、加纳韦港口附近的加伯遗址、里沙赫尔、那基尔姆（巴塔纳）、尸拉夫和霍尔木兹甘地区周围的一些遗址，如格什姆岛的拉姆查哈、里格和苏扎，已经发现了萨珊绿松石色蓝釉陶的标本。在波斯湾南部海岸的库什、马里哈和阿联酋喀尔巴的埋葬石堆，记录了简单碗形的绿松石色蓝釉陶、浅碗、直口厚壁且外部四方弯曲的罐子，以及其他形式的陶器。

帕提亚和萨珊时期的釉陶多见单色碱釉，颜色范围从淡黄色至绿色和绿松石色，断面多为淡黄色和浅黄色。这种陶器的碱性釉料不稳定，很容易从陶器表面剥落。大多数情况下，这种釉料并没有完全覆盖陶器的表面，而只是局限于容器的内表面和口沿。波斯湾釉陶的传统始于公元前 3 世纪，一直延续到萨珊王朝时期，萨珊王朝时期使用更厚的釉料。

在胡齐斯坦和美索不达米亚南部的帕提亚和萨珊遗址中有大量的釉陶，这些釉陶来自波斯湾沿岸的许多地区，如科威特的菲尔克、埃德尔、马里哈。在阿曼的酋长国和苏哈、米纳布霍尔木兹峡谷海岸的卡哈尔·朗尔·奇尼遗址和格什姆岛遗址。此外，在印度和斯里兰卡的 24 个以上古代港口发现了萨珊风格的釉陶。

显示波斯湾沿岸与亚洲东南部和东部之间关系的最重要考古证据之一是帕提亚和萨珊陶器的鉴定，包括出口到南亚和东南亚的波斯湾和美索不达米亚釉陶。东亚和东南亚的釉陶大多为大小不等的壶形，口厚 9—30、身厚 0.7—2.7 厘米，断面柔软，呈奶油色或浅黄色至灰色。在泰国西海岸的科考岛和泰国东海岸的伦波、马来半岛、菲律宾、苏门答腊、越南、日本、中国扬州遗址、三原以及东亚和东南亚的数十个其他遗址的发掘中，已经发现了大量此类陶器。

第一次冲突发生在萨珊王朝时期和霍斯罗一世时期的伊朗人和非洲人民之间。此外，霍斯罗·阿诺希尔万（Khosrow Anoshirvan）控制了也门，以更好地控制海上贸易路线。但在非洲之角被称为拉斯·哈丰的两个地方，帕提亚和萨珊陶器的考古证据表明，非洲的这片区域存在伊朗人。在拉斯·哈丰遗址发现的陶器中，陶器内部涂有沥青的鱼雷形陶器和萨珊釉陶是证明伊朗人在东非存在的无可争辩的考古证据。此外，在拉斯·哈丰的另一个遗址中的奇缇雅科发现了釉陶和萨珊鱼雷形陶器的标本，该遗址后来因矿井的形成而被完全摧毁。此外，坦桑尼亚基尔瓦盆地、索马里的尚加、莫桑比克的奇布埃内，发现了釉陶和鱼雷形萨珊陶器，以及坦桑尼亚桑给巴尔和埃塞俄比亚多布拉达莫修道院发现了萨珊硬币。发现来自其他东非国家的考古证据，如釉陶和其他萨珊文化遗存，在埃塞俄比亚、坦桑尼亚[1]、肯尼亚及其邻近地区——奥尔马、科莫罗群岛和夸干达甘达地区，在南非德班附近和马达加斯加东北海岸的伊罗多地区，埃及的无噪音地下墓地和埃及南部的菲拉斯以及同一地区的巴拉那坟墓显示了萨珊王朝对非洲东海岸的深远影响。

通过对布什尔港海岸进行海底考古调查，获得了以下结果。在布什尔港口的浅海岸，在 3—6 米的深度发现了一处古代遗址。在调查过程中，随着用作葡萄酒运输工具的鱼雷形陶器的发现，人们发现这个地点很可能是古船被淹没的地方。

在这项研究中，获得了大量破碎或完整的陶器和一个石锚，其中最重要的如下：

（1）三个完整的鱼雷形陶器，大小不一，陶器内部涂有沥青。此外，还发现了一些

---

① White House, David and Williamson A. *Sassanian Marine Trade*. Translated by Gio Aghasi. Tehran: Arya Publishing, Bita, 1973.

鱼雷形陶器碎片，这表明在发现地区有大量此类陶器。需要注意的是，该地区海岸上的大量鱼雷形陶器已被当地渔民用鱼叉打捞出来，这些陶器可能属于布什尔港海岸上确定的历史遗址。

（2）一个绿色偏色的大且光滑的罐子，有几个较小的罐子，大多是浅色釉面，还有一些没有釉质的中小型罐子，其中一些有一个或四个把手。

（3）大量破碎的陶器碎片形成了大量的海洋沉积物。各类碎陶片暗示这艘古代沉船内装载了大量陶器。

（4）一个石锚，上面有三个洞。这个锚在发现地点被记录，由于重量大，无法离开海床，所以一直留在原地。

考虑到在这个野外项目中，考古小组的潜水员刚刚在水下进行了调查，推测有许多文化遗存被埋在海底。为了更准确地研究这个地点，应该使用水下设备对海床进行检查和勘探。由于该遗址靠近海滩，水深较浅，受人类和环境条件的严重破坏，建议维持现状，保护遗址的文化遗存。

根据对陶器的初步研究，特别是已知萨珊时期标本的鱼雷形陶器和蓝釉陶器的部分，该遗址的年代可以追溯到萨珊时代晚期，可能略晚于伊斯兰时代早期。

根据证据以及获得的材料，如石锚、中小型装水和食物容器，以及对鱼雷形陶器的多个碎片的发现，调查区域在沉船遗存覆盖区。船上装载了很多这种陶罐，葡萄酒等贵重液体由这些船只从伊朗港口贩卖到目的地港口。更好地了解这个地点并考证其真实身份需要更多的实地研究，希望在不久的将来得以完成。

韩国出水文物的装运及包装方法

梁淳硕（Yang Soon-seok）[①]

摘要： 韩国在22处海洋遗址中开展了发掘工作，包括14艘船舶。其中，除了4艘以外均为高丽时期的船舶，分别为3艘陶瓷运输船、3艘谷物运输船、4艘无货空船。陶瓷运输船为了达到缓冲效果，在船体底板上铺了一层芦苇或稻草。然后在上面，以三排为单位装载了利用包装用木材等包装的陶瓷，以方便人员搬运。谷物运输船在底板和外板利用圆木隔离了船体和货物，以免谷物被水浸湿。

关键词： 韩国、船货、装运方法

Abstract: Underwater excavations in Korea were conducted at twenty two sites until 2017, recovering two Chinese shipwrecks, ten Goryeo shipwrecks, one Joseon shipwreck, one Unified Silla shipwreck, with other artifacts. They include those implying history of trades with China and Goryeo and Joseon shipwrecks (Taean Daesum, Taean Mado no. 1 and Yeongheungdo shipwrecks) wrecked on the way to the capitals, Gaegyeong and Hanyang, from the southern regions, both of which are precious materials that can give us a glimpse into maritime activities in Korea.

Many artifacts are recovered from those underwater excavations, including structures and wooden tablets implying loading status of cargos. The latter includes dates of shipments, senders, recipients, contents and quantities of cargos, which is the most of value.

Potteries are loaded in one or multiple rows by their types on the bottom of hull covered with reeds and straws. While packing methods were depending on types, bowls or plates are generally fixed by timbers for packing on four sides connected by ropes in order to make sure they are not disturbed. These kinds of potteries are

---

① 时任韩国海洋文化财研究所研究员。

assumed to have been transported by three units.

Four shipwrecks recovered from Mado were cargo ships, the main subject of which was the grain. The packing and loading methods are different from those for potteries. In order to prevent grains from getting soaked by sea water, they are loaded on the small round-shaped timbers stacked on the two large timbers on the bottom plates aligned with *Garyongmok*. In the case of small area, such as on the stern side, bamboo boxes were used to pack them.

The paper describes loading and packing methods identified in ancient shipwrecks in Korea, which also can imply the shipboard life of crews.

Keywords: Korea, Cargo, Loading and packing methods

一、引　言

至 2017 年，韩国境内已有 22 个地点开展了水下考古发掘工作，其中，在包括 2 艘中国船只、10 处高丽时期（918—1392 年）遗址、1 处朝鲜时代遗址、1 处统一新罗时代遗址处实现了文物发掘。上述对象作为可用于了解中韩两国间交流历史，以及从（韩国）南部地区向着作为当时首都的开京（开城）、汉阳航行途中遭遇沉没的高丽、朝鲜时代船只（泰安大岛，泰安马岛 1 号船，灵兴岛船等），实属可资洞悉韩国境内海上活动等的珍贵史料。

在上述水下发掘过程中，多种文物得以重见天日，其中，也同时出土了用于研究货船状态的构件及木简。在相关木简上记录了货物的装运日期、发运人、收件人、内装物件、数量等信息，为世人提供了珍贵的文献资料。

涉及陶瓷器皿运输船的装运方法，首先，在船体地板上铺以芦苇及稻草，随后，将陶瓷器皿置于其上，依照器皿形状的不同，以单行或多行码放的方式实现装运。尽管依照器皿形状不同会存在些许差异，但是，针对具有类似于普通碗碟具等形状的陶瓷包装，在 4 个位置垫上用于包装的木材，在末端用麻绳连接后即可确保陶瓷器皿不发生晃动。按此方式完成包装的陶瓷器皿，可看成是以三行为一单位进行的运输。

在马岛地区发掘出的 4 艘船只，将谷物与陶瓷一并运输，其主要货物为谷物。因而与上述陶瓷器皿运输船只的包装方法或装运方法有差异。为防止谷物中溅入海水受潮，在船只底侧地板表面与加龙木处并排放置 2 根大号圆木，随后在其上安装小号圆形木材，用于装运谷物。在船艉侧的狭窄空间处，使用竹箱等器具实现货物的装载及运输。

本文以韩国在对古代船舶进行水下发掘的过程中所发现的货物装运方法及包装方法为对象进行探讨研究，同时，也对船员的生活情况窥见一二。

二、韩国的水下发掘调查工作现状

韩国水下发掘调查工作现状统计表 [①]

编号	发掘年度	发掘遗址	发掘机构	发掘文化遗产性质
1	1976—1984	新安防筑村新安船发掘（全罗南道新安郡增岛面防筑里）	文化财厅、海军联合参与	14世纪中国商船1艘，铜钱28吨，陶瓷等23000余件
2	1980、1983、1996	济州新昌村水下发掘（济州岛北济州郡）（现济州市）翰京面新昌里	文化财厅、济州大学博物馆	12—13世纪金质装饰品类，中国陶瓷等
3	1981—1987	泰安半岛水下发掘（忠清南道保宁郡泰安半岛近海）	文化财厅、海军联合参与	高丽青瓷40余件，朝鲜白瓷等14—17世纪文物
4	1983—1984	菀岛余头村菀岛船发掘（全罗南道菀岛郡药山镇鱼头里）	文化财厅	12世纪高丽船只1艘，陶瓷3万余件，船员生活用品等
5	1991—1992	珍岛碧波村珍岛船发掘（全罗南道珍岛郡古郡面碧波里）	国立海洋文物展览馆	13—14世纪中国独木舟1艘
6	1995—1996	务安郡道里浦水下发掘（全罗南道务安郡海际面松石里）	国立海洋文物展览馆海军联合参与	14世纪 高丽镶嵌青瓷638件
7	1995	木浦达离岛船发掘（全罗南道木浦市忠武洞达离岛）	国立海洋文物展览馆	13—14世纪高丽船只1艘
8	2002—2003	群山飞雁岛水下发掘（全罗北道群山市沃岛镇飞雁岛）	国立海洋文物展览馆、海军联合参与	12—13世纪高丽青瓷等2939件
9	2003—2004	群山十二东波岛船水下发掘（全罗北道群山市沃岛面十二东波岛）	国立海洋文物展览馆	12世纪高丽船只1艘，高丽青瓷等8122件
10	2004—2005	保宁元山岛水下发掘（忠清南道保宁市鳌川面元山岛）	国立海洋文物展览馆	13世纪初期青瓷香炉碎片等
11	2005	新安安佐岛船发掘（全罗南道新安郡安佐岛锦山里）	国立海洋文物展览馆	14世纪高丽时期船只1艘，高丽镶嵌青瓷等4件
12	2006—2009	群山市夜味岛水下发掘（全罗北道群山市沃岛面夜味岛里）	国立海洋文物展览馆	12世纪高丽青瓷4547件
13	2006	安山市大阜岛船发掘（京畿道安山市大阜岛西侧海岸）	国立海洋文物展览馆	12—13世纪高丽船体碎片
14	2007—2008	泰安大岛泰安船发掘（忠清南道泰安郡近兴面大岛附近）	国立海洋文物展览馆	12世纪中期高丽船只1艘，高丽青瓷等25000余件

---

① 国立海洋文物展览馆：《群山飞雁岛·海底遗迹》，2004年；国立海洋文物展览馆：《群山十二东坡岛·海底遗迹》，2005年；国立海洋文化财研究所：《群山夜味岛Ⅲ》，2009年；国立海洋文化财研究所：《泰安大岛水下发掘报告书》，2009年；国立海洋文化财研究所：《泰安马岛3号船水下发掘报告书》，2012年；国立海洋文化财研究所：《泰安马岛4号船水下发掘报告书》，2016年。

续表

编号	发掘年度	发掘遗址	发掘机构	发掘文化遗产性质
15	2008—2010	泰安马岛海域及 1 号船发掘（忠清南道泰安郡近兴面马岛附近）	国立海洋文化财研究所（※2009.4.27. 名称变更）	13 世纪高丽船只 1 艘，高丽青瓷等 940 件
16	2009—2010	泰安马岛 2 号船发掘（第 3 次）（忠清南道泰安郡近兴面马岛附近）	国立海洋文化财研究所	13 世纪高丽船只 1 艘，高丽青瓷等 974 件
17	2010	泰安原安海域发掘（忠清南道泰安郡原安 海域浴场附近）	国立海洋文化财研究所	高丽青瓷等 244 件
18	2011	泰安马岛 3 号船发掘（第 4 次）（忠清南道泰安郡近兴面马岛附近）	国立海洋文化财研究所	高丽船只 1 艘，高丽青瓷等 336 件
19	2011—2012、2014	泰安马岛海域发掘（第 5—6 次）（忠清南道泰安郡近兴镇马岛附近）	国立海洋文化财研究所	高丽青瓷、白瓷等 956 件
20	2010、2012—2013	仁川灵兴岛船发掘（仁川瓮津郡灵兴面蟾业滩涂附近）	国立海洋文化财研究所	统一新罗船只 1 艘，高丽青瓷 等 723 件
21	2012—2014、2016—2017	珍岛鸣梁大捷路海域发掘（1—5 次）（全罗南道珍岛郡古郡面五柳里附近）	国立海洋文化财研究所	高丽青瓷、火器等 896 件
22	2015	安山大阜岛 2 号船发掘（安山大阜岛碓头海水浴场附近）	国立海洋文化财研究所	12—13 世纪高丽船只 1 艘，高丽青瓷等 48 件
23	2015	泰安马岛 4 号船发掘（第 7 次）（忠清南道泰安郡近兴面马岛附近）	国立海洋文化财研究所	15—16 世纪朝鲜船只 1 艘，粉青沙器等 331 件
24	2017—2018	泰安堂岩浦海域水下发掘调研（忠清南道泰安郡南面堂岩里附近）	国立海洋文化财研究所	高丽青瓷等 34 件
25	2018	灵光落月岛海域水下发掘调研（全罗南道灵光郡落月面附近）	国立海洋文化财研究所	高丽青瓷等 20 件
26	2018	泰安马岛海域发掘（第 8 次）（忠清南道泰安郡近兴面马岛附近）	国立海洋文化财研究所	高丽青瓷等 87 件

三、2000 年后在水下发掘过程中发现的历史文物装运及包装方法

1. 群山飞雁岛（Bi-an Do）水下遗址

群山飞雁岛遗址，因受到新万金海水围垦项目及现有水文情况变化的影响，原本埋

藏于数米滩涂之下的文物得以重见天日并广为人知。发掘海域位于古代群山群岛中的飞雁岛东北方向1千米处，自防波堤开始沿西南方向延伸2千米。在此之前，大部分历史文物均位于因海潮方向变化及海潮的猛烈流动而生成的海槽上，各类文物分布范围广泛。其中，在文物埋藏的集中处，即东西方向30、南北方向13米处发掘出了1932件文物。

在该遗址，包含申报文物在内，总计发掘出了3000多件高丽青瓷，但是并未发现船只。大部分发掘出的文物均为零散状态，但是，从部分文物依然可以窥见当时的包装状态。通过处于零散状态的文物可知，在船只沉没之前，已抛弃掉了货物或已处于完全倾覆状态，似乎存在大比重的陶瓷器已散落于海底平面上的可能性，且船体流动至其他海域。

2. 群山十二东波岛海底遗址

群山十二东波岛海底遗址，位于全罗北道群山港西侧30千米处，位于古群山群岛最西侧的末岛约26千米，此处属一无人岛。时至今日，打捞海域在附近居民之间被称为"怀抱"，因为在遇到风浪或突然海水变湍急，是可以避航的安全地区。发掘海域被12个岛屿所环绕，使其免受西海岸地区大潮的影响，调查环境相对优越。

在此发掘过程中，共出土了8100多片文物，其中包括大碗、碟（盘）、碗、铁锅及锚具。出土文物推测产自全罗南道海南郡山二面珍山里及新德里的陶瓷窑场，随后，在被运至开京（开城）的过程中沉没。发掘出的大部分为船体及陶瓷，也发现了船员们使用过的青铜勺、铁锅、石板等器皿，据此可知在船体下部中央位置曾进行过烹饪活动。涉及陶瓷的装运方法，在船体内部，依照陶瓷器形不同进行单行码放后装运。被装运的青瓷器皿沿长列方向，在4处位置垫入木材，末端使用麻绳连接，使陶瓷不动，在包装木材末端打孔后使用绳索进行固定。存在2种船体内部陶瓷器排列方法，一种是将作为外板横向力支撑材料的加龙木并排放置，另一种是与外板同一方向排列。由此可知，即使在同一层上，也将陶瓷器皿按照横、竖两个方向进行了装运。为防止瓷器在运输过程中发生破损，将草本类植物稻草及芦苇用作缓冲材料（图一、图二）。此外，在船体地

图一　船体底部稻草

图二　青瓷碟的包装方式

板上铺上一层厚厚的芦苇及稻草，以防止瓷器出现破损。相较于使用箱子进行包装并运输，按照陶瓷器形进行包装并运输的方式有助于增加运输数量。

在十二东波岛发现的船舶也有可能当时为避开海岸边的暗礁，在外海航行。但是，依然无法排除在进行普通航行时，因突遭台风或恶劣气象条件，导致船只漂流并沉没的可能性。

3. 群山夜味岛海底遗址

群山夜味岛海底遗址，类似飞雁岛海底遗址，同样位于新万金防波堤内部区域，距离飞雁岛约 15 千米处。于 2006—2009 年间开展该发掘工作，出土文物 4500 余件。

图三　夜味岛出水瓷器

2006 年 3 月，随着新万金防波堤截流工程的结束，该海域已成为内海，并启动了海水淡化工程。因此，随着水流速度减缓，新增滩涂以每年 20—50 厘米的速度持续增加。埋藏有相关文物的土层被埋入混入了坚硬的滩涂层下方沙质的贝壳层中，深度为 30—90 厘米。在提取土质的过程中，有一两件文物被扰乱并被掩埋，还有 30—40 余件为一组码放（图三）。

在本遗址处，类似飞雁岛遗址，虽因未发现出船体，因此无法确认装运方法等，但是，可以确认其也是按照相同器形进行码放后进行的包装。

4. 泰安大岛水下遗址

2007 年 5 月，某渔民向相关管理机构报告，其在进行捕捞章鱼的过程中捕捞到了 1 件高丽青瓷。以此为契机，忠清南道泰安大岛水下遗址发掘工作得以开展。这是一艘运输全罗南道康津地区生产的陶瓷器的船舶。在泰安大岛处，长期以来埋藏着完成装船运输的 25000 余件（不含碎片）陶瓷。该船沿东西方向埋入海底，船只沿南侧方向呈 95° 倾斜，在现存被推测为船只上部外板的 4 段板材，其上装载着陶瓷。将陶瓷放置于船艏及船艉，中间部分（D6）用作餐厅隔间部分。在餐厅部分，因受到沉船时的冲击力所致，部分货物出现滑落并呈零散状态埋藏至今，但在船艏及船艉部分未出现干扰现象，得以按原貌实现发掘（图四、图五）。

陶瓷使用类似于群山十二东波岛船和菀岛船的装运方法，通过铺装缓冲材料（稻草）及包装木材，使用绳子（芦苇）绑扎包装。其中的部分文物（小壶、青瓷碟）等，使用未剥皮的细圆整木作为包装材料。油瓶，为将包装木材置于中间，将其口缘部分相

图四　陶瓷

图五　油瓶的包装方法

对放置，在瓶颈部分使用绳具连接。如属优质的甜瓜形注子，则在缸底处放入稻草，防止出现破损并实现装运。涉及青瓷钵盂，不按照尺寸进行包装，而是依照整套为基准包装，在其中间部分添加缓冲材料，防止文物出现破损。涉及其他重要文物的也使用稻草作为缓冲材料放入陶瓷器皿中间。同时，也发掘出了由船员使用的铁锅、青铜碗、陶器等。在陶壶内发现了用于餐饮调味酱料的鱼骨（鱼酱）。陶罐中发现了和篮子一起埋藏的2件青铜碗。在一部分陶壶的口缘部分处，发现了用草木类（芦苇）绳绑住的痕迹。这是为了防止船舶航行中因震动而移动。在泰安地区开展发掘的过程中，尤为重要的一点是出土了木简。至今为止，这已是继发掘新安船只之后的第二次在水下发掘过程中出土木简的，也是韩国境内首次在水下出土高丽时代的木简。木简主要出土于发现了诸如青瓷钵盂等的高级高丽青瓷的地点，与陶瓷的装运方向相一致，可分为两种。一种是记录了航行出发地等铭文信息的木简，另一种是陶瓷包装木材上有画押部分。在木简上，出现了类似"耽津縣在京隊正仁守户"或"在京安永户付沙器一裹""崔大卿宅上"等铭文，可由此窥见当时的交易关系（图六、图七）。

图六　用于陶瓷器皿包装的木简

图七　木简（崔大卿）

5. 泰安马岛（第 1、2、3、4 号船只）水下遗址

从 2008 年开始至今，已在马岛海域开展了涉及 4 艘船舶的发掘及调查工作，共有 3 艘高丽船舶及 1 艘朝鲜时代船舶得以重见天日。此外，在每年开展的试掘及勘探工作中，已发掘出了大量的文物，其中也包含中国陶瓷及锚缀石等。发掘的马岛地区的 4 艘船舶，也同时运输了谷物及陶瓷，主要货物为谷物。因此，包装方法或装船方法与迄今为止可看到的用于陶瓷运输的船舶存在差异。以迄今为止完成查验的古代船体状态良好的 3 号船为例，以加龙木为基准，从船艏部分开始将货物隔间分开，设定为 6 间。船艏部分第 1 隔间内未出水文物，在第 2 隔间的地面上，存有大型圆木和小型整圆木，上面装载过谷物。3 号隔间，即桅杆托所在位置，出水了可确认为船员们生活空间的炭炉瓷器和陶壶等器皿。在 4 号隔间和 5 号隔间，装载了可从 2 号隔间看出的形状完全一致的圆整木及谷物。在 6 号隔间处，发掘出了陶壶和竹质木箱。6 号隔间处空间狭小，可看出此处装载了对应尺寸的用于装载货物的陶瓷及竹质木箱。竹质木箱内包有鲨鱼及狗肉脯等（图八、图九）。

图八　竹箱里的鲨鱼骨

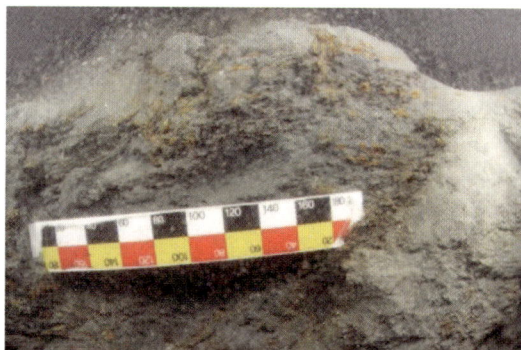

图九　谷物

马岛 4 号船，用作税租货物运输目的的漕运船，出水了陶瓷及谷物。共出水 99 件钵具，53 件碟子，其中大部分为朝鲜时代初期的贡品瓷器。在发掘工作的取土阶段，陶瓷器皿呈现出零散分布。涉及文物集中出水工作，在 3 次暴露面上，可确认其以 10 件或 20 件为单位进行码放，将 60 件粉青沙器皿装入稀疏编织而成的网兜中完成包装。上述方式与将陶瓷按照器形进行码放后，再加上 4 根较长的竹质木棍，使用草绳进行捆绑的高丽时代的包装方法不同。

在包裹中得以确认的 3 件粉青沙器中，刻有意为"内赡"的文字。据悉，1417 年（朝鲜太宗 17 年）开始将"内赡"刻在粉青沙器上，要求标记官厅的名称。陶瓷的形态、图案、制作方法等均为 15 世纪初期的制作样式。因此，可以推测出，出水自马岛

4 号船上的粉青沙器制作于 1417—1425 年（朝鲜太宗—世宗）间。陶器总计 10 件，均出水自船体内部。器形仅确认为壶。大多数属碎片，仅有在透视间完成的 2 件陶壶是完形的。此外，在 2 件陶壶内部也确认了鱼骨及有机物的存在。

四、装运方法及特点

自 2000 年以来，在发掘区域总计对 22 个地点开展了发掘工作，出土船舶 14 艘。其中，马岛 3 号船及 4 号船已完成内部发掘。对古代船舶被二次掩埋的状态，展开长期检测。无论如何，目前发现的 14 艘船中，除了 4 艘船以外，均为高丽时代船舶，即 3 艘陶瓷运输船，3 艘谷物运输船，4 艘未装载货物的空船。使用的将陶瓷器皿装载至船体上的方法为：首先，在底板结构上铺上芦苇或稻草作为缓冲材料。在其上方，使用包装木材等材料，将包装好的陶瓷按照 3 行一组的方式，以便移动及装运，方向均有船体的整体纵横方向。按照器皿形状的不同，陶瓷器皿包装方法选择也存在些许不同。如属瓜形器皿，则将缸内填满类似稻草的缓冲材料，并包裹里面。如属油瓶，则将包装木材放于中间彼此相对的位置，使用绳索绑定瓶颈部位进行包装。船舶上经常同时装载粗质青瓷和优质青瓷，如属粗质青瓷，缓冲材料的数量或包装方法会稍显简陋。如属粗质小壶等，则不将盖子部分作为整套包装，而是单独包装，但相同尺寸的高级桶形器则与盖子一起包装。此外，船上船员们的日常作息空间，以中央桅杆所处的区域为中心。为实现用火，使用石头、瓦片及黏土制作火炉。在火炉的周围有船员们使用过的铁锅（三足）、碗、汤勺、用于储水的大型陶壶等。此外，也发现了可对当时船员们饮食生活窥见一二的鱼、鱼虾酱（盐酱）等食材。

五、结　语

韩国总计开展了 26 次水下考古发掘工作，其中，在 14 处地点出水了高丽时代（918—1392 年）的文物，总计有 8 处地点出土了船舶及相关文物。涉及高丽时代之前以及朝鲜时代的船只，共有包括马岛 4 号船、统一新罗时代永兴岛号船 1 艘得以重见天日。是由于历史性质还是海洋活动的变化所致，至今还没有查明原因。与陆上发掘不同，水下勘察活动属于人类无法通过肉眼直接对广泛范围开展的工作。用于补充此类短板的途径即为水下勘察设备。伴随着此类设备的持续发展，调查方法的改善，诸多水下文化遗产的调查工作也将能够在更广阔的区域内开展。同时，可了解到各时期的船舶及装运方法。

柬埔寨王国的海上丝绸之路保护：
一种项目方法

衡·卡姆萨（Heng Kamsan）^①

摘要： 海洋和水下文化遗产的能力建设对于柬埔寨是一个非常新的概念。从 20 世纪 70 年代到 90 年代早期，柬埔寨缺乏相关知识，这个概念也不会自然发生。在柬埔寨，人们普遍认为，能力建设是国际发展项目的常用术语。它可以用不同术语来界定，适用于不同类的人群。柬埔寨的人才培训计划需要国际社会提供专业力量和专项资金的支持，需要地方商业或休闲潜水组织的支援，更需要一支核心的、甘于奉献的本国专业队伍。因此，需要确保有可持续发展的人才培训计划，以及证明可行的规范标准。在柬埔寨，结合项目实施以及国际援助将有利于人才发展和机构壮大。推行相应的国际标准，将会有助于保护柬埔寨的海洋和水下文化遗产。

关键词： 能力建设、国际援助、柬埔寨、水下文化遗产

Abstract: Maritime and under water cultural heritage capacity building/development is a very new concept in Cambodia. For the years between the 1970s to the early 1990s during unrest within Cambodia the concept of building upon existing knowledge was not possible. In Cambodia there is an understanding that capacity building/ development is a widely used term in international development projects. It can be defined using different terminology and applicable to different sets of people. In Cambodia the training programs require national initiative, international assistance in expertise and funding, local commercial / recreational dive organizations, and a core of dedicated Cambodian professional. It is necessary to ensure that the capacity building activities result in development, and therefore standards of achievement

---

① 时任柬埔寨王国文化和艺术部副部长，经济、社会和文化理事会成员，联合国教科文组织姊妹大学网络水下考古协调员。

must be demonstrated and measured. Capacity building in Cambodia coupled with generic project implementation management, and international assistance will develop personnel and organizations compliant with international standards that will be able to preserve and protect the Cambodia national maritime and underwater cultural heritage for future generations.

Keywords: Capacity building, International assistance, Cambodia, Underwater cultural heritage

大家好，我是衡·卡姆萨（Heng Kamsan），柬埔寨王国文化和艺术部副部长，经济、社会和文化理事会成员，副国务秘书级，联合国教科文组织姊妹大学网络水下考古协调员。能够参与此项保护水下文化遗产的重要工作，我深感荣幸。与其他亚洲国家相比，柬埔寨的海岸线极为有限。我们与越南共享湄公河沿岸地区，以及我国境内的洞里萨河及其支流的沿岸地区。我们对海洋和沿岸文化遗产的了解、保护和开发工作尚处于起步阶段。虽然我们于2007年11月签署了联合国教科文组织《2001年保护水下文化遗产公约》，但由于许多原因，我们在全面执行该公约方面进展非常缓慢，我相信许多国家都在努力解决这些问题。

在柬埔寨，海洋和水下文化遗产能力建设和发展是一个非常新的概念。20世纪70—90年代初，柬埔寨国内动荡不安，不可能在现有知识的基础上建立这一概念。在柬埔寨，人们普遍认为能力建设和发展是国际发展项目中广泛使用的一个概念。它可以用不同的术语来定义，也可以适用于不同的人群。赫罗特（Groot）和莫伦（Moolen）[1]将能力建设定义为在设计、发展和维护对当地有意义的制度和运营基础设施的过程中，发展个人和群体的知识、技能和态度。其他专家将能力和能力建设定义为赋能，包括启动、计划、管理、开展、组织、预算、监测或监督和评估项目活动的能力和技能，不仅适用于个人，也适用于组织和职能部门、团体和机构。由于海洋和水下文化遗产的管理和保护是一个相对较新的文化遗产专业领域，尤其是在资源有限的柬埔寨，所需的所有学科都有待充分了解，同时也需要建立一个标准化但又灵活的系统以应对环境的独特性。虽然既定的通用项目实施标准依然存在，但能力建设的目标是建立一套通用的技能标准，同时在制定有关柬埔寨独有的水下管理和文化遗产保护计划的愿景、目标和活动时，可以据此开发出相应的地方性方法。许多人认为，在一段时期内分阶段进行陆地和水下能力建设比短期计划更有效，这也表明，长期培训计划可以不断审查、重新评估和

① Groot R, P van der Molen Eds. Workshop on capacity building on land administration for developing countries. Final Report on Workshop held at ITC, Enchede, the Netherlands (12-15 November, 2000), 2001.

修改，以满足参与者的要求。训练有素的水下考古学家，无论是潜水员还是非潜水员，都是稀缺品，需要时间和努力才能得到充分发展。资金、设备、与地区合作伙伴和私营企业的关系等问题也是实施全面运作的海洋文化遗产保护计划的障碍。在柬埔寨，这些培训计划需要国家举措、专业知识和资金方面的国际援助、当地商业或娱乐潜水组织以及柬埔寨专业人员核心团队。有必要确保能力建设活动能够带来发展，因此必须有证明和衡量成绩的标准。柬埔寨的能力建设加上一般的项目实施管理和国际援助，将培养出符合国际标准的人员和组织，从而能够为子孙后代保存和保护柬埔寨的国家海洋和水下文化遗产，并完全符合联合国教科文组织《2001 年保护水下文化遗产公约》《国际海洋法公约》以及国际古迹遗址理事会（ICOMOS）《水下文化遗产保护管理国际宪章》（1996 年）的要求。

　　像我们参加的此次会议一样，越来越多的会议将使柬埔寨能够更快更好地实现水下文化遗产保护的共同目标。

柬埔寨与中国：贸易与传统合作伙伴

衡·卡姆萨（Heng Kamsan）①

摘要： 历史上中国与外国有着悠久的贸易关系，这可以从多种语言文字记载和肉眼可见的文化遗产中反映出来。东南亚处于十分重要的地理位置，成为东西方长途贸易中不可或缺的中转站。作为东南亚国家之一，柬埔寨也加入了贸易网络。现在是时候让我们回顾历史了。历史时期的中国是柬埔寨的重要传统贸易伙伴。由此，我们也可以更好地理解，现代的柬埔寨王国同中华人民共和国有着强有力的合作关系。

关键词： 柬埔寨、古代中国、贸易、文化遗产

Abstract: China has a long trade relationship with foreign countries historically, which could be reflected from accounts written in varied languages as well as tangible cultural relics. Located in a geographically important position, Southeast Asia became key transit point for the long-distance trade between the East and the West. As one of the Southeast Asian countries, Cambodia also deeply involved in the trading networks. It is time for us to retrospect the trade relations between ancient Cambodia and China, as its significant traditional partner. Thus, we could better understand that the modern Kingdom of Cambodia has a vigorous relationship with the People's Republic of China.

Keywords: Cambodia, Ancient China, Trade, Cultural heritage

柬埔寨历史悠久，是一个具有重要海洋背景的国家。由于在 2007 年批准了联合国教科文组织《2001 年保护水下文化遗产公约》，柬埔寨政府表现出了为子孙后代发现和保护水下文化遗产的意愿。

文化艺术部已指派文化遗产局长担任该项目的监督员。水下文化遗产小组将由文化

---

① 时任柬埔寨王国文化和艺术部副部长，经济、社会和文化理事会成员，联合国教科文组织姊妹大学网络水下考古协调员。

和艺术部设立，最初由一名主任、一个秘书处和一个 11 人的研究团队组成。然而，尚未建立该小组的手续，因此项目方法成为完成任务的最可能方法。

在有文字记载的历史中，中国历代王朝一直在东南亚内外开展贸易、文化交流和外交等活动，东南亚是其中的一个中转站。虽然现代柬埔寨王国与中华人民共和国有着密切的关系，但我们必须追溯历史才能全面了解这种关系。根据衡·索帕迪博士的说法，这种关系始于公元前 1500 年左右，据说当时中国南方的人民迁移到了今天的柬埔寨。与柬埔寨王朝和我国的贸易和关系遵循以下年代时间表：

扶南：1—6 世纪。

真腊：6 世纪。

高棉：6—15 世纪（包括 6 世纪末至 7 世纪初与世界文化遗产三博波雷古寺的贸易）。

黑暗时代（中期）：1431—1863 年（法国保护国）。

法国殖民时期：1863—1953 年。

诺罗敦·西哈努克：1953—1970 年（独立和越南冲突）。

内战：1970—1975 年。

红色高棉：1975—1979 年。

越南 /PPK：1979—1993 年。

现代柬埔寨：1993 年至今。

一般认为，中国建立了两个不同的贸易网络：丝绸之路和海上丝绸之路。不同学者对这两条路线进行了划分，海上丝绸之路的延伸线包括一条东南亚陆上通道，其利用湄公河，沿洞里萨湖（大湖）到达金边市，很可能连接到三博波雷古寺和吴哥考古遗址，然后到达高棉帝国西部的罗斛和湄南河，即现在的泰国。海上通道地图将俄厄列为停靠港（俄厄在 1—7 世纪可能曾是扶南王国的一个繁忙港口）。俄厄位于纵横交错的湄公河三角洲低洼平地的古代运河网络中。其中一条运河将俄厄与该镇的海港连接起来，另一条运河向东北偏北方向延伸 68 千米（42 英里），通往吴哥波雷。俄厄被一条运河纵向一分为二，还有四条横向运河，运河沿岸可能有桩基支撑的房屋，但我们对古代帝国从扶南到高棉时期的中转港口或贸易站几乎一无所知。虽然我们可以清楚地将海洋贸易与水下考古联系起来，但帝国内部的沿海和沿河路线却不那么明确，而且在许多方面更加难以识别。水下考古与海洋考古和遗产等学科总是相互联系的。

在柬埔寨王国，从扶南时代到高棉时代都没有与中国开展商业活动的相关现存记录，直到现代也很少。然而，在 12 世纪末至 13 世纪初的历史中可以看到中国士兵、水手和商人的身影，这可以从阇耶跋摩七世（Jayavarman Ⅶ）（1181—1220 年在位）的国寺——吴哥城巴戎寺的浅浮雕中找到证据。其中有四幅尤为突出：①图一为护卫高棉国王的士兵；②图二为悠闲地吃饭聊天的中国人；③图三为与浮雕非常相似的中国大帆船；④图四为由中国水手驾驶的远洋大帆船。此外，我们还从中国的记录中了解到佛教的传播及与中国的交流。

图一　护卫高棉国王的士兵

图二　悠闲地吃饭聊天的中国人

图三　与浮雕非常相似的
中国大帆船

扶南似乎是最早与中国朝廷建立佛教交流的东南亚国家之一。有关吴国使团的记录并未提及扶南存在佛教。相反，直到 484 年，扶南向中国南齐（479—502 年）朝廷派出使团，寻求对林邑的军事援助时，我们才了解到关于佛教通过海上途径在东南亚传播的最早报道。它来自扶南使团的一名成员，一位曾在中国生活过的天竺僧人那迦仙（Najiaxian）。

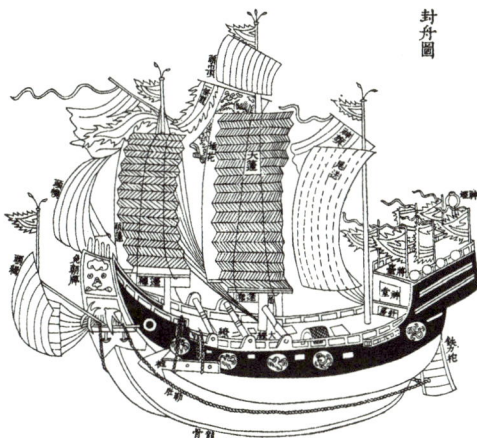

图四　由中国水手驾驶的远洋大帆船

关于中国与柬埔寨之间的贸易和关系的信息来自中国学者赵汝适在《诸蕃志》（外国说明和外国人记录）中关于 12 和 13 世纪一般贸易的书面记录，以及周达观在《真腊风土记》中的书面记录。请注意，两位作者都使用了"真腊"一词，但实际上所指的是高棉帝国。

赵汝适写道，虽然关于高棉时代的信息取自他人，但他首先提到的是关系，其次才是真腊（高棉时代）：

唐武德年间（618—626 年），这个国家（真腊）第一次与中原王朝建立了关系。宣和二年（1120 年），它（首次）向在位王朝派遣了朝贡使团。

真腊接占城之南，东至海，西至蒲甘，南至加罗希。自泉州舟行顺风月余日可到。……厥土沃壤，田无畛域。视力所及而耕种之。米谷廉平，每两乌铅可博米二斗。土产象牙、暂速细香、粗熟香、黄蜡、翠毛此国最多，笃褥脑、笃耨瓢、番油、姜皮、金颜香、苏木、生丝、绵布等物。番商兴贩用金银、瓷器、假锦、凉伞、皮鼓、酒、糖、醯醢之属博易[①]。

从赵汝适的描述中，我们可以了解到中国士兵和水手是如何以及为何记载在巴戎寺的墙壁上的："本国旧与占城邻好，岁贡金两。因淳熙四年五月望日（1177 年，五月十五日），占城主以舟师袭其国都，请和不许，杀之，遂为大仇誓，必复怨。庆元己未（阇耶跋摩七世第 56 年，1199 年），大举入占城，俘其主，戮其臣仆，剿杀几无噍类，更立真腊人为主，占城今亦为真腊属国矣。"

周达观在为大汗执行外交任务时写道，他观察到高棉女性是市场上的主要商人。他写道："唐人之为水手者，利其国中不着衣裳，且米粮易求，妇女易得，屋室易办，器用易足，买卖易为，往往皆逃逸于彼。"关于中国商品的受欢迎程度，他说："其地想不出金银，以唐人金银为第一。五色轻缣帛次之，其次如真州之锡镴、温州之漆盘、泉州之青瓷器，及水银、银朱、纸札、硫黄、焰硝、檀香、白芷、麝香、麻布、黄草、布、雨伞、铁锅、铜盘、水朱、桐油、篦箕、木梳、针，其粗重则如明州之席，甚欲得者则菽麦也，然不可将去耳。"

对中国货物清单的检查列出了在陆地和水生环境中最容易腐烂的商品，其中一些是以易货贸易方式运往高棉市场的。贸易物品可能包括丝绸、毛皮、玉器、青铜器、武器、漆器、铁器、雨伞、药品、纸张、黄金、茶叶，但最容易辨认和经久耐用的是陶瓷。如前所述，高棉的物品被划定为易货贸易品，或在出境贸易中运往欧洲、中东和非

图五　柬埔寨沉船遗址出土的中国陶瓷器，15 世纪

---

①　本文中关于《诸蕃志》《真腊风土记》的译文均为译者转录自原文。

洲，或在入境贸易中运往中国消费。在现代柬埔寨发现的中国陶瓷跨越了 8 世纪到 15 世纪（图五）。

大约在 15 世纪晚期，贸易开始从柬埔寨中部的吴哥地区转向南部，即金边。随着"外贸强国"的到来，包括葡萄牙、西班牙、荷兰和英国东印度公司，贸易被引导至他们拥有常驻贸易平台的港口，即中国、越南、马来亚、暹罗（泰国）、新加坡和印度尼西亚的港口。然而，这并不能排除柬埔寨的产品，但需要转运到这些港口。

由于现代柬埔寨缺乏关于在海上遗失或在沿岸地区遗失的货物或船只的详细记录，因此有必要搜索中国的档案，以了解海洋考古的潜力。

如今，中国是柬埔寨最重要的经济伙伴之一。然而，两国之间的关系并不局限于今天。它可以追溯到近 800 年前，并在两国历史进程中不断发展。

柬埔寨与中国最早的交往记录之一是 1296—1297 年，一位名叫周达观的中国外交官访问了高棉吴哥王朝。周达观在他的《真腊风土记》一书中留下了世界上唯一关于吴哥王朝的第一手记录。1958 年，柬埔寨王国正式承认中华人民共和国，两国自此建立了外交关系。柬埔寨前国王西哈努克（Sihanouk）与中国保持着密切关系，在多次自我流放期间都住在北京。柬埔寨国父西哈努克亲王最终于 2012 年在北京逝世。

济州新昌里海底文物与东亚海上陶瓷贸易相关问题研究

高美京（Ko Mikyung）①

摘要：新昌里海底遗迹位于韩国济州岛，当地渔民盗掘后申报国家，故由济州国立大学校博物馆于 1996 年、1997 年、1998 年进行了三次水下考古调查，并采集了部分遗物，打捞出一批中国陶瓷及金属器，目前有 45 件藏于济州国家博物馆、31 件藏于济州国立大学博物馆。

由于这批遗物只经过了非正式发掘，同时韩国国内对中国陶瓷认识不足，而一直被学界忽视，未展开过详细的讨论。本文采用考古类型学的方法对这批遗物进行了详细的整理、研究，并将之与同时期日本奄美大岛仓木崎等地发现的遗物进行比较。

笔者认为这一时期在东亚贸易上济州岛是前往朝鲜半岛及日本的中转点，而新昌里海底遗物为此提供了实物证据，且其规模可能比以往所认识的要更大。

关键词：济州、新昌里、海底文物、东亚、海上陶瓷贸易

Abstract: The Sinchang-ri submarine relics are located near the Jeju Island, South Korea. Local fishermen looted the site and reported to the state afterwards. Then, the Jeju National University Museum conducted three underwater archaeological surveys respectively in 1996, 1997 and 1998, and collected some artefacts. Some Chinese ceramics and metal objects were unwatered. Currently, 45 pieces are in the collection of the Jeju National Museum and 31 pieces are in the collection of the Jeju National University Museum.

Due to the fact that the relics were only informally excavated and the lack of understanding of Chinese ceramics in Korea, they have been ignored by scholars and

---

① 现任韩国首尔工艺博物馆，收集研究科，学艺研究士。

have not been discussed in detail. This paper uses the archeological typology method to sort out and study these artefacts in detail, and compares them with those found at Amami Oshima Kuragizaki in Japan.

In the author's point of view, for the East Asian trade in this period, Jeju Island was used as a transit point to the Korean Peninsula and Japan, and the Sinchang-ri submarine relics provide substantial evidence. Moreover, the trade may have a larger scale than previously realized.

Keywords: Jeju, Sinchang-ri, Submarine relics, East Asia, Maritime trade of ceramics

一、引　　言

韩国水下考古学研究发轫于 1976 年新安海底遗址的发掘工作，在此期间通过对各类沉船及遗址开展的发掘工作取得了令人瞩目的成绩。因此，由于海底遗迹不仅对于物质文化的区域间交流具有重要意义，而且也可以带动深藏于其背后的后续各类研究，海底遗址在学术界被视作来自古代的"时间胶囊"。

迄今为止，打捞自韩国水域的海底文物，除新安沉船外，主要为韩国本土遗物。但是，自进入 2000 年以来，泰安马岛海底区域出土了大量中国宋元时期的陶瓷器，可与出土于陆上考古遗址内的中国陶瓷相与探讨。以瓷器为例，出土自高丽时期陆上考古项目的器皿主要以包括江西景德镇窑、河北定窑等在内的青白瓷及白瓷为主[①]；出土自海底遗址的瓷器中已被确认的浙江龙泉窑和福建地区的中国瓷器占比极低[②]。

基于此类现状，以 1996 年和 1997 年分两次进行了地表调查、且于 1998 年进行了确认调查的济州道翰京面（镇）新昌里海底为对象，基于此处出水、产自于中国的陶瓷器及金饰品，提出存在有沉船之可能性之假设[③]（图一）。同时，其与韩国西南海岸一带的出水器皿形态类似，与发掘自同时期的陆上遗迹的文物存在种类上的差别。尽管如此，长期以来，该处疑问并未受到学术界的足够重视，因此，未能形成以所有出水文物为对象的系统性总结。据此，笔者于 2016 年和来自于韩国、中国、日

① 〔韩〕國立大邱博物館：《우리 文化 속의 中國陶磁器》，2004 年；國立中央博物館：《國立中央博物館所藏中國陶磁》，2007 年。
② 〔韩〕田中克己：《韓國 의 泰安馬島海域에서出土된中國陶磁器로본東亞시아海域上貿易의 樣相》，《泰安馬島出水中國陶磁器》，국립해양문화재연구소，2013 年，第 250 页。
③ 〔韩〕이청규·강창화：《先史遺蹟》，《北齊州郡의文化遺蹟（Ⅰ）》，1998 年，第 91—94 页；〔韩〕이청규：《新昌里海底遺蹟과陶瓷遺物》，《耽羅，歷史와文化》，1998 年，第 92—95 页。

图一　新昌里海底遗址全景图（济州国家博物馆，2001 年）

本三国的学者开展联合研究，通过《济州道在东亚海上贸易路线中的地位状况实证研究——以济州新昌里海底遗址中国瓷器及同时期日本的中国瓷器流入情况间的比较为中心》，对新昌里海底出水文物进行了考古学分层的分类及分析①。在此过程中，对出水自新昌里遗址的文物进行详细分析，在对韩国国内及日本的相关资料进行比较的基础上，通过新昌里遗址出水文物对济州道在东亚海上贸易通道中的地缘地位开展了实证研究。

随后，通过 2017 年周边居民提交的新昌里附近海域存在有古代沉船的上报内容，2018 年开始，韩国国立海洋文化财研究所以济州道西部海域为对象开展了调查工作，并分别于 2019、2020、2021 年开展了第 1、2、3 次水下调查及发掘工作②。

基于截至目前的报道信息，2018 年济州西部海域勘探工作旨在对新昌里水下遗址进行系统调查及记录，并确定沉船的确切位置。以发现于 1997 年的金质文物的玛丽叶（Marie）灯塔周边及分布有产自中国瓷器的海域进行水下调查。在接到沉船报告的坐标点位置附近海域使用 ROV（遥控无人潜水器）开展了勘探工作。基于调查结果，虽然仍无法确定沉船的位置，但是依然打捞出包括"青瓷'金玉满堂'铭碗"等在内的约500 件被认定为中国南宋时期的陶瓷器。

通过分别于 2019、2020 年进行的第 1 次、第 2 次水下挖掘调查工作，业已完成可资清晰了解遗址性质的土壤取样调查工作。在有大量文物暴露于海底面以上的地点中，在位于新昌里港以西约 500 米、玛丽叶（Marie）灯塔西北方向约 430 米处安装

---

① 〔韩〕高美京等：《東아시아海上貿易路에서濟州島의位相에대한實證的研究》，《東아시아海上貿易路에서濟州島의位相에대한實證的研究－濟州新昌里海底遺蹟中國陶瓷器와同時期日本의中國陶瓷器受用樣相의比較를中心으로》，濟州發展研究院濟州學센터，2016 年。

② 〔韩〕國立海洋文化財研究所：《濟州新昌里海域水中發掘調查報告書 I》，《國立海洋文化財研究所學術叢書》第 75 辑，2023 年。

10 米 ×10 米规格的探方开展调查工作。尤其值得一提的是，由于济州新昌里海域水下能见度可达 10 米以上，因而，也首次采用了水下摄影 3D 测绘技术（3D Mapping），从而能够对水下发掘现场的过程进行实况记录。

本文针对收集的 1996—1998 年间地表调查过程中的出水文物的信息及其特征展开说明。

二、新昌里水下遗址出水的中国遗物

于 1996—1998 年间出水自新昌里海底的文物，分别存放于济州国家博物馆（45 件）以及济州国立大学博物馆（31 件），总数量达 76 件。相关文物历经 1996、1997、1998 年三次调查中收集而来。众所周知，开展地表调查的位置均位于新昌里玛丽叶（Marie）海域的同一地点，类型及年代彼此一致，据推测，其来自同一批遗址或沉船货物。

出水器物均产自中国，包含有陶瓷器（57 件）及金饰（19 件）。陶瓷器大部分为龙泉窑系青瓷（46 件），包含少量产自福建地区窑址的仿龙泉窑青白瓷及白瓷（5 件）和陶器（6 件）。器形包括碗、壶、盘、注子等，以及少量黑褐釉陶壶。

青瓷碗类大致分为两种：Ⅰ型（弧腹形碗）及Ⅱ型（莲瓣纹碗）。在总计 42 件的碗中，除 3 件"莲瓣纹碗"外，大部分均属于Ⅰ型刻划花纹碗类。此外，在阴刻有"河滨遗范"（5 件）和"金玉满堂"（1 件）铭文的碗器形上不存在明显的差异。据此总结可知，出水自新昌里海域的陶瓷器以刻划花纹的青瓷碗类为主，另有少量模仿福建省龙泉青瓷的青白瓷及白瓷，以及黑褐釉壶等（图二）。

图二　新昌里海底出水中国瓷器

　　将此类刻划花纹青瓷碗的型式与龙泉东欧地区大白岸窑址的考古学地层编年资料进行比较得知，与大白岸窑址中被推定为南宋早期至中期年间的第 2~3 段出土的一型Ⅶ式碗最为类似（图三），此类型式与被编年为南宋晚期的第 4~5 段地层中的一型Ⅷ式碗相连贯①。

图三　青瓷碗［龙泉东区大白岸窑址，一型Ⅶ式碗（BY24T5⑧：3）］

　　同时，相较于日本九州岛大宰府遗址的考古编年，新昌里龙泉窑青瓷莲瓣纹碗对应 13 世纪初叶的主要器Ⅲ类型 I-4 类，I-5 类。此外，这一时期，出现了莲瓣纹碗（I-5b 类）并一直持续至 13 世纪末。进入 13 世纪中叶前后，出现了莲瓣宽度更为细长的莲瓣纹碗（Ⅲ类），且一直持续至 14 世纪初②。

三、出土文物与相关问题讨论

1. 陶瓷器

　　迄今为止，据调查报告在韩国出土及出水龙泉窑瓷器的地点总计 16 处。其中，陆上遗址 10 处，水下遗址 6 处③。陆上遗址按性质再可分为寺庙遗址（4 处）、宫殿遗址

---

①　浙江省文物考古研究所：《龙泉东区窑址发掘报告》，文物出版社，2005 年，彩版九。

②　〔日〕山本信夫：《大宰府の 13 世纪中国陶磁の一群》，《贸易陶磁研究》1990 年第 10 期。此外，宋元时期龙泉窑青瓷的年代参考：〔日〕森达也：《宋·元代竜泉窑青磁の编年的研究》，《东洋陶磁》2000 年第 29 期；同著：《宋元代窖藏出土陶磁と竜泉窑青磁の编年观について》，《贸易陶磁研究》2001 年第 221 期；〔韩〕高美京：《新安海底出土龙泉窑青瓷研究》，明知大学校硕士学位论文，2006 年；申浚：《元明时期龙泉窑研究，北京大学考古文博学院博士学位论文，2015 年。

③　〔韩〕申浚：《1. 韓國發見龍泉窯瓷器의現況과意義》，《東아시아海上貿易路에서濟州島의位相에대한實證的研究－濟州新昌里海底遺蹟中國陶瓷器와同時期日本의中國陶瓷器受用樣相의比較를中心으로》，濟州發展研究院濟州學센터，2016 年，第 131—143 页。

（1处）、官府遗址（1处）、城郭遗址（1处）和其他边防遗址（3处）。其中，此水下遗址判断为连通中、日、韩三国的古代商船。除新安沉船之外，其余遗址仅进行了以探查为主的调查，或是连探查工作也未曾开展。

出土及出水的龙泉窑瓷器的年代跨度为南宋至明代。从各个时期的特点来看，南宋时期的龙泉窑瓷器主要集中发现于济州道区，仅发现了单一类型的碗残片。元代龙泉窑瓷器被发现于新安沉船上，数量最多且种类也最为多样。器形包括碗、盘、注子、瓶、壶、香炉、碟、钵、盏、盒、花盆、烧造像等。明代龙泉窑瓷器出土数量稀少，种类含罐、碗等。

在此其中，作为与新昌里遗址进行比较的例子，发掘及收集自泰安马岛海域的中国瓷器备受瞩目。马岛遗址出土的文物主要为北宋初期至元代的中国南方地区的瓷器，迄今为止，在韩国国内出土宋代福建地区的陶瓷占比最高[1]。田中克子指出，大量产自福建地区的仿龙泉窑系列及墨书铭陶瓷器与日本博多发现的陶瓷存在相似之处。据此推测，宋代曾经存在宋商连通中国—朝鲜半岛—日本三国的海上贸易渠道[2]。在马岛海域出水器物当中，在与新昌里类型进行比较的出水文物包含年份跨越了对应于由田中克子编年的第Ⅱ期（12世纪后半期—13世纪初）的福建地区白瓷及第Ⅲ期（13世纪前半期—14世纪初叶）的龙泉窑莲瓣纹碗。尤其值得注意的是，在新昌里遗址中以外侧素面、内侧有刻划花纹的仿龙泉窑青瓷碗为主。与此相反，在马岛遗址发现的是内、外两侧饰篦纹的仿龙泉窑青瓷，即所谓"同安窑系青瓷"的福建省闽清义窑及浦口窑等地的青瓷及白瓷类型占据了相当一部分。此外，从质量层面来看，相较于新昌里海域的出水瓷器粗质更多。

从新昌里海域出水瓷器的构成及样式层面来看，与日本奄美大岛（日本"西南诸岛"）仓木崎海域海底遗址出水文物几乎一致[3]。该遗址被确定为12世纪末期暨南宋中期的沉船遗址，并出水瓷器共1593件，包含龙泉窑青瓷1173件、福建省仿龙泉窑青瓷类（莆田窑等）210件、福建省白瓷（闽清义窑）[4]189件、福建省建窑黑釉碗1件、景德镇窑青白瓷20件。此外，还有被推测为福建省窑场产品730件（表一）。

---

① 〔韩〕國立海洋文化財研究所：《泰安馬島出水中國陶磁器》，국립해양문화재연구소，2013年。

② 〔日〕田中克子：《韓國泰安馬島海域出土中國陶磁器から見た東アジア海域海上貿易の一樣相》，《泰安馬島出水中國陶磁器》，국립해양문화재연구소，2013年，第210—235页。

③ 〔日〕宇検村教育委員会：《鹿児島県大島郡宇検村倉木崎海底遺跡発掘調査報告書》，《宇検村文化財調査報告書》第2集，1999年。

④ 这一类为在中国学界一般归到青白瓷类，则在韩国被分为青瓷，又在日本学界被分为白瓷类：栗建安：《中国の白磁・青磁・青白磁の分類概念》，《13—14世紀の琉球と福建》，熊本大学，2009年，第13、14页。

表一　新昌里与仓木崎海域出水中国陶瓷比较

品种（产地）	新昌里	奄美大岛仓木崎
青瓷 （龙泉窑）		
青瓷 （莆田窑）		
白瓷或青白瓷 （闽清义窑）		
陶壶 （磁灶窑等）		

与上述出水器物的组成及考古学相对编年结合，新昌里遗址出水瓷器的主要年份为12 世纪末至 13 世纪初。基于窑址的阶段性分层所致的类型变化来看，其年代下限为 13世纪中叶。

2. 金饰

涉及金饰，包含发髻（钗）17 件以及手镯（也称"钏"）2 件。发髻（钗）为两条长脚呈 ∧ 字形交汇的形状，将金线的脚（股）折成两半制成"折股钗"的形状。其上部为止处除阴刻有一处花卉图案外，其余部分无纹（图四、图五）。两件手镯呈 C 字形开口，左右两端各呈瑞兽形头饰（类似龙首）。依照带状和长条形呈现出不同的形态及宽度（图六）。

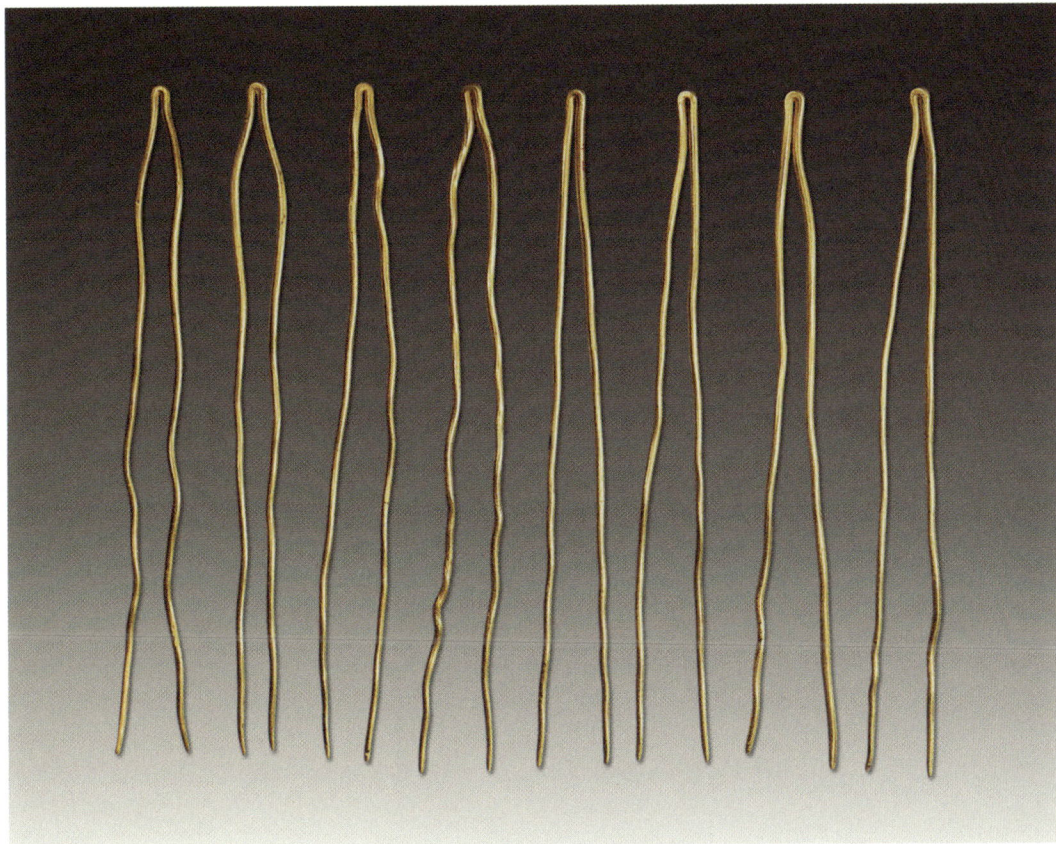

图四　新昌里出水的金饰（钗）

众所周知，金银器与陶瓷是古代中国对外出口的主要商品之一。迄今为止，在诸如涵盖唐代至元代的黑石号（Belitung Wreck）、印坦（Intan Werck）、井里汶（Cirebon Wreck）、南海Ⅰ号、新安沉船等发掘自中国南海地区及亚洲地区海底的沉船上，可以

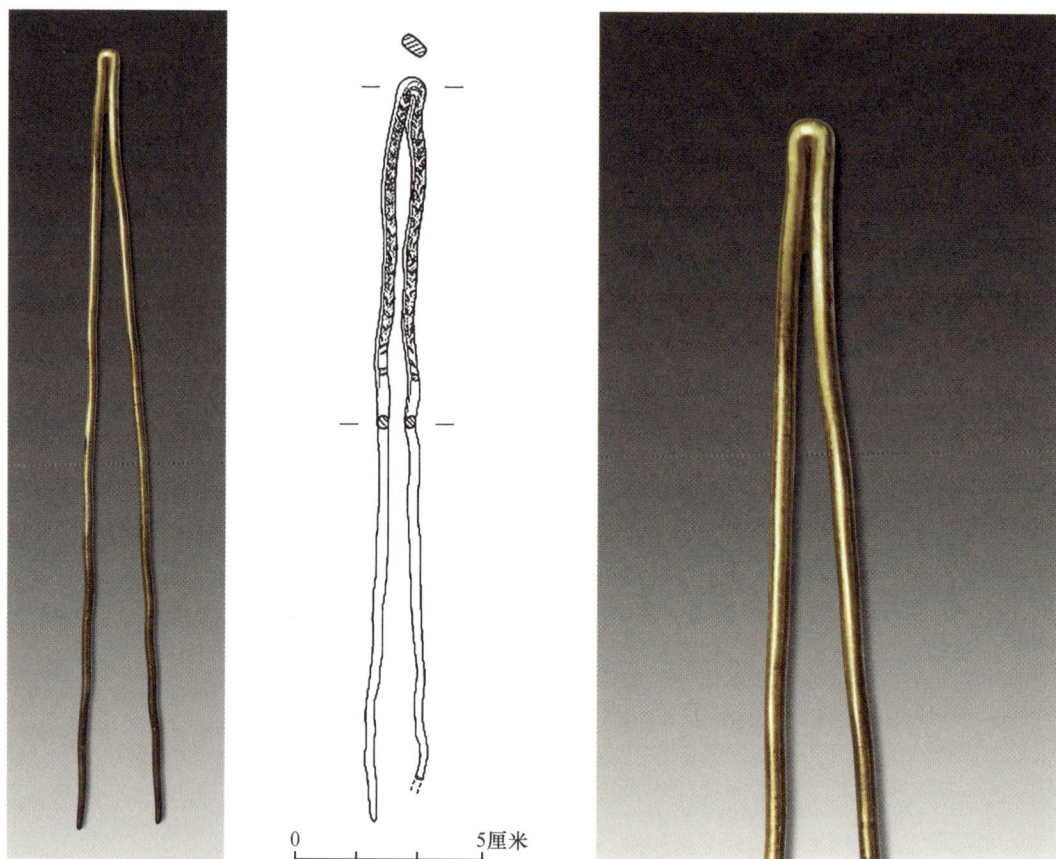

0　　　　　　　5厘米

图五　新昌里出水的金钗（照片、线图、细部）

0　　　　　　　5厘米

图六　新昌里出水的金镯照片及线图

证实中国沉船确实曾运送过一定数量的金属器。金属器皿主要包括铜钱、铜镜、金银铜锭、器皿类，也有少量装饰件①。据推测，最有可能是因为小型装饰件更容易在沉船中遭遇遗失。至 2016 年，广东南海 I 号沉船遗址的发掘工作约 80% 时，出土金质装饰品 160 多件，包括大量金质戒指、项链、手镯、腰带饰等器物②。但是，尚未确认与出水自新昌里海域的物品相一致的金饰品，此外，中国之外地区发现情况较少。

出水自新昌里的金质头钗及手镯是流行于中国宋元时期的金饰的典型款式。金银饰物作为宋代女性必备的嫁妆配饰而广为流行。值得一提的是，在作为发髻代表饰物"钗"和"簪"之一，被称为"钗"的首饰，广泛发现于中国各地的墓葬和窖藏中。

将脚部折断制成的所谓"折股钗"，是由流行于秦汉时期的∩形发展而来。根据各个时期流行的发型，长度和形状也略有变化。至宋代，钗的头部形状几乎完全贴合，且两条长脚几乎呈 11 字形。自宋代至元代，其始终保持了∧形似长筷子的基本形状，但是一字形直脚的末端变得越来越短粗，末端被制成尖锐形状，以便易于插入头发并增加固定强度。

出土于宋元时期遗址的头钗，大部分早已失去了其本来的笔直形态，呈弯曲状。如山西平阳金墓砖雕或郑州登封王上村金墓壁画所示，这是源于将长发卷起后，将头发高高地固定于头顶，导致其弯曲变形所致③。"折股钗"一般无纹，或者经常在其钗头部位置刻上商铺编号、制作人、重量等信息。无纹的"钗"曾发现于江西彭泽易氏夫人墓、宋末元初的临澧县新合乡龙岗村元代窖藏、沅陵县元代夫妇合葬墓 1 号墓等④。有装饰的头钗曾发现于江西安义石鼻李硕人墓、湖南临澧县新合乡龙岗村窖藏。上述的两个例子均有龙头形和鳞片装饰。出土自新昌里的 17 件金质头钗中，除 1 件外，其余均无纹，长脚较薄，延伸均匀。此外，草花纹钗与龙岗村窖藏出土品相比，装饰图案较为简单。从风格上看可追溯至南宋时期（图七）。

出土自新昌里的 2 件金质手镯，又称"镯"或"钏"。呈 C 字形，左右两端均呈龙头形状。故宫本《碎金》中出现了"连珠镯"的叫法，而《三才图会》中见"钏图"。

①　童歆：《9 至 14 世纪南海及周边海域沉船出水中国产金属器研究》，北京大学硕士学位论文，2014 年。

②　国家文物局水下文化遗产保护中心、中国国家博物馆、广东省文物考古研究所、阳江市博物馆：《南海 I 号沉船考古报告之一：1989—2004 年调查》，文物出版社，2017 年。

③　扬之水：《奢华之色——宋元明金银器研究 卷一》，中华书局，2010 年，第 11 页（图 1-1：3、图 1-1：4）；同著：《奢华之色——宋元明金银器研究 卷二》，中华书局，2011 年，第 87 页。

④　喻燕姣：《湖南出土金银器》，湖南美术出版社，2009 年，第 89 页（图 57）、第 134 页（图 108，图 109）。

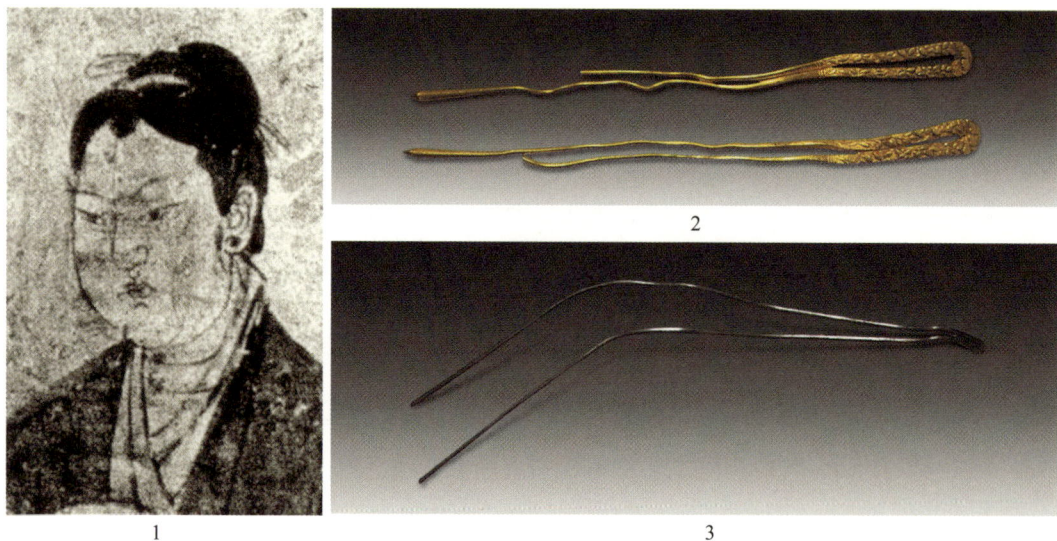

图七　中国出土的金钗
1.金代金钗（郑州登封王上村金墓壁画）　2.宋代金钗（江西安义石鼻李硕人墓出土）
3.宋代银钗（江西彭泽易氏夫人墓出土）

C形手镯曾发现于南海Ⅰ号沉船（图八），此外，在元代新合乡龙岗村窖藏及明代遗址中也出土过。但是各主体部分的制作方法和形状方面存在差异，一般来说，从打造转变到铸造，可推定其反映出存在一定程度上的时期性差别。金质镯头装饰图案宋元以来采用打造方式，到了明代多采用錾刻（或称"钣花"）方式。此类连珠形状盛行于元代，一直延续至明代。出土自新昌里的钗和金镯从造型和纹饰方面均表现得较为朴素，被推测为12世纪中叶南宋早期的风格（图五、图六）。

3. 济州道在东亚海上陶瓷贸易路线上的地位

济州道因其地理条件，自古以来就是连接朝鲜半岛、中国、日本的东亚贸易路线的一处基点，在该地的遗址中出土了大量当时并不产自济州道本土的铁器类、灰色陶器、瓷器类器物以及产自中国的铜钱和陶瓷器等物件，这也有助于窥见当时对外交流的情况。

从济州道与各地区的海上绝对距离来看，其距韩国海南半岛85千米，高兴半岛110千米，珍岛105千米，巨济岛205千米，对马岛230千米，琉球740千米，辽东半岛740千米，山东半岛540千米，上海470千米，宁波560千米。从数值上来看，距离济州道最近的地方是韩国南海岸地区，尤其是全罗南道海岸地区距离最近。另外，济州道和全罗南道海岸之间还有楸子岛，距济州道约48千米，前往济州道更为便捷。通过史料记载可知，基于上述地理条件，韩国全罗南道海岸地区实际上起到了济州道实际门户的作用。

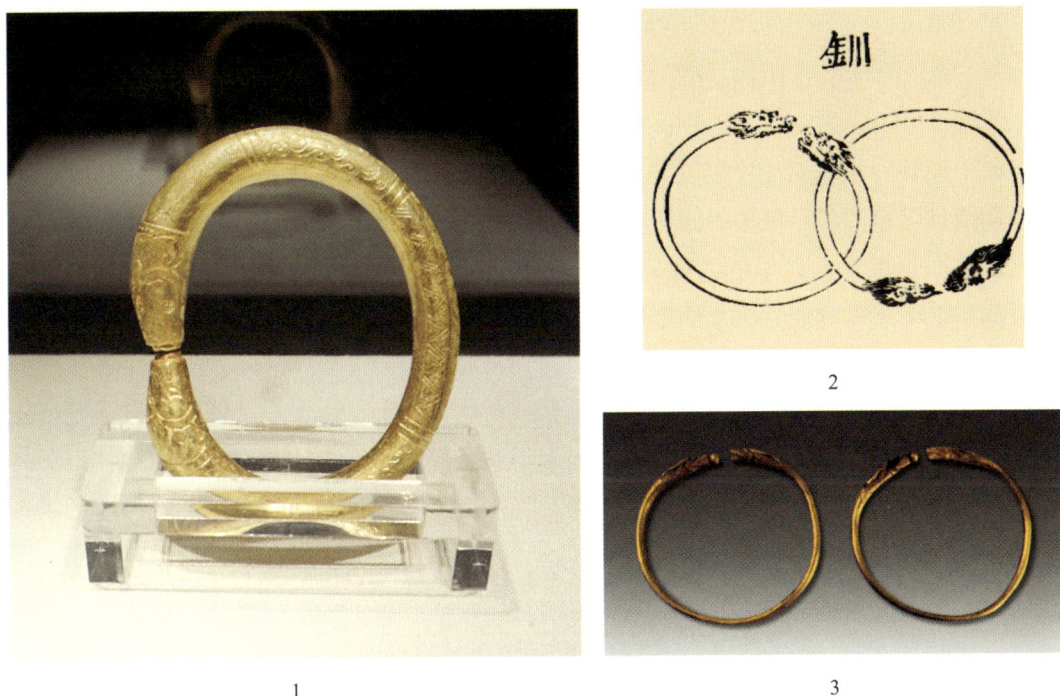

图八　中国发现的金镯

1.南宋龙首镯（南海Ⅰ号沉船出水）　2.明代《三才图会》钏图　3.明代金二龙戏珠镯（南昌青云谱京山学校出土）

　　基于此，纵观出土自济州地道区的高丽时期瓷器，可判断产自朝鲜半岛西南部沿海地区的优质、粗质高丽青瓷和少量越窑青瓷、定窑白瓷、景德镇青白瓷等中国瓷器通过买卖、交换、赐予、施舍等方式，从朝鲜半岛的全罗南道地区海岸地区与其他物品一起被带入济州道。此外，作为出水自新昌里地区瓷器的中间年份的 12 世纪末至 13 世纪初叶的南宋龙泉窑系青瓷及福建地区的仿龙泉瓷器等流入济州地区，属于出土于朝鲜半岛陆上遗址中的罕见类型，推测其自中国被直接带入济州地区。另外，与朝鲜半岛不同，济州地区的寺庙中还发现存在一定数量的貌似南宋末年至元中期之瓷器，中国至济州地区间的陶瓷直接贸易持续至这一时期的可能性较大。在济州地区，出土于水精寺遗址、法华寺遗址、济州牧官衙遗址 [①] 等的南宋龙泉窑系青瓷数量较少，难以如韩国新昌里或日本地区的情形一样将其判断为贸易商品，但是，仍可用作可资判断作为连通中国和日本以及中国和朝鲜半岛南部地区的中间地的济州道的地理作用之史料。

---

　　① 〔韩〕濟州大學校博物館：《水精寺·元堂寺地表調查報告書》，1988 年；〔韩〕濟州大學校博物館：《水精寺址》，2000 年；〔韩〕國立濟州博物館：《濟州出土高麗시대陶瓷器》，2013 年；〔韩〕西歸浦市，濟州大學校博物館：《法華寺址》，1997 年。

四、新昌里水下遗址的特点

如上所述，根据对 1997 年新昌里出水文物开展的考古学分析，与发掘自韩国内外同时期遗址发现的新昌里型中国瓷器的对比研究结果总结如下。

首先，出水自新昌里的陶瓷器的年代判断为南宋中期，即 12 世纪末至 13 世纪初叶。但是，由于与其同时出水的金饰品相较于现行比较资料并未表现出明显的时代风格变化，因此，也不排除其年代为南宋上半期之可能性。

其次，新昌里海底遗址出水中国文物虽然在地表处理上存在局限性，但是通过出水文物的年代及构成之一致性来看，有可能属于单一沉船遗址。

再次，出水自新昌里的瓷器在品种成分和风格上与日本奄美大岛仓木崎遗址处的文物最为接近。考虑到出口货物中含有大量来自福建地区的陶瓷，仓木崎海底遗址处的沉船的出发港很可能是福州。此外，南宋时期从中国前往日本的商船必须从宁波市舶司处取得官方证明文件（"公凭"）一事来看，这应该是经过宁波（"明州"）的航线。12 世纪后期，明州地区就有了连通闽、粤两地的航线，宋代往来高丽和日本之间的中国商人中也包含有相当比例的福建人。据推测，相关人员自福建出发，在宁波（"明州"）取得官方证明文件（"公凭"），随后前往日本。据推测，此路线中同时存在两条路线：福州→宁波→博多以及福州→琉球群岛→九州岛[1]。

同时，打捞自马岛海域的中国瓷器是可用于和新昌里出水文物相比较的韩国国内遗址。在马岛海底发现的来自福建地区的粗制货物的比例往往大于新昌里遗址，但是由于尚未对新昌里遗址开展正式调查，并且所见于新昌里海域出水文物中的窑场产品与马岛海底发现的均相同。因此，可能存在陶瓷贸易路线上的关联。据此，可以判断在宋元时期的东亚地区存在着连接福州→宁波→济州→朝鲜半岛南部海岸的瓷器贸易路线，以及连接福州→宁波→济州→日本博多或琉球诸岛→九州岛的航线。此外，济州道在宋元时期的东亚瓷器贸易中所发挥的作用相较于之前所认识的更显重要，出水自新昌里海底的中国文物即可视作支持这一论断的重要依据。虽然可以大致了解到，济州地区已有的瓷器需求可通过来自于朝鲜半岛本土进行的被动获取得以满足，但是，通过本次研究，再次彰显了济州道作为东亚贸易路线上的中转站的历史及地理学层面的重要性。

[1]〔日〕森達也：《韓国済州島新昌里海底遺跡出土中国陶瓷の検討—日本出土中国陶瓷との比較を通じて》，《東아시아海上貿易路에서濟州島의位相에대한實證的研究—濟州新昌里海底遺蹟中國陶瓷器와同時期日本의中國陶瓷器受用樣相의比較를中心으로》，濟州發展研究院濟州學센터，2016年，第 165—177 页。

　　本研究借助对新昌里海底遗址开展的详细调查及相关研究，为济州地区陶瓷贸易历史的研究提供了基础，具有重要意义。由于时间和研究费用的限制，本项调查未能充分包含有关的中国遗址资料，但是为今后与中国生产遗址及广东海上丝绸之路博物馆的南海Ⅰ号水下发掘遗物的对比研究奠定基础，笔者也衷心期待该项工作将继续推动后续各类研究并扩展至已发现相同类型的中国瓷器的东南亚地区遗址研究。

后　记

　　2017 年 11 月 24—27 日，由国家文物局水下文化遗产保护中心、广东省文化厅、阳江市人民政府主办，广东省文物考古研究所、广东海上丝绸之路博物馆承办，联合国教科文组织支持的"南海Ⅰ号发现与研究国际学术研讨会"在广东阳江海陵岛召开，来自联合国教科文组织代表，希腊、伊朗、新加坡、柬埔寨、韩国、日本等国家代表，以及国内各地专家学者代表，共计 60 余人参加了会议。本书即是从这次会议发言中精选出的论文集。

　　南海Ⅰ号沉船发现于 1987 年，这一年也是中国水下考古的起步之年，2017 年恰好 30 周年。30 年来，南海Ⅰ号经历了初步调查、重点调查、整体打捞、异地保护等若干步骤。南海Ⅰ号作为国家高度重视、持续关注的重要考古项目凝聚了几代水下考古工作者的心血，从中反映出中国水下考古事业的一份坚守与坚持。30 年来，中国水下考古事业从无到有、由弱到强，在从单纯的水下考古逐步过渡到全方位的水下文化遗产保护的过程中，南海Ⅰ号发挥了不可或缺的重要作用。在一定意义上，南海Ⅰ号保护与发掘的历史就是中国水下考古发展史的缩影。我们尤其要看到，近年来国家提出的"一带一路"倡议正在全方位改变、深化中国文物事业的内涵与外延，中国水下考古亦不例外，正在政治、文化、外交等方面发挥着越来越重要的作用。当此之际，召开南海Ⅰ号国际学术研讨会，就南海Ⅰ号、中国水下考古、海上丝绸之路等若干主题开展集中研讨，不但可以总结经验、促进研究，同时也具有重要的现实意义。

　　会议结束后，本书主编宋建忠即组织后续的编辑出版工作，水下考古研究所姜波所长和丁见祥副所长亦督促进展，辛光灿和来自北京大学的实习生翟若普开始联络文稿征集。但是，会后代表回到各自岗位，疏于沟通，联络工作进展缓慢，论文收集效果不佳。特别是新冠疫情暴发以来，见面机会更少。时移世易，人事变迁，导致编辑工作的推进尤为不易。其间，一些专家发言已经形成文章，投稿其他期刊，编者认为文章虽已发表，但仍是当时会议成果产出，应予收录采用，并注明原载出处供读者查阅。然而，无论是主观还是客观原因，论文集未能及时出版，编者深感歉意！

　　如今会议论文集即将付梓，首先对会议的组织者、论文集的供稿作者、编者及事务的联系协调者致以最诚挚的感谢！作为承担会议论文集编辑任务的国家文物局水下文化遗产保护中心已于 2020 年 11 月 30 日更名为国家文物局考古研究中心。2022 年 3 月

17 日广东省文物考古研究所更名为广东省文物考古研究院。机构名称的变更伴随着编制扩充和人才队伍壮大，从事水下考古和海上丝绸之路研究工作的力量得到极大增强。另外，作者中的姜波与丁见祥已先后调离了原单位，分别担任山东大学海洋考古研究中心主任和上海大学海洋考古学研究中心主任，他们将水下考古研究与学科建设拓展到所在高校，这对于中国水下考古的发展无疑有着重要意义。海外嘉宾中希腊水下考古中心主任安吉莉娜·G. 西蒙斯（Angeliki G. Simosi）女士、新加坡国立大学东南亚研究系约翰·N. 密西（John N. Miksic）教授已经荣誉退休，他们依然在为中国与海外的合作交流发光发热。在本书编辑过程中，虑及近年有机构和人事变动，在此处后记中集中做出说明，正文中则统一使用会议现场登记的信息。

最后，特别感谢会议期间承担了繁杂事务的会务组同事，国家文物局水下文化遗产保护中心的辛光灿、王霁、张梦、石静、朱砚山，扬州市文物考古研究所的张敏，以及广东海上丝绸之路博物馆的叶子琳、龙志坤、林良迎、郭亨文、陈燕娜、温苇苇等在组织联络、摄影录像、交通住宿、会议宣传等方面付出了很多辛苦。高美京、白宁、曾庆兰承担了大量翻译工作。北京大学的博士生金银珠承担了本书的韩文校对。辛光灿完成了后期校稿等任务。在此一并致谢！

时光荏苒，初心不变。本书的编辑出版既是会议交流成果总结、中国水下考古事业30 年发展的阶段性成果回顾，也是水下考古人砥砺奋进的回忆录。海内存知己，天涯若比邻，聚首时难别亦难，希望本书为海内外同仁短暂相聚的珍贵时光留下永久印记。

编 者
2024 年 7 月